NOSTRADAMUS

De 1999 à l'Âge d'or

DU MÊME AUTEUR
chez le même éditeur

Nostradamus, historien et prophète, tome 1 : *Les prophéties de 1555 à l'an 2000.*
Nostradamus, historien et prophète, tome 2 : *Lettre à Henry, roy de France Second.*
Nostradamus, médecin et prophète.
Prophéties de papes de Saint-Malachie.

JEAN-CHARLES DE FONTBRUNE

NOSTRADAMUS

De 1999 à l'Âge d'or

ÉDITIONS DU
ROCHER
Jean-Paul Bertrand

ISBN 2 268 03286 8

À ma femme Nicole

PRÉFACE

Le premier semestre de l'année 1999, les médias furent en grande partie mobilisés par l'une des dates données par Nostradamus dans ses centuries, à savoir mil neuf cent nonante neuf sept mois. Jusqu'au 11 août, on s'intéressa davantage aux élucubrations d'une astrologue qui faisait tomber la sonde Cassini sur Paris, le 11 août, avec 200 000 morts, et d'un couturier qui, lui, faisait tomber la station MIR, qu'aux avertissements donnés par Nostradamus et dont j'avais parlé le 23 mai à *Bouillon de culture*. Dommage...

Rappelons ce fameux quatrain qui trouve, aujourd'hui, une explication complémentaire à cause des événements de New York :

X, 72

L'am mil neuf cent nonante neuf sept mois,
Du ciel viendra un grand roy d'effrayeur :
Resusciter le grand Roy d'Angoulmois,
Avant après mars regner par bon heur.

Afin de laisser à l'homme son « libéral arbitre », selon l'expression même de Nostradamus, certaines parties de quatrains ne sont compréhensibles que lorsque les événements annoncés se mettent en place et que l'actualité vient apporter des précisions qui n'étaient pas envisageables auparavant. C'est la raison essentielle pour laquelle les risques d'erreurs sont réels. Cependant, comme nous allons le montrer une fois encore, d'autres parties de quatrains peuvent être comprises « avant coup ».

Tout d'abord, il faut se demander ce que cache le premier vers du quatrain. En effet, plusieurs interprétations étaient possibles. Tous les exégètes des centuries prirent son sens au premier degré. Ceci n'était pas complètement erroné. En effet, si l'on retient que Nostradamus se déplace dans l'espace-temps, 1999 représente l'annonce de la catastrophe à venir.

Le 23 mai 1999, Bernard Pivot m'avait invité à son émission *Bouillon de culture* consacrée à Nostradamus. Je fus le seul des cinq invités à parler de cette date comme un terme fixé et, en soutenant seul le caractère prophétique du texte de Nostradamus, à prévenir l'humanité du danger islamique, au point que Bernard Pivot me relança plusieurs fois sur ce sujet. Insistant sur le côté « avertissement » de la prophétie, j'avais dit que, si les problèmes des Balkans et du Moyen-Orient n'étaient pas réglés avant le 30 juin 1999, le schéma que j'avais découvert dans Nostradamus risquait fort de se réaliser. Je me rappelle les petits sourires ironiques de certains invités... Rient-ils encore ?

Force est de constater que ces deux foyers de tension n'ont pas été réglés, mais qu'en outre ils se sont aggravés.

Voyons quel est le sens caché de ce premier vers. Si l'on décompose ainsi le texte : L'an mil neuf (le nouvel an mil, soit le nouveau millénaire, 2001) – 199 (jours) – sept mois (septembre). Autrefois l'année commençait en mars et septembre était le septième mois de l'année (*september* en latin). Si l'on calcule 199 jours à partir de mars, on arrive à la première quinzaine de septembre, à condition de tenir compte des 10 jours ajoutés par la réforme grégorienne de 1585. Ce qui donnerait comme interprétation l'année du nouveau millénaire (2001), au 199e jour, en septembre, un grand roi effrayant viendra du ciel. Nostradamus aurait donc caché dans ce premier vers la date de l'avertissement, 1999 (non écouté par les humains), et l'accomplissement de sa prophétie. Je ne fus pas le seul, en 1999, à avertir du danger islamique, puisque Ben Laden lui-même avait déclaré à propos du conflit israélo-palestinien : « Le vœu de participer à la guerre sainte coule dans les veines des musulmans comme de l'électricité. La vraie vie est dans l'au-delà. Et je veux œuvrer dans ce monde pour l'au-delà. » (*Sud-Ouest-Dimanche*, 16 septembre 2001). Ni Nostradamus ni Ben Laden n'ont été entendus !

II

Pour comprendre le troisième vers, il faut d'abord cité le quatrain qui annonçait l'événement, tel que je l'avais traduit en 1995.

II, 30

Un qui des dieux d'Annibal infernaux,
Fera renaistre, effrayeur des humains
Oncq' plus d'horreu ne plus dire journaux
Qu'avint viendra par Babel aux Romains.

Les *dieux infernaux d'Annibal* désignent fort probablement l'intégrisme islamique. *Avint* est une francisation du mot latin *adventus*, « événement ». Babel est le nom hébreu de Babylone et désigne donc l'Irak.

Un personnage se référant à l'intégrisme islamique fera renaître la frayeur des humains : jamais les journaux n'auront eu à décrire autant d'horreur telle que celle de l'événement qui arrivera aux Romains à cause de l'Irak.

Babel fait référence à l'Irak mais aussi à la célèbre Tour [1]. D'autre part, il faut savoir que « Bāber » (1483-1530) fonda la dynastie moghole en Inde et conquit et unifia l'Afghanistan entre 1505 et 1529. Il descendait par sa mère de Gengis Khan et par son père de Tamerlan. Nostradamus m'a habitué à ce genre de raccourci dont la concision surprend toujours. On comprend aujourd'hui pourquoi ce chef islamique installé en Afghanistan *fait revivre le grand roi d'Angoulmois* ou des Mongols. Vers la fin du IVe siècle, les Huns Ephtalites ou Huns blancs, hordes turco-mongoles, ravagèrent la Gaule et occupèrent la Bactriane, grand empire dans lequel se trouvait l'Afghanistan d'aujourd'hui.

Quant au mot *Romains* voici la définition du dictionnaire : « ROUMI (de Rome, proprement Romain), nom par lequel les Arabes désignent un chrétien. » Nostradamus utilise là un terme en usage au XVIe siècle pour désigner les chrétiens. Les événements de New York concernent tout le monde chrétien que les médias

1. « Babel : le récit biblique a suscité au XVIe siècle une série de représentations peintes de Pieter Brueguel à Paul Bril, où les souvenirs transposés du Colisée sont magnifiés jusqu'à évoquer une structure aux étages et aux baies innombrables, à la fois en chantier et menaçant ruine. » Encyclopædia Universalis. Surprenante description des deux tours du World Trade Center...

appellent pudiquement soit l'Occident, soit les pays démocratiques. Une illustration en est apportée par la couverture de *l'Express* n° 2619 du 13 au 19 septembre 2001 : *Les « islamistes » déclarent la guerre à l'Occident.* Dans ce même numéro, voici ce qu'écrivent Denis Jeambar et Alain Louyot : « Le mardi 11 septembre 2001 apparaît donc, par l'ampleur de l'assaut et les victimes qu'il a faites, comme le premier jour de cette " guerre civilisationnelle " entre l'Islam et l'Occident. Mais c'est aussi le cours de l'histoire qui s'emballe. Comme cela s'est déjà produit depuis **quatorze siècles** dans les relations entre le monde musulman et le monde chrétien, devenu occidental... ». Le lecteur trouvera là le titre du plus important chapitre de ce livre, à savoir : « Islam-Chrétienté : treize siècles d'affrontements. » Sans commentaires...

Le quatrain suivant indique le 11 septembre. Selon son habitude, Nostradamus ne donne jamais une date complète (année, mois, jour). Par exemple, pour la fin de la monarchie, il donne l'année 1792, mais pas le 22 septembre (proclamation de la Ire République). Ceci indique que les dates sont moins importantes que les événements et leur déroulement. Malheureusement, bien des gens souhaiteraient que les centuries soient un calendrier annonçant, jour après jour, ce qui va arriver. Où serait alors le libre arbitre de l'homme ?

Présage **11, septembre**

Pleurer le ciel àil cela fait faire,
La mer s'appreste. Annibal fait ses ruses :
Denys mouille. Classe tarde, ne taire,
Na sçeu secret. & à quoy tu t'amuses.

Pleurer le ciel est une expression qui signifie pleurer sur son sort. Àil est une forme archaïque de voilà ce que. Les termes d'*Annibal, punique, Poenus* que l'on rencontre dans plusieurs quatrains, désignent l'intégrisme islamique. En effet, trois guerres eurent lieu entre les Carthaginois et les Romains, dites *guerres puniques*, entre 264 et 146 avant J.-C. et se terminèrent par la prise et la ruine de Carthage. Ils avaient voué aux Romains une haine implacable, raison pour laquelle Nostradamus établit ce parallèle avec l'intégrisme islamique. Le mot *Denys* peut désigner la ville de Saint-Denis près de Paris, mais aussi le port espagnol de Denia dans la province d'Alicante sur la Méditerranée, cette mer devrait être le théâtre de grandes batailles.

Pleurer sur son sort, voilà ce que cela fait faire : la flotte se prépare pendant que le chef musulman fait ses ruses. La flotte qui mouille dans le port de Denia ne tarde que trop à se manifester, parce qu'elle n'a pas su ce qui se tramait et que l'on ne pensait qu'à s'amuser. Denia désigne plus largement la Méditerranée, 14 navires de guerre américains, partis de Norfolk en Angleterre, voguent vers la Méditerranée.

Nostradamus note le nombrilisme de l'Occident qui se plaint de son sort et qui ne prend pas garde à ce qui se trame contre lui. On trouvera plus loin le quatrain qui rejoint ce constat : « Par la discorde et la négligence des Français, sera passage à Mahomet ouvert... »

Avec l'éclairage apporté à la catastrophe qui touche tous les pays chrétiens, on comprend donc les passages suivants de la *Lettre à Henry, roy de France second* que j'avais traduite et publiée en 1982 [1] : « puis le grand Empire de l'Antéchrist commencera dans l'Altaï, d'où il descendra avec des troupes innombrables, tellement que la venue du Saint-Esprit qui s'avance selon le 48e degré, passera d'un pays dans un autre, chassé par l'abomination de l'Antéchrist, qui fera la guerre contre le grand Roi qui sera le grand Vicaire de Jésus-Christ, en temps utile et au moment choisi, qui sera précédé par une éclipse solaire [2] la plus obscure et la plus ténébreuse qui ait été depuis la création du monde et passion de Jésus-Christ, et ce sera au mois d'octobre que quelque grande translation sera faite, et telle que l'on croira la terre avoir perdu son naturel mouvement et être plongée dans de perpétuelles ténèbres ; il y aura eu des signes à l'équinoxe de printemps. » On sait donc que ces événements doivent être postérieurs au 11 août 2001, mais, comme d'habitude, le plus difficile à situer dans la prophétie est la chronologie. Un peu plus loin, Nostradamus apporte d'autres précisions : « Alors s'effondrera le principal chef de l'Union soviétique [3]. Onze ans révolus [4] surgira son allié méridional (Iran, Syrie, Irak, Afghanistan, Palestine, etc.)

---

1. *Nostradamus, historien et prophète*, tome 2, éditions du Rocher.
2. L'éclipse totale de soleil du 11 août 1999 passait par Paris qui se situe sur le 48e parallèle, comme Oulan Bator, capitale de la Mongolie.
3. 1990.
4. 1990 + 11 = 2001.

qui persécutera avec encore plus de violence pendant trois ans les gens d'Église, par le moyen d'une séduction [1] apostatique d'un personnage [2] qui tiendra sa toute-puissance de l'Église militante (intégrisme musulman). Et le saint peuple de Dieu observateur de sa Loi et tous ordres religieux seront grandement persécutés et affligés, tellement que le sang des vrais ecclésiastiques nagera partout, et un des horribles rois temporels [3] recevra de ses partisans [4] de telles louanges qu'il en profitera pour répandre plus de sang humain d'innocents hommes d'Église que nul ne saurait avoir autant de vin [5]. Et ce chef-là commettra d'incroyables forfaits contre l'Église, au point que le sang humain coulera dans les rues et dans les églises comme l'eau par fortes pluies ; et les fleuves qui nous sont proches rougiront de sang, et, en outre, la mer rougira par une grande guerre navale, si bien que les rapports qui en seront faits d'un chef d'État à l'autre pourront dire : les guerres navales ont rougi la surface de la mer. Puis, dans cette même année et durant les suivantes, cela entraînera la plus horrible pestilence [6] qui s'ajoutera à la famine précédente et l'on connaîtra de si grandes tribulations qu'il n'en était jamais arrivé de telles depuis la fondation de l'Église du Christ, et cela par toutes les régions de l'Italie. Et cela laissera des traces dans toutes les régions d'Espagne. C'est alors que le troisième chef de la Russie, entendant la plainte du peuple de son bon droit, dressera une très grande armée et franchira les détroits [7] qui avaient été convoités par ses aïeux et bisaïeux, pour les remettre en leur état, puis le grand Vicaire de la Cape [8] sera remis en son état primitif ;

---

1. Dans cette même lettre, Nostradamus parle de « l'exécrable séduction des Sarrasins (nom donné par les Occidentaux au Moyen Âge aux musulmans).
2. Ben Laden.
3. Idem.
4. Les Talibans.
5. Allusion au changement du vin en sang du Christ.
6. Dans un autre passage de la *Lettre à Henry, roy de France second*, Nostradamus écrit : « Sur ces entrefaites naîtra la plus grande pestilence que des trois parts du monde plus que des deux défaudront (*disparaîtront*), à tel point qu'on ne connaîtra plus les propriétaires des champs et des maisons et que l'herbe poussera dans les rues des villes plus haute que les genoux. » Depuis le 11 septembre, de nombreux médias parlent du danger bactériologique ou chimique...
7. Bosphore, Ormuz, Aden.
8. Probablement le grand CHIREN (HENRI). Plusieurs quatrains cités plus loin concernent ce personnage.

mais à la fin son règne sera désolé et tout sera abandonné pour en arriver à la destruction du Saint des Saints (Rome) par le paganisme. L'Ancien et le Nouveau Testament seront interdits et brûlés, après quoi l'Antéchrist sera le prince infernal ; et pour la dernière fois tous les pays chrétiens trembleront et aussi à cause des infidèles pendant vingt-cinq ans [1], il y aura des guerres et des batailles encore plus ruineuses, et les villes et les villages, les châteaux et autres édifices seront brûlés, désolés ou détruits avec une grande effusion de sang de jeunes filles, de femmes mariées, de veuves violées, les nourrissons jetés contre les murs des villes qui seront ainsi heurtés et brisés ; et tant de malheurs seront provoqués par Satan prince infernal que presque toute la planète sera désorganisée et désolée. Après ce temps que les hommes auront trouvé long, la face de la terre sera renouvelée par l'avènement de l'Âge d'or. Dieu le Créateur, entendant l'affliction de son peuple, ordonnera que Satan soit enchaîné et jeté dans l'abîme de l'Enfer, dans la profonde fosse : commencera alors entre Dieu et les hommes une paix universelle, et Satan demeurera lié pendant environ mille ans, ce qui apportera une plus grande force à la puissance de l'Église et puis il sera à nouveau délié. »

En ce qui concerne le 48e degré, Nostradamus ne précise pas s'il s'agit de la longitude ou de la latitude. Si l'on envisage les deux hypothèses, le 48e parallèle passe par Paris que Nostradamus désigne par « le Saint-Esprit », la capitale de la France « fille aînée de l'Église ». Cela ne peut se comprendre que parce que Nostradamus était catholique. Quant au 48e degré de longitude, il traverse le Yémen et l'Arabie Saoudite, et passe près de Riyad. Nostradamus désigne donc le lieu de naissance de Ben Laden, ainsi que l'origine de sa famille (le Yémen).

La description « apocalyptique » de ces extraits de la *Lettre à Henry, roy de France second* fait montre d'une certaine grandiloquence, mais malheureusement les attentats qui viennent de frap-

---

1. Nostradamus ajoute 15 ans aux prévisions du président George W. Bush (« la guerre durera 10 ans », a-t-il dit) ! D'autre part, dans un quatrain commenté dans ce livre, il dit « L'Antéchrist vingt-sept ans durera sa guerre... » ; on pourrait croire à une contradiciton. En réalité, il applique ici le même principe de double calcul de l'an mil neuf cent nonante neuf sept mois, c'est-à-dire 1999 et 2001, soit 27 et 25 ans, faisant commencer cette guerre en 1999 dans l'esprit et en 2001 dans les faits.

per les États-Unis ne contredisent pas ces images que l'on pourrait croire exagérées. Notons que la plupart des médias ont utilisé les mots *Apocalypse* et *apocalyptique* pour décrire ces événements.

L'un des signes précurseurs de cette crise mondiale fut le mini-krach qui toucha les Bourses asiatiques en mars-avril 1998, annoncé par Nostradamus et qui présageait celui entraîné par les attentats de New York et de Washington. Notre plus célèbre prophète appelait la Bourse, non sans humour, *la grande poche*, c'est-à-dire l'endroit où l'on met l'argent ; et il nous en dit : « La grande poche lors qu'on viendra plaindre et pleurer... »

D'autres signes précurseurs sont exposés dans ce livre, comme les guerres balkaniques, la crise du Moyen-Orient, la maladie de la vache folle, la drogue et les sectes.

INTERNET

Il est de mon devoir d'informer les internautes des inventions, manipulations ou fausses informations qui foisonnent sur le Net concernant Nostradamus et les attentats de New York et de Washington.

On a vu annoncer que Nostradamus aurait prévu la destruction de deux tours métalliques. Ceci ne se trouve nulle part dans les centuries.

D'autres exégètes peu soucieux de précision et du respect des textes utilisent le quatrain suivant pour prétendre qu'il se rapporte aux événements de Manhattan :

VI, 97

Cinq et quarante degrez ciel bruslera,
Feu approcher de la grande cité neuve :
Instant grand flamme éparse sautera,
Quand on voudra des Normans faire preuve

Les interprètes fantaisistes n'ont pas pris garde au fait que Nostradamus ne précise pas s'il s'agit de 45 degrés de latitude ou de longitude, comme pour le 48e degré commenté plus haut. Et, là encore, se cache une double signification. « Les manipulateurs » des quatrains ont donc arbitrairement décidé qu'il s'agissait de latitude. Hélas !

pour eux, New York est au 40,5 degré de latitude. Sur le continent nord-américain les villes qui se situent sur ce parallèle sont Montréal, Ottawa, Minneapolis et... Salem !

En revanche, il y a de fortes chances pour que Nostradamus ait désigné le 45e degré de longitude qui passe par... Bagdad ! Il s'agit donc de la guerre du Golfe annonciatrice de la guerre en cours. Dans *Sud-Ouest Dimanche* du 23 septembre 2001, Christophe Lucet écrit, sous le titre *Les Lieux saints profanés* : « Pour les croyants, l'irruption des soldats américains en 1990 en Arabie Saoudite a été un choc. » 1990-2001, on retrouve les onze ans donnés par Nostradamus et l'on comprend mieux pourquoi il implique directement l'Irak (Babel) dans les attentats qui ont frappé l'Amérique.

Voici donc la traduction que l'on peut faire de ce quatrain : Sur le 45e degré de longitude (Bagdad), le ciel brûlera, le feu approchera de la grande cité neuve [1]. En un instant la flamme dispersée sautera [2] (sur la ville) quand on aura voulu mettre les Anglo-Américains [3] à l'épreuve.

Voyons maintenant le 45e degré de latitude. Les villes qui s'y trouvent sur le Vieux Continent sont, d'ouest en est, Bordeaux, Grenoble, Turin, Belgrade et Sébastopol. Aucune de ces villes ne peut être considérée comme une cité neuve. Les trois villes récentes qui se trouvent sur ce parallèle sont donc sur le continent nord-américain : Montréal, Ottawa et Minneapolis (*Twin City*, à cause de sa ville jumelle Saint-Paul). En outre, Nostradamus a, peut-être, caché dans ce quatrain l'axe de cette guerre en Europe et en Asie, car le 45e parallèle traverse le Caucase et les Balkans. Seule la suite des événements pourra apporter une solution définitive à ce texte.

---

1. « Bagdad, capitale de l'Irak installée sur la rive gauche du Tigre, à l'entrée des grandes plaines d'inondations du bas Irak. **La ville moderne** conserve peu de chose de son prestigieux passé. **Son développement récent** et très rapide (*cité neuve*) n'a été rendu possible que lorsque le danger de submersion a été écarté grâce à la construction de barrages, de digues et de drains... » *Encyclopædia Universalis*.

2. Sauter : s'élancer d'un lieu à un autre. Bombardement de Bagdad à partir des navires du Golfe ou de l'Arabie Saoudite.

3. Guillaume le Conquérant, après la bataille d'Hastings en 1066, établit un État anglo-normand. Nostradamus désigne ainsi les Anglais et les Américains qui furent les plus impliqués dans la guerre du Golfe. (Étymologiquement *Normands* signifie hommes du nord.)

APPEL AUX CROYANTS DES TROIS RELIGIONS MONOTHÉISTES

Juifs, chrétiens ou musulmans, croyez-vous qu'il soit trop tard pour arrêter la folie meurtrière engagée depuis le 11 septembre 2001 ?

Doit-on tout faire pour réaliser le schéma catastrophe annoncé par Nostradamus ?

Qu'on le nomme Yahvé, Dieu ou Allah, le Créateur a-t-il voulu que les hommes s'entretuent en son nom ?

Les religions ne sont-elles pas des facteurs de division ? Dieu seul est l'unité par excellence. Cette contradiction devrait faire réfléchir tous les croyants engagés dans l'une ou l'autre de ces religions.

L'homme a-t-il été créé pour s'autodétruire ?

Juifs, chrétiens et musulmans, avez-vous oublié le deuxième commandement : « Tu ne tueras point » ?

L'homme a été créé libre de choisir entre le bien ou le mal, la vie ou la mort, l'amour ou la haine. Quel choix allez-vous faire ?

Une guerre peut-elle être sainte ?

Que dit le verset 59 de la 2e sourate : « Certainement les mulsulmans, les juifs, les chrétiens et les Sabéens [1], qui croiront en Dieu au jour dernier et qui feront le bien en recevront la récompense de ses mains : ils seront exempts de la crainte et des supplices. » Sur les six mille victimes américaines des attentats, combien étaient croyantes et faisaient le bien ? Ceux qui ont pris la responsabilité de les exterminer n'auront-ils pas des comptes à rendre à Allah !

Pourquoi juifs, musulmans et chrétiens n'écouteraient-ils pas les appels à la paix lancés par leurs chefs spirituels, rabbins, muphtis, et Jean-Paul II au Kazakhstan, terre musulmane, le 23 septembre 2001 ?

***

Nostradamus était un grand croyant. Le but de son message est de dénoncer les horreurs qu'engendrent les hommes, à quelque religion qu'ils appartiennent. Quand il parle de la « séduction détestable des Sarrasins », il ne condamne pas la religion islamique mais ceux qui

---

1. La tradition fait descendre les Sabéens du fils aîné d'Ismaël. Ils habitaient autrefois l'Arabie heureuse et les côtes de la mer Rouge.

s'en servent pour faire le mal, en contradiction flagrante avec le verset du Coran cité plus haut. Quand il dit « la synagogue stérile sans nul fruit [1] », il ne condamne pas la Thora, mais les extrémistes religieux d'Israël. Quand il qualifie Napoléon Ier de « boucher [2] », il condamne un chef d'État chrétien qui a entraîné la France dans quatorze ans de guerre, comme lorsqu'il traite Hitler de « nouveau Néron [3] »

Il est encore temps de prendre en compte l'avertissement lancé en 1555 à l'humanité par Nostradamus et d'arrêter le massacre, dont les peuples seront les seules victimes.

Les gens qui ont détourné, déformé ou combattu ce message ont pris une lourde responsabilité dans le début de la réalisation des catastrophes annoncées.

Un défi est maintenant lancé à l'homme : faire mentir Nostradamus...

Wait and see...

24 septembre 2001.

---

1. Centurie VIII, quatrain 96.
2. Centurie I, quatrain 60.
3. Centurie IX, quatrain 17, 53 et 76.

PRÉAMBULE

Vingt fois sur le métier remettez votre ouvrage.
Polissez-le sans cesse et le repolissez.
Ajoutez quelquefois, plus souvent effacez.

BOILEAU, *Art poétique*.

L'humanité gémit à demi écrasée sous le poids des progrès qu'elle a faits, elle ne sait pas assez que son avenir dépend d'elle.

Henri BERGSON
Les Deux Sources de la morale et de la religion.

L'objectif essentiel de cet ouvrage est d'informer et d'avertir L'homme est à un tournant capital de son histoire. Constatant les catastrophes qu'il a engendrées au cours du XXe siècle (deux guerres mondiales, nombreux génocides, terrorisme, immenses dégâts écologiques : pollution de l'air, de l'eau, de la terre, effet de serre, Tchernobyl, mer d'Aral, mer de Barentz, eaux usées industrielles, agricoles ou urbaines, déboisements, épandages d'engrais et de produits chimiques, etc.), il était indispensable de lui faire connaître les folies qu'il risque de continuer à faire et qui ont été annoncées par Nostradamus. Il lui appartient de faire mentir le prophète.

Le choix qui s'impose à lui aujourd'hui est donc simple : soit il prend en main son destin pour établir sur terre la paix universelle et le renouveau spirituel, avant juillet 1999, année de tous les dangers pour Nostradamus, soit il continue dans son cycle infernal de matérialisme destructeur, et, dans ce cas, il contribuera à la réalisation des prophéties de Nostradamus et de l'Apocalypse de Jean... « Science sans conscience n'est que ruine de l'âme » (François Rabelais).

Depuis 1980, un certain nombre d'événements prévus par Nostradamus se sont réalisés. Il est donc important, quinze ans plus tard, d'en faire un bilan. D'autre part, des erreurs doivent être corrigées. En effet, le déroulement de l'histoire permet de mieux préciser certains événements prophétisés, dès le XVIe siècle, par Nostradamus, ne serait-ce que l'effondrement du communisme en Europe de l'Est, à l'exception de l'Albanie et de la Serbie (sept pays sur neuf, disait-il).

Un des reproches les plus importants qui est toujours fait aux prophéties de Nostradamus est leur caractère apocalyptique. Les quatrains se rapportant à des événements passés montrent que souvent l'aspect catastrophique de tel ou tel fait historique a été fortement exagéré, mais ce n'est pas toujours le cas. Par exemple, en ce qui concerne les persécutions contre les Juifs, Nostradamus n'exagère pas lorsqu'il écrit (IX,17 – *Nostradamus historien et prophète*, tome I) : « *Le premier personnage du* (IIIe Reich) *fera pire que Néron et sera aussi vaillant à vider le sang humain qu'à le répandre.* »

On peut cependant se demander quelle est la raison de certaines exagérations. Sans doute, le but principal de la prophétie étant de dénoncer les folies meurtrières des hommes, Nostradamus les a caricaturées dans un but moralisateur et peut-être pour en atténuer les effets, en amenant l'homme, sinon à s'amender, du moins à réfléchir sur ses actes. D'autre part, les événements décrits pour la période touchant à la fin de son message (1998-2025), sont beaucoup plus terrifiants que ceux des périodes précédentes. Souhaitons que ces exagérations aient été voulues pour faire peur et, de ce fait, enrayer un processus actuellement engagé et qui pourrait mener l'humanité au bord d'un gouffre épouvantable. Alors, ce texte écrit au XVIe siècle aurait la mission merveilleuse du sauvetage d'une humanité engagée dans son autodestruction.

Lorsque l'on s'attaque à l'étude d'un texte prophétique aussi dense que les quatrains de Nostradamus, on se heurte à deux obstacles majeurs inhérents à la nature de l'homme et au caractère imprévisible de l'histoire par le raisonnement. Le premier est l'imagination, « cette maîtresse d'erreur et de fausseté et d'autant plus fourbe qu'elle ne l'est pas toujours », comme l'écrivait si justement Pascal. C'est elle qui peut être la cause d'interprétations fantaisistes ou personnelles à partir d'une traduction pourtant exacte, et pis, conduire à des contresens, lorsqu'elle s'appuie sur des erreurs de traduction. C'est la raison pour laquelle les nombreux essais de compréhension et d'interprétation des prophéties de Nostradamus ont accrédité la thèse que ses écrits n'étaient qu'un galimatias auquel on pouvait faire dire tout ce qu'on voulait. Il serait imprudent d'affirmer que ses écrits n'ont aucun sens, sous prétexte qu'on leur a fait dire tout et le contraire de tout. En effet, c'est l'une des critiques les plus courantes faites aux centuries.

Bien des exégètes ont pris Nostradamus pour une auberge espagnole, forçant les textes pour y trouver à tout prix ce qu'ils désiraient y voir ou qui abondait dans le sens de leurs idées philosophiques, politiques ou religieuses. Les parapsychologues, les astrologues et autres occultistes ou ésotéristes détiennent la palme. Ils n'ont pas su tenir compte de l'avertissement donné par Nostradamus, dès le début des centuries, puisque le premier quatrain de son œuvre est très explicite sur ce point et qu'il est placé en tête, tel un phare, pour guider le traducteur :

Centurie I, quatrain 1

Assis de nuit, secret estude
Seul reposé sur la selle d'airain,
Flamme exiguë sortant de *solitude*
Fait prosperer qui n'est à croire vain.

Il n'est pas dans les habitudes du prophète de faire des redites. Pour que Nostradamus ait cru bon d'exprimer deux fois la même chose en quatre lignes, c'est qu'il savait, sans doute, qu'on tenterait de lui donner des étiquettes ou qu'on lui attribuerait quelque appartenance à tel ou tel groupe, chapelle, ou église.

Les exégètes non français ont voulu trouver dans les quatrains l'histoire de leur pays, oubliant que ceux-ci concernent essentiellement l'histoire de France. Les auteurs anglo-saxons et particulièrement les américains se sont largement illustrés dans ces tentatives de faire coïncider le texte avec leur histoire. Ainsi trouve-t-on dans plusieurs livres l'assassinat de John Kennedy, la destruction de New York, etc. Comment des écrivains, dont on ne peut mettre en doute l'honnêteté intellectuelle, ont-ils pu escamoter cet autre avertissement fondamental donné par Nostradamus dans sa *Lettre à Henry, roi de France second* : « J'ai donc consacré mes supputations nocturnes et prophétiques, composées grâce à un instinct naturel, à l'aide d'un transport poétique, avec les règles de la poésie, et la plupart de ces supputations accordées aux calculs de l'astronomie qui correspondent aux ans, aux mois, aux semaines, aux régions, aux pays et à la plupart des villes et cités de toute l'Europe, y compris l'Afrique et une partie de l'Asie qui connaîtront des changements de frontières... » Il est donc vain de chercher dans les centuries des événements qui touchent directement l'histoire du continent américain, et, d'une certaine façon, c'est tant mieux !

Les auteurs anglo-saxons ont attribué l'expression *la grande cité* à la destruction de New York ! Or ces deux mots que l'on rencontre onze fois sans autre précision géographique sont toujours utilisés pour Paris et concernent des événements qui ont touché la capitale, comme le massacre de la Saint-Barthélemy. Le passé sert donc à cerner l'avenir et à préciser le sens des mots ou des groupes de mots utilisés par Nostradamus. Comme nous arrivons au terme de la prophétie (2026), il est plus facile qu'il y a un ou deux siècles, de classer les quatrains concernant l'avenir, puisque la fourchette de temps qui s'offre à nous n'est plus que d'un quart de siècle. Cependant, l'abondance des précisions concentrées sur la fin de la civilisation européenne n'en rend pas le classement facile.

Le deuxième écueil redoutable que l'on rencontre dans l'étude de textes rapportant l'avenir est le côté complètement irrationnel de l'histoire. Ainsi un événement annoncé aujourd'hui et prévu pour dans dix ans paraîtra absurde et impossible, alors que, dix ans plus tard, ce même événement entrera dans l'histoire et semblera immédiatement évident. Prenons un exemple : imaginons qu'en 1938 un voyant *extralucide* lance la prophétie suivante : « Dans deux ans, en 1940, la IIIe République s'effondrera. Un vieux maréchal parviendra au pouvoir. Il rangera dans un placard les trois mots que l'on croyait intangibles, de *liberté, égalité, fraternité*, pour les remplacer par travail, famille, patrie. » Le voyant aurait, sans aucun doute, été traité de fou et peut-être interné pour délire. Et pourtant c'est bien ce qui s'est passé contre toute logique. Il faut donc admettre que la raison humaine est un moyen inadéquat pour aborder l'avenir de l'homme, sans quoi les prophètes seraient inutiles et tout événement pourrait être programmé !

Au cours d'une conférence que je fis au Palais des Congrès d'Aix-en-Provence en 1975, j'annonçai, fort de Nostradamus, la chute du shah, trois ans avant l'événement. Cette prophétie parut absurde à mon auditoire. Voici pourtant le quatrain qui décrivait ce bouleversement historique :

Centurie I, quatrain 70

Pluye, faim, guerre en Perse non cessée,
La foy trop grande trahira le monarque
Par la finie en Gaule commencée,
Secret augure pour à un estre parqué.

Le dernier vers de ce texte fournit un exemple des pièges légués par Nostradamus à son traducteur : la révolution (le mot pluie, comme déluge, est pris symboliquement dans le sens de trouble), la famine et la guerre ne cesseront pas en Iran. Le fanatisme religieux (synonyme même de *foi trop grande*) trahira le shah (mot qui signifie *monarque* en persan), dont la fin aura commencé en France. L'aspect incompréhensible du dernier vers tient au fait que Nostradamus s'exprime en français avec une construction latine, le verbe étant placé à la fin de la phrase et le complément de lieu (secret, du latin *secretum* qui signifie lieu retiré) au début.

On doit donc traduire : à cause d'un prophète (*augur* en latin) qui se sera parqué dans un lieu retiré. On sait aujourd'hui qu'il s'agissait de l'ayatollah Khomeyni, le prophète exilé des chiites *parqué* à Neauphle-le-Château.

Lors du débat qui suivit cette conférence, plusieurs contradicteurs, par leurs propos acerbes, montrèrent qu'ils se faisaient du souci sur la santé mentale du conférencier. Annoncer la chute du shah en 1975 était irrationnel en regard de l'analyse logique du moment. En effet, les principales objections qui furent faites alors sortaient de la presse : le gendarme du Golfe disposait de la troisième armée du monde. Les Américains n'abandonneraient jamais le shah... Voilà quels étaient les arguments rationnels qui étaient opposables à la prophétie. Trois ans plus tard, en août 1978, Téhéran s'embrasait et, cinq mois plus tard, le Shah s'exilait au Caire avec sa famille, provoquant une déstabilisation du Moyen-Orient, dont nous voyons les suites aujourd'hui. L'Occident choisissait de soutenir un autre pays du Moyen-Orient : l'Irak ! Nul, hormis le prophète, ne pouvait prévoir que ce même pays se retournerait contre ceux qui l'avaient si généreusement armé !

Comprendre les quatrains concernant l'avenir suppose de laisser de côté une certaine logique. Il faut donc accepter le principe qu'un événement qui paraît irréalisable à un moment donné, s'accomplira plus tard. L'étude des écrits de Nostradamus et la vision qu'il a eue de l'histoire nous apprennent que ce qui est blanc aujourd'hui peut devenir noir demain et vice versa. Alfred Sauvy, dans son livre *Croissance Zéro*, n'a-t-il pas écrit : « L'histoire de l'homme ne s'est jamais déroulée de façon rationnelle » ? et il ajoute plus loin : « L'avenir est d'autant plus difficile à appréhender que tous les schémas sont à inventer. » Cette constatation explique en grande partie l'incroyable polémique que souleva *Nostradamus historien et prophète* en 1981. En effet, annoncer la chute du mur de Berlin en 1980, alors que Gorbatchev n'est arrivé qu'en 1985, avec la *perestroïka*, avait de quoi surprendre ; car, seulement quinze jours avant cet événement capital, pas un seul politologue n'avait été capable de l'envisager ; les médias avaient alors noté cette carence. En outre, une telle prévision remettait en cause le partage du monde fait à Yalta, nouvelle donne en Europe qui semblait intangible. Voici le quatrain qui permettait d'annoncer cette chute avec dix ans d'avance :

Centurie V, quatrain 81

L'oiseau royal sur la cité solaire
Sept mois devant fera nocturne augure :
Mur d'Orient cherra tonnerre esclaire,
Sept jours aux portes les ennemis à l'heure

L'oiseau royal (l'aigle américain) s'alliera à la cité solaire (Héliopolis, l'ancienne capitale de l'Égypte, qui, étymologiquement, signifie *cité solaire*) – (dans la coalition contre l'Irak, les deux pays les plus en vue furent les USA et l'Égypte qui fournirent les contingents de soldats les plus importants). Sept mois avant cette alliance, il y aura un présage de nuit : le « mur de l'Est » tombera dans des éclairs et du bruit.

Tout le monde a en mémoire la grande fête donnée à la Porte de Brandebourg à Berlin le 31 décembre 1989, dans le tonnerre des feux d'artifice, qui consacra la chute du *mur de la honte*. Sept mois plus tard (août 1990), les ennemis s'empareront en sept jours des portes de la ville (Koweït City). Effectivement, dans la nuit du 1er au 2 août, les forces armées irakiennes envahissaient le Koweït et sept jours plus tard, le 8 août, Bagdad annexait sa « dix-neuvième province ». Le troisième vers de CE quatrain permettait, dès

1980, d'envisager la chute du mur de Berlin. Une objection concernant ce *mur d'Orient* a, depuis, souvent été faite : pourquoi ne s'agirait-il pas de la grande muraille de Chine ? Pour une simple raison : c'est essentiellement l'histoire de l'Europe qui intéresse Nostradamus. Le mot clé de ce quatrain est bien évidemment *mur d'Orient.* D'autre part, on imagine difficilement la chute de l'immense muraille de Chine. Enfin, au XVIe siècle, on utilisait le mot Orient pour le mot moderne Est.

Nostradamus a vu la naissance de Saddam Hussein et sa montée en puissance. En outre, il a indiqué le jour de la semaine où serait envahi le Koweït et a donné une partie du nom de l'opération des puissances occidentales contre l'Irak, « Tempête du désert » :

I, 50

De l'aquatique triplicité naistra,
D'un qui·fera le jeudy pour sa feste,
Son bruit, loz, regne sa puissance croistra,
Par terre & mer aux Oriens tempeste.

Triplicité qualifie quelque chose de triple. *Loz* ou los en ancien français : louange.

Un (personnage, Saddam Hussein) naîtra entre trois eaux (le Tigre, l'Euphrate et le golfe Persique) et il choisira un jeudi pour faire sa fête (l'invasion du Koweït). Son bruit, sa louange, son pouvoir croîtront en puissance. Puis au (Moyen)-Orient il y aura tempête (du désert) par terre et par mer.

Saddam Hussein est né en Irak dans la petite ville de Tikrit qui est située sur la rive gauche du Tigre et se trouve donc entre le Tigre, l'Euphrate et le golfe. L'armée irakienne pénétrait au Koweït le jeudi 2 août 1990. On trouvera dans le chapitre IV les autres quatrains concernant l'Irak et des événements à venir.

Autre exemple, imprimer en toutes lettres, en 1980, que Monseigneur Lefebvre provoquerait un schisme dans l'Église, avait de quoi irriter les autorités catholiques, quand on sait qu'il faut remonter à 1533 pour retrouver un schisme dans l'Église, avec l'excommunication d'Henri VIII d'Angleterre :

Centurie V, quatrain 46

Par chapeaux rouges querelles et nouveaux schismes,
Quand on aura élu le Sabinois :
On produira contre lui grands sophismes,
Et sera Rome lésée par Albanois.

À cause d'évêques il y aura des querelles et de nouveaux schismes, après qu'on aura élu l'étranger (dans la Rome antique le qualificatif de *sabinois* était synonyme d'étranger), c'est-à-dire le pape polonais. On lancera contre lui de grands sophismes (les sermons des traditionalistes) et l'Église romaine sera lésée par les gens d'Albano.

C'est bien la nomination d'évêques par Monseigneur Lefèvre qui a provoqué son excommunication et consacré le schisme dans l'Église. Rappelons ici que le mouvement de Monseigneur Lefebvre avait deux pôles importants : le séminaire d'Écone, près du lac Léman et le séminaire d'Albano, au sud de Rome, tout proche de la Sabine, un piège tendu aux exégètes qui traduisirent par l'Albanie !

Et que dire de l'annonce dérangeante du retournement de l'Irak contre l'Occident, alors qu'en 1980, on considérait ce pays comme le stabilisateur du Moyen-Orient et qu'en vertu de cette analyse rationnelle, les nations occidentales, la France en tête, le dotaient des plus hautes technologies militaires !

On comprend que les écrits de Nostradamus aient dérangé tout ce qui s'appelle *pouvoir*. Nostradamus n'est pas le premier prophète à avoir été vilipendé par les puissants de la terre, puisque Cassandre, la fille de Priam, fut exilée par son propre père pour avoir annoncé la ruine de Troie, si le cheval des Grecs entrait dans la ville. De même Jérémie fut mis en prison par Sédécias, roi de Juda, parce qu'il prédisait la ruine de Jérusalem. Ce qui n'empêcha pas Nabuchodonosor II de détruire le Temple en 582, de s'emparer de Sédécias, de lui faire crever les yeux et de le laisser périr lamentablement à Babylone, mettant ainsi fin au royaume de Juda.

Il est surprenant de constater les mises en garde et les attaques contre Nostradamus de grands prélats catholiques au XXe siècle. En 1981, le président de la Conférence épiscopale, lui-même, proclamait, non sans quelque emphase, dans le journal *Le Provençal* : « Ne te livre pas au *mage* Nostradamus ! » Cette apostrophe montrait une grave méconnaissance du personnage, chose inquiétante quand on parle avec l'autorité que donne un tel poste. Dans sa *Lettre à César* Nostradamus écrit : « Je te supplie, mon fils, de ne jamais employer ton entendement à ces rêveries et vanités qui dessèchent le corps et entraînent la perdition de l'âme, et, notamment la vanité de la plus exécrable magie réprouvée jadis par les saintes Écritures et par les divins canons. » Ce grand prélat ignorait, en outre, qu'au XVIe, en pleine Inquisition, Nostradamus fut protégé par la même Église, qui ne trouva rien à redire à son inhumation dans l'église du couvent des Frères Mineurs à Salon-de-Provence. Peut-on imaginer une seconde qu'à cette époque de chasse aux sorcières, on ait enterré dans une église un personnage qui aurait « senti le fagot » ?

Prophètes et prophéties dérangent également le rationalisme auquel les Français sont si attachés à la suite de Descartes. Et je dois ici raconter une anecdote que j'ai vécue, fin janvier 1986, à Puy-Saint-Vincent dans les Alpes du sud. Jean-Yves Casgha, journaliste, avait organisé avec Jacques Pradel, un colloque intitulé *Sciences-Frontière*, qui réunissait des scientifiques de haut niveau et des gens, comme moi, que ces mêmes scientifiques relèguent, *a priori*, dans un ghetto d'irrationnel ; quelle gageure ! Comme nous étions des gens de bonne compagnie, nous n'en sommes pas venus aux mains, mais la contestation ne manqua pas aux débats. Le thème principal de ce colloque portait sur la comète de Halley. Avaient été réunis pour cette occasion des astrophysiciens, directeurs d'observatoire, et des gens, hors canons scientifiques, qui avaient peut-être quelque chose à dire sur le passage de cette comète. C'est dans cette dernière catégorie que j'avais été rangé et, à ce titre, invité. Je devais dire si Nostradamus avait annoncé quelque événement particulier qui devrait se produire lors du passage de la célèbre comète. Le dernier jour du colloque, nous nous trouvions en assemblée générale. La salle contenait environ deux cents personnes – je devrais dire deux cents *témoins*. Jean-Yves Casgha me demanda si Nostradamus avait prédit un ou plusieurs événements particuliers au moment du passage de la comète en 1986. Comme réponse, je commentais un quatrain fort détaillé, après avoir pris la précaution de préciser que, s'il s'agissait bien de ce passage, la planète allait connaître un incendie qui toucherait une grande surface, et cela entre le 1er et le 30 avril 1986. Cette précaution n'était d'ailleurs qu'une clause de style, persuadé que j'étais alors, qu'il ne pouvait s'agir que de ce passage, puisque, depuis 1555, date de rédaction de la prophétie, il n'y avait eu aucun incendie important, lors des retours précédents de la comète et, qu'en outre, les coordonnées astronomiques indiquées par Nostradamus ne correspondaient pas aux passages antérieurs à 1986. Et, comme la prophétie se termine avant le prochain retour de la célèbre comète, le choix ne laissait aucun doute. Un astrophysicien, directeur d'observatoire, se leva et me dit ceci : « Monsieur de Fontbrune, soyons sérieux, il y a des incendies tous les mois ; voilà bien la preuve qu'avec Nostradamus on peut tout prédire. » Je me rappelle fort bien quelle fut ma réponse. Je rétorquai que Nostradamus parlait d'un incendie qui toucherait un grand lieu et qu'en conséquence, il ne pouvait s'agir de l'incendie d'un immeuble à Paris ou ailleurs. Le 26 avril 1986, la centrale atomique de Tchernobyl s'embrasait et le *vent nucléaire* se répandait sur l'Europe jusqu'à la Bretagne ! Aujourd'hui, je dis à mon contradicteur d'alors : « Heureusement qu'il n'y a pas un Tchernobyl tous les mois... » Le 27 avril au matin, Jean-Yves Casgha me téléphona pour me rappeler mes paroles du 29 janvier à Puy-Saint-Vincent !

Voici donc ce fameux quatrain que j'avais traduit et commenté le 13 mars 1986[1], soit un peu plus d'un mois avant le premier événement évoqué par ce texte :

Centurie IV, quatrain 67

L'an que Saturne et Mars egaux combust,
L'air fort seiché, longue trajection :
Par feux secrets d'ardeur grand lieu adust,
Peu pluie, vent chaud, guerre, incursion.

L'année où la comète (*trajection* est une déformation de trajectoire pour les besoins de la rime) brillera à égale distance de Saturne et de Mars, l'air sera fort *séché* et un grand lieu brûlera par des feux *ardents* qui seront *gardés secrets*. Cette chaleur ne sera pas portée par la pluie mais par le vent ; il y aura un acte de guerre par une incursion.

1. *La Comète et les prophéties*, éditions Michel Lafon, 1986.

La comète de Halley devait être à égale distance de Saturne et de Mars au mois d'avril et je dis donc devant ces 200 personnes que je m'attendais à un incendie qui toucherait une grande surface entre le 1er et le 30 avril, ainsi qu'un acte de guerre sous forme d'incursion, selon le propre terme de Nostradamus. Le premier de ces événements eut lieu le 15 avril. C'est, en effet, ce jour-là que dix-huit bombardiers américains F 111, partis de Grande-Bretagne, bombardèrent Tripoli et Benghazi. Le second événement eut lieu le 26 avril, soit onze jours plus tard : Tchernobyl. Un gigantesque nuage radioactif, porté par les vents, touchait pratiquement toute l'Europe (*l'air fort séché !*). Enfin ces feux furent gardés secrets, au point qu'aujourd'hui encore, toute la vérité n'est pas faite sur cette terrible et première grande catastrophe nucléaire provoquée par l'homme « apprenti sorcier ».

Tous les pouvoirs, quels qu'ils soient, ont toujours combattu prophètes et prophéties, hormis pour les utiliser à leurs fins. Ainsi les Églises dites chrétiennes, ô combien nombreuses, reconnaissent les prophètes de l'Ancien et du Nouveau Testament, d'abord parce qu'ils servent leur prosélytisme, ensuite parce que ces prophéties, étant, selon elles, déjà réalisées, ne peuvent venir contrarier leurs perspectives d'avenir. Lorsque ces multiples Églises vous abordent pour vous convertir, elles tiennent toutes le même discours, utilisant les mêmes textes bibliques pour tenter de vous démontrer que celle qui vous interpelle est la seule authentique Église du Christ. Ces Églises sont apparues au XVIIIe siècle et se sont multipliées dans la seconde moitié du XIXe siècle et plus encore au XXe. Le chapitre XXIV de l'Évangile de Matthieu n'annonçait-il pas cette prolifération d'Églises ou de sectes, revendiquant la propriété du christianisme, et les guerres entre nations dans les passages suivants ? :

« 4 – Jésus leur répondit : prenez garde que personne ne vous séduise. 5 Car plusieurs viendront en mon nom disant : c'est moi qui suis le Christ. Et ils séduiront beaucoup de gens. 6 Vous entendrez parler de guerres et de bruits de guerres : gardez-vous d'être troublés, car il faut que ces choses arrivent. Mais ce ne sera pas encore la fin. 7 Une nation s'élèvera contre une nation, et un royaume contre un royaume, et il y aura en divers lieux, des famines et des tremblements de terre. 8 Tout cela ne sera que le commencement des douleurs... 11 Plusieurs faux prophètes s'élèveront, et ils séduiront beaucoup de gens... 16 Alors que ceux qui sont en Judée

(Palestine) fuient dans les montagnes (la guerre du Golfe serait-elle un signe précurseur ?)... 24 Car il s'élèvera de faux christs et de faux prophètes ; ils feront de grands prodiges et des miracles, au point de séduire, s'il était possible, même les élus. »

Le message de Nostradamus n'est pas différent de celui de Matthieu. Le XXe siècle avec sa mondialisation de la guerre illustre parfaitement ce texte de l'évangéliste. Depuis la création de la Société des Nations en 1925, et sa renaissance dans l'Organisation des Nations (dites...) Unies, les pays s'affrontent et les affrontements se multiplient avec la multiplication des États provoquée par l'éclatement des Empires anglais, français, austro-hongrois, ottoman et récemment soviétique : Républiques baltes, yougoslave et républiques ex-soviétiques. Pour la troisième fois au XXe siècle, l'Europe entre en éruption et risque, une fois encore, d'entraîner la planète dans une guerre généralisée.

La chute du communisme dans les pays de l'Est avait été parfaitement prévue par Nostradamus qui donne deux précisions de temps pour cette chute. La première assigne soixante-treize ans et sept mois de vie au communisme en Russie et la deuxième soixante-dix ans de durée à l'État soviétique. Voici le passage de la *Lettre à Henry, roy de France second* concernant cette première donnée de temps : « Et cela suivra d'extrêmes changements de pouvoirs et des révolutions et des tremblements de terre, avec pullulation de la nouvelle Babylone (l'URSS puissance matérialiste et antisémite), fille misérable dont l'abomination sera augmentée par le premier holocauste (persécution nazie) ; et elle ne se maintiendra que pendant soixante-treize ans et sept mois. » N'est-il pas surprenant de voir Nostradamus utiliser, pour désigner le génocide juif, le mot même que l'histoire retiendra quatre siècles et demi plus tard : *holocauste* !

Nostradamus note ici la participation partielle de la Russie soviétique à la persécution des Juifs. Le comble du vice antisémite consistait à les empêcher de quitter le *paradis communiste* pour mieux les humilier ! Si Nostradamus donne le qualificatif de *nouvelle Babylone* à l'URSS, c'est bien entendu à cause du système matérialiste et militariste, mais aussi à cause de la persécution des Juifs.

Le peuple juif fut maintenu en captivité à Babylone pendant soixante-dix ans, de 605 à 536 avant Jésus-Christ. Peut-être doit-on voir également un parallèle entre les trois rois de Babylone et les trois Reichs, dont la durée totale est de 707 ans, nombre dans lequel on retrouve 70 :

Premier Reich : de 1157 (date d'attestation du mot Reich) à 1806	649 ans
Deuxième Reich : de 1871 à 1918	47 ans
Troisième Reich : de 1934 à 1945	11 ans
Soit un total de	707 ans

Nostradamus attribue ce nombre de soixante-dix années à la durée de l'Union soviétique : « Et ce triumvirat (la troïka) se renouvellera pendant soixante-dix ans, et la renommée de ce parti s'étendra sur toute la planète, et, malgré lui, le sacrifice de la sainte et immaculée hostie sera poursuivi (Pologne, Pays baltes, Hongrie, etc.). » Le 30 décembre 1922, était créée l'Union des Républiques Socialistes Soviétiques. Le 21 décembre 1991, était fondée à Alma Alta la Communauté des États Indépendants (CEI), mettant ainsi fin à l'URSS qui aura duré soixante-dix ans moins 10 jours. On peut permettre à Nostradamus d'avoir arrondi cette durée pour si peu !

Il est intéressant de voir Nostradamus noter que, malgré la persécution des chrétiens sous le joug communiste, le culte catholique continuerait à être pratiqué, comme en Pologne ou en Lituanie par exemple. On sait aujourd'hui le rôle essentiel que les Églises chrétiennes (catholique, orthodoxe, luthérienne, uniate) ont joué dans l'effondrement du système. Nostradamus qui est catholique, attribue un rôle éminent à son Église, sans doute parce que c'est en Pologne qu'on a vu poindre le commencement de la fin, mais aussi à cause du pape polonais que la Providence a placé sur le trône de saint Pierre – par hasard pour les rationalistes – au bon moment de l'histoire !

L'Occident s'est peut-être réjoui un peu trop vite de l'effondrement du bloc communiste, sans voir ni imaginer par quel autre danger il pourrait être remplacé. Notre académicienne, brillante historienne, spécialiste de la Russie, Hélène Carrère-d'Encausse, dans son livre *L'Empire éclaté*, assurait que les Républiques islamiques de l'Empire se détacheraient de la Russie, alors que Nostradamus annonçait la constitution d'un bloc russo-musulman, appelé aujourd'hui Communauté des États Indépendants (CEI). Cela est un bel exemple du fossé qui sépare l'historien du prophète. L'historien est rationnel, l'histoire ne l'est pas ; raison pour laquelle seul le prophète qui a vécu l'histoire et ses événements avant qu'ils se produisent, peut rapporter sa vision avec justesse et précision.

Paradoxalement, les armes nucléaires en possession des deux Grands garantissaient la paix en Europe. Elles rendaient impossible un conflit aux conséquences destructrices telles que le jeu n'en aurait pas valu la chandelle, la guerre étant toujours faite pour accroître sa puissance et s'approprier les richesses du voisin. Thucydide, dans la *Guerre du Péloponnèse*, analyse les raisons du conflit entre Sparte et Athènes en 431 avant Jésus-Christ, Sparte étant une dictature et Athènes une démocratie. Sa conclusion est surprenante : ces deux cités rivales se firent la guerre non parce qu'elles étaient différentes, mais parce qu'elles étaient semblables. Il explique que la question de savoir si la démocratie est le bien et la dictature le mal, est, à coup sûr, s'interdire la compréhension de la guerre. Thucydide a compris que « Sparte et Athènes étaient forcées de s'affronter parce qu'elles recherchaient toutes deux la puissance » – ce sont les propres termes de Thucydide. Et il ponctuait cette analyse en dénonçant la puissance – « le démon, le corrupteur des hommes » – qui provoquerait longtemps encore des guerres, « à moins que les hommes n'apprennent à se mieux conduire ».

Force est de constater que, malheureusement, depuis Thucydide, les hommes n'ont pas progressé dans le domaine de la sagesse. En regard de ce principe, au XXe siècle, ce manque de sagesse des hommes et leur soif de puissance mettent en danger de mort une grande part de l'humanité. Les moyens de destruction massive sont bien plus redoutables qu'au bon vieux temps de l'arc et de la lance. La constitution de superpuissances et le perfectionnement de l'armement ont produit des super-guerres qui, deux fois déjà en un siècle, ont entraîné la plus grande partie de la planète dans des conflits généralisés. La vision de Nostradamus est centrée sur l'histoire de l'Europe avec un maximum de détails pour dépeindre le XXe siècle, comme si la profusion de précisions qu'il a données pour les événement de 1555 à 1900 n'était là que pour démontrer l'authenticité de sa vision – sorte de preuves à l'usage des rationalistes. Comment nier qu'en 1555, Nostradamus faisait imprimer en toutes lettres le nom de Rousseau, celui de Franco, de Ribera (francisé en Ribière), le fondateur du parti fasciste espagnol ? Qui oserait prétendre qu'on ne trouve pas dans les quatrains la ville de Varennes, où fut arrêté Louis XVI fuyant avec la famille royale en 1791 ? Plus subtile est l'indication par Nostradamus du bourg de Lombardie Buffalora, où l'armée de Napoléon III battit les Autrichiens, ainsi qu'à Magenta, le 4 juin 1859. L'histoire a retenu Magenta et Solférino et oublié Buffalora.

Les lecteurs comprendront alors pourquoi il a fallu trente-cinq années de travail assidu pour trouver dans l'histoire de tels détails. Autre exemple surprenant : Nostradamus voit en, 1555, quelques barques mouiller à Magnavacca, petit port de pêche italien sur la côte Adriatique. C'est là qu'en 1870, poursuivi par la flotte autrichienne, Garibaldi débarqua. Ce n'est qu'en lisant une vie de Garibaldi qu'on peut dénouer cette énigme, car il est bien évident qu'il ne s'est pas produit plusieurs événements historiques à Magnavacca.

Après avoir mis en mémoire le texte de Nostradamus – 1 142 quatrains, soit 4 568 vers décasyllabiques, il fallait donc « avaler » des quantités de livres d'histoire pour tenter de retrouver les détails mis par Nostradamus dans ses quatrains. On dirait que l'auteur s'est évertué à donner autant de précisions pour obliger son traducteur à travailler, comme on avait coutume de le faire dans son siècle.

Dans la *Lettre à son fils César*, Nostradamus indique à son traducteur qu'il a mis des noms de lieu comme points de repère. Bien peu de gens ont tenu compte de cet avertissement. Or, ces noms de lieu constituent des mots clés, comme dans les techniques les plus modernes de marketing. Par exemple, Magnavacca ne peut à l'évidence être traduit par « la grande vache »... Prenons cet autre exemple tout à fait significatif du quatrain 11 de la centurie III :

> Les armes battre au ciel longue saison
> L'arbre au milieu de la cité tombé :
> Verbine (ou Vermine) rongne, glaive en face, tyson,
> Lors le monarque d'Hadrie succombé.

Les typographes du XVIe siècle, qui imprimèrent l'œuvre de Nostradamus, ne connaissaient pas le mot Verbine. Certains le respectèrent tel que l'avait écrit le prophète. D'autres choisirent, comme il est courant de le faire, le mot qui se rapprochait le plus de Verbine, c'est-à-dire Vermine. Le résultat est que, ne comprenant pas ce mot clé essentiel du quatrain, les exégètes attribuèrent ce texte soit à Henri IV, soit à Hitler. Rappelons qu'au XVIe siècle la langue française est encore étroitement liée à ses origines latines et grecques et les écrivains francisent à loisir de nombreux mots latins ou grecs. C'est ici ce qu'a fait Nostradamus avec le mot latin *Verbinum* qui n'est autre que la ville belge de Vervins. L'une des interprétations les plus fantaisistes du mot est Berlin ! Comment donc de telles fantaisies de traduction ou d'interprétation n'auraient-elles pas apporté de l'eau aux moulins des détracteurs de Nostradamus qui s'appuient sur ce genre d'erreurs pour étayer leur démonstration et affirmer qu'on peut faire dire au texte tout ce que l'on veut ?

On pourrait multiplier par dizaines, si ce n'est par centaines, les erreurs de ce type. Mais revenons à Verbine ou Vervins et voyons à quelle page d'histoire se rapporte ce texte. Voici d'abord la traduction que l'on peut en faire : on fabriquera pendant longtemps des armes aériennes. Lorsque l'arbre (généalogique de la maison de Habsbourg-Lorraine) sera tombé au milieu de la cité (Sarajevo), on fera retraite à Vervins (*rogné* en ancien français signifie retranché), pendant qu'une comète brillera, et que le chef de l'Adriatique (le pape Pie X) aura succombé.

Nostradamus avait déjà utilisé l'expression *les armes battre au ciel* dans le quatrain 43 de la centurie IV, pour annoncer l'invention des premières fusées par les Anglais. En effet, les « rockets » furent inventées par l'ingénieur William Congreve et furent utilisées, pour la première fois, contre Boulogne, par la marine anglaise, en 1806. Ici Nostradamus voit l'invention d'une nouvelle arme aérienne : l'avion qui va faire son apparition sur les champs de bataille de la Grande Guerre. La guerre de 1914-1918 trouva son prétexte dans l'assassinat de l'héritier des Habsbourg, l'archiduc François-Ferdinand, le 28 juin, à Sarajevo. Cet assassinat mettait fin au règne de cette dynastie qui venait de « tomber au milieu de la cité ». Le mot *glaive* était utilisé au XVIe siècle pour désigner les comètes – voir la comète de 1527 dessinée par Ambroise Paré et représentée par une épée – quant au mot *face*, il constitue un de ces nombreux pièges dont le texte de Nostradamus est truffé. Le mot *face* vient ici du mot latin *fax, facis*, qui signifie flambeau, mais aussi astre et traînée de feu. Le mot tison peut aussi bien se rapporter à la comète qu'aux explosifs lancés du ciel. Or, en août 1914, au moment même où la guerre éclatait, les astronomes de l'observatoire de Yerkes, dans le

Wisconsin aux États-Unis, observaient la comète de Delavan. Le tableau des événements étant campé, le 7 août les armées allemandes prennent Liège et foncent à travers la Belgique, l'état-major français qui ne croyait pas à l'invasion, est surpris, et, le 29 août, l'armée Lanrezac stoppe l'avance allemande sur la ligne Guise-*Vervins* et sauve de l'encerclement la Ve Armée, mais n'empêche pas la retraite de commencer.

Dix-sept jours après la déclaration de guerre de l'Allemagne à la France (3 août 1914), le pape Pie X meurt, au moment même où les armées allemandes arrivent sur la ligne Guise-*Vervins*. Pourquoi donc Nostradamus appelle-t-il le pape Pie X le *monarque d'Hadrie* ? Monarque pour le pape qui règne sans partage sur l'Église et, d'autre part, Giuseppe Sarto était né à Piese, petite ville de Vénétie, province qui borde l'Adriatique. Léon XIII l'avait nommé en 1893 patriarche de Venise. Une fois un tel quatrain mis à plat, il est quasiment impossible de trouver dans l'histoire des événements qui collent aussi bien avec le texte. C'est donc en procédant par élimination et en avançant pas à pas que l'on arrive à dévider l'écheveau des quatrains. Ceci montre que les textes ne peuvent avoir qu'une seule signification, mais combien difficile à découvrir ! Une des caractéristiques constante du texte est la concision que Nostradamus a obtenue en *rabotant* son écrit, comme il le dit lui-même dans sa préface. Ainsi, avec peu de mots et quelques précisions de chiffres ou de lieux, il peut exprimer plusieurs pages d'histoire, cette technique tenant du prodige.

Une autre difficulté majeure que l'on rencontre est l'impossibilité de classer les quatrains chronologiquement. En effet, Nostradamus peut relier dans le même quatrain deux événements séparés par plusieurs années ou même plusieurs dizaines d'années. Nostradamus voit le déroulement des événements, leurs causes et leurs conséquences séparées parfois par de longs laps de temps, et non un calendrier, à l'instar des manuels scolaires. Ainsi, dans le quatrain sur la chute du shah d'Iran, cité précédemment, Nostradamus nous dit qu'à partir de cette chute, la révolution et la guerre ne cesseront pas en Iran. La révolution iranienne a commencé en août 1978 et le pouvoir révolutionnaire des mollahs est toujours en place. Quant à la guerre avec l'Irak, elle débute le 22 septembre 1980 par l'entrée des forces armées irakiennes en territoire iranien. Certes, la guerre entre ces deux nations islamiques a pris fin, mais la révolution islamique continue non seulement en Iran, mais aussi couve dans plusieurs pays musulmans, d'autant que ce pays est considéré comme le promoteur et le financier de tous les mouvements intégristes. Là encore, il n'est pas aisé de choisir la séquence de l'histoire où l'on doit classer ce texte. Nostradamus nous projette, comme sur un mur d'images, l'enchaînement et l'enchevêtrement des événements, abord inhabituel de l'histoire, qui a de quoi surprendre et désorienter le lecteur. Ainsi, lorsque Nostradamus annonce la fin de l'Ancien Régime, il porte un jugement de valeur qui n'est compréhensible qu'à travers ce filtre. En effet, dans la *Lettre à Henry, roy de France second*, il écrit : « Et durera celle-ci (la monarchie), jusqu'en l'an mil sept cent nonante-deux (1792) que l'on cuidra (croira) être une rénovation de siècle. » À première vue, cette phrase peut paraître bizarre. Elle devient limpide si l'on imagine Nostradamus devant son mur d'images. Il voit en même temps, d'un côté, les treize siècles de continuité monarchique (du sacre de Clovis à Reims en 496 à la proclamation de la Ire République, le 22 septembre 1792 qui marque l'an I de la République) et, de l'autre, son mur lui montre cinq Républiques dont pas une seule n'atteindra un siècle. Faisons un bilan :

– Ire République : du 22 septembre 1792 au 18 brumaire 1799 : 7 ans.

– IIe République : du 4 mai 1848 au 2 décembre 1851 : 3 ans et 7 mois.

– IIIe République : du 4 septembre 1870 au 10 juillet 1940 : 69 ans et 10 mois.

– IVe République : du 13 octobre 1946 au 28 septembre 1958 : 12 ans.

– Ve République : du 28 septembre 1958 à 1999-2000 : 42-43 ans.

D'où cette expression de Nostradamus « que l'on croira être une rénovation de siècles », mais, sous-entendu, qui n'en sera pas une ! Il est bien évident que pour tirer cette analyse de la phrase de Nostradamus, il faut laisser au vestiaire toute conviction politique ou religieuse et accepter le poids souvent brutal et dérangeant des événements. Avant 1792, un monarchiste engagé n'aurait pu admettre la fin de son régime et aujourd'hui le caractère éphémère des républiques ne peut satisfaire un républicain convaincu. De tels bouleversements de l'histoire sont très courants et expliquent ce qu'en dit Nostradamus dans sa *Préface à son fils César* : « Mais j'ai voulu me taire et abandonner mon œuvre à cause de l'injustice, non seulement du temps présent (l'Inquisition), mais aussi de la plus grande part des temps futurs, parce que les gouvernements, les sectes et les pays, subiront des changements si opposés à ceux du présent, que si je venais à rapporter ce que sera l'avenir, les gens de gouvernements, de partis et de religion et convictions, le trouveraient si mal accordé à leurs oreilles fantaisistes, qu'ils seraient amenés à condamner ce que l'on saura voir et reconnaître dans les siècles à venir (le XXe siècle). »

Quand Nostradamus écrivait cela, il savait que son *message* mettrait plusieurs siècles à connaître une notoriété planétaire. Mais il savait aussi que – l'Inquisition n'a pas d'âge – ses écrits seraient attaqués et vilipendés (et ils ne cesseront pas de l'être), sans quoi on pourrait classer Nostradamus dans les faux prophètes. Luc au chapitre VI, verset 26, n'écrit-il pas : « Malheur, lorsque tous les hommes diront du bien de vous, car c'est ainsi qu'agissaient leurs pères à l'égard des faux prophètes ! » Nostradamus ajoute plus loin dans cette *Préface* : « Et les causes seront comprises universellement sur toute la terre. » Les détracteurs les plus acharnés ne pourront pas nier qu'au moins cette prophétie est déjà réalisée, puisque Nostradamus est maintenant connu sur toute la planète et tout particulièrement au Japon où il remporte un succès sans égal. Cela a une grande importance pour la suite des événements, comme nous le verrons plus loin.

Le classement chronologique des événements étant irréalisable, j'ai donc eu l'idée de procéder par thèmes. En effet, depuis dix-huit ans que mon premier livre a été édité et, fort des remarques de nombre de mes lecteurs, je me suis rendu compte qu'il était très difficile de s'y retrouver.

Je me dois ici de faire une importante mise au point au sujet de la visite pastorale du pape Jean-Paul II à Lyon, du 4 au 7 octobre 1986. Tout le monde a encore en mémoire la mise en état de siège de la ville de Lyon : 10000 hommes mobilisés, le ciel quadrillé par des hélicoptères, la D.S.T. sur les dents et surtout le préfet de police de la ville qui lançait sur toutes les ondes son célèbre : « Moi, Nostradamus je m'assieds dessus ! » Cette mobilisation générale constituait une bien curieuse façon de ne pas tenir compte de la prophétie ! Hormis quelques rares journalistes, les médias amplifiaient la célèbre prophétie de Nostradamus, qui avait été le point de départ du succès du livre, après l'arrivée de la rose au pouvoir en France. Depuis, la rose a vraiment « fleuri » ; l'année 1999 a commencé avec treize pays de l'Europe des quinze qui ont un gouvernement « rose ».

II, 97

Romain pontife garde de t'approcher
De la cité que deux fleuves arrosent :
Auprès de là ton sang viendra cracher,
Toi et les tiens quand fleurira la rose.

Ce quatrain ne s'applique pas à l'attentat du Turc Ali Agça contre Jean-Paul II, le 13 mai 1981, sur la place Saint-Pierre. Ce dernier événement étant, sans doute, un signe précurseur de ce qui doit se produire plus tard, la première venue du pape à Lyon étant probablement le deuxième signe – rappelons ici que, par un curieux hasard, le 13 mai est la date de la première apparition de Fatima en 1917 – l'attentat du 13 mai 1981 eut lieu à Rome, ville où il n'y a qu'un fleuve, le Tibre. Premier indice qui fait rejeter l'hypothèse de l'événement du 13 mai 1981. Autre indice, Nostradamus dit « toi et les tiens », or seul le pape a été atteint. J'avais donné ces précisions à plusieurs médias, après l'attentat. Dans le numéro de *Paris-Match* du 17 juillet 1981 qui fit tant de bruit, on trouvait les précisions suivantes : « Lors de cette invasion musulmane qui couvrira l'Allemagne de l'Ouest, la France, l'Espagne, l'Italie, l'Angleterre, la Suisse, toute l'Europe de l'Ouest, le pape quittera Rome et viendra en France. Il remontera la vallée du Rhône. Puis il arrivera près de Lyon où il sera assassiné un 13 décembre (jour de la Sainte-Lucie et date de la dernière apparition de Fatima). » Je n'ai jamais changé de position concernant ce quatrain, ainsi que son complément :

IX, 68

Du mont Aymar sera noble obscurci,
Le mal viendra au joinct de Saone et Rosne :
Dan bois cachés soldats jour de Lucie,
Qui ne fut onc un si horrible throsne.

Nostradamus a raccourci par le procédé de la syncope la ville de Montélimar, ce qui lui permet de gagner un pied à son vers décasyllabique. La précision du confluent du Rhône et de la Saône est indiscutable. Il serait donc assassiné par des soldats qui seraient cachés dans les bois et rien d'aussi horrible n'aura été fait au trône (de saint Pierre). Nostradamus donne le qualificatif de *noble* au pontife à cause des armes que se choisissent tous les papes après leur élection. En septembre 1986, sachant que le pape ne serait pas à Lyon le 13 décembre, je savais qu'il ne risquait rien et je l'avais dit en juillet de la même année à Isaur de Saint-Pierre qui publia mon propos dans le numéro 2 de la revue *N comme Nouvelle* du 17 septembre 1986 : « Étant donné la précision à laquelle m'a habitué Nostradamus, il ne devrait rien se passer de tragique pour le Saint-Père, puisqu'il ne sera pas à Lyon aux deux dates correspondant aux fêtes des deux saintes Lucie (19 septembre et 13 décembre). » Le dimanche 23 septembre 1986, j'avais tenu le même propos à Patrick Poivre d'Arvor qui m'avait invité à son émission « À la folie, pas du tout ». Au lieu d'arrêter cette médiatisation d'un événement qui n'aurait pas lieu, personne ne m'écouta. La panique fut entretenue à Lyon, sans que je puisse l'enrayer ; je fus même accusé d'opérer une volte-face, alors que je ne changeais pas un iota à ce que j'avais écrit six ans plus tôt et déclaré cinq ans à l'avance dans *Paris-Match*, comme si l'annonce de la non-réalisation de la catastrophe enlevait aux médias *scoop* et sensationnel !

Il reste cependant un doute sur le pape qui doit être victime de cet événement à venir. En effet, plusieurs quatrains attribués à Jean-Paul II par d'autres commentateurs pourraient concerner son successeur, si, comme il est supposé dans *La Prophétie des papes de saint Malachie* (Éditions du Rocher, 1984), le successeur de Jean-Paul II pourrait être Monseigneur Lustiger, archevêque de Paris. En effet, celui-ci a, comme Jean-Paul II, des origines polonaises par ses parents.

CHAPITRE I

Quatrains concernant l'histoire passée

Des quatrains inédits concernant le passé sont publiés ici avec la même présentation que dans *Nostradamus historien et prophète.* On notera la concordance remarquable entre les mots utilisés par Nostradamus et ceux que l'on trouve dans l'histoire. Ils ont été, à cet effet, indiqués en italique ou en caractères gras.

SIÈGE DE VIENNE PAR LES OTTOMANS 1683
KARA MUSTAPHA ET KÖPRÜLÜ PACHA

X, 61

Betta, Vienne, Emorre, Sacarbance,
Voudront livrer aux Barbares Pannone :
Par picque & feu, énorme violance,
Les conjurez descouverts par matrone.

Betta est mis pour Bessa qui signifie en grec vallée, *Emorre* est un mot fabriqué par anagramme qui est égal à (et la) Mor(é)e (le Péloponnèse). *Sacarbance* est un anagramme compliqué d'une syncope : Cara (de) B(i)sance qui désigne ici Kara-Mustapha. *Livrer* est un piège ; il s'agit, en effet, de délivrer que Nostradamus a raboté par aphérèse. La Pannonie est l'ancien nom de la Hongrie. Autre piège, *matrone* est une francisation du mot grec *matrôs* (ματρως) qui signifie oncle. Ce quatrain représente un condensé remarquable de ce que Nostradamus est capable de faire avec quelques mots.

Dans la vallée, à Vienne et en Morée, à cause de Kara-(Mustapha) de Bisance, on voudra délivrer la Hongrie des musulmans. Par les armes et le feu, on fera une énorme violence ; après, les conjurés seront découverts par l'oncle.

Pour illustrer ce quatrain, voici des extraits de l'*Histoire de l'Empire ottoman* de Stanford Shaw (éditions Orwath, 1983) : « Si Kara Mustapha avait accepté de signer avec la Russie une paix qui ne lui était pas favorable, c'était en grande partie en raison de nouvelles difficultés en *Hongrie* qui le poussèrent vers une guerre contre les Habsbourg... l'avancée des Autrichiens en *Hongrie*, le territoire qui symbolisait la pénétration des Autrichiens en Europe, assombrit le moral des Ottomans et démantela leur organisation... La marche ottomane sur *Vienne* débuta à la fin du mois de juin 1683, mais les Ottomans durent se retirer en septembre. Ils s'étaient emparés d'un butin *énorme* en se livrant à une série de razzias dans le reste de l'Autriche... Quand des soldats en provenance de la région du Danube atteignirent les faubourgs d'Istanbul, ils furent rejoints par la masse des notables (conjurés) et de l'Uléma qui avaient été rassemblés dans la mosquée de Sainte-Sophie par Köprülü Pacha. Il fut facile de promulguer un *fetva* qui déposait le sultan Mahomet IV sous prétexte qu'il ne remplissait plus ses devoirs (Köprülü Pacha était l'oncle du futur grand vizir Köprülü Mohamed). » D'autres détails sont donnés par Théophile Lavallée dans son *Histoire de l'Empire ottoman* (Garnier, Paris, 1855) : « Kara Mustapha parlait de renouveler les conquêtes de Soliman : il rassemblait, disait-on, 700 000 hommes, 100 000 chevaux, 1 200 canons. Tout cela se réduisit à 150 000 *barbares*... L'armée de Sobieski arriva à Klosterneubourg, par Koenigstetten, Saint-André, la *vallée* de Hagen et de Kirling, où elle opéra sa jonction avec les Autrichiens et les Saxons... Venise donna du fil à retordre aux Ottomans, car elle attaquait la Bosnie, la Dalmatie, la Grèce, la *Morée*... »

GUERRE ENTRE L'EMPIRE OTTOMAN ET LA RUSSIE
TRAITÉ DE CARLOWITZ 1699

I, 49

Beaucoup avant telles menées,
Ceux d'Orient par la vertu lunaire :
L'an mil sept cens feront grands emmenées,
Subjugant presque le coing Aquilonaire.

Bien avant de telles attaques (*menées* en ancien français), les musulmans (lunaire : le croissant arabe) d'Asie (l'Empire ottoman) feront de grandes expéditions aux alentours de l'an 1700, et subjugueront presque un coin de la Russie (l'Aquilon désigne chez

Nostradamus l'Empire du nord : la Russie qui occupe la plus grande part de l'hémisphère Nord).

Après l'échec de l'Empire ottoman devant Vienne (*telles menées*) en 1683, la Russie commence une guerre de reconquête. Le traité de Carlowitz en 1699, ainsi que les traités suivants du Prut en 1711, de Passarowitz en 1718, de Belgrade en 1739, de Kuçuk Kaynarça en 1774 et de Jassy font perdre à l'Empire ottoman la côte nord de la mer Noire, de la Bessarabie au Caucase, et la Crimée (*le coing Aquilonaire*). Ici encore on voit que Nostradamus donne une date charnière au milieu d'une importante séquence d'histoire.

LA GUERRE AVANT LA CHUTE DE LA MONARCHIE
LA TERREUR
NAPOLÉON : LE SECOURS VENU D'ALEXANDRIE
L'ÎLE D'ELBE ET L'ÎLE DE SAINTE-HÉLÈNE

I, 37

Un peu devant que le Soleil s'absconse,
Conflict donné, grand peuple dubiteux,
Profligez, port marin ne fait response,
Pont et sepulchre en deux estranges lieux.

La guerre sera déclenchée avant que la monarchie (cf. Louis XIV, le Roi-Soleil) disparaisse (*Abscondere* en latin disparaître). Le grand peuple français sera dans le doute et dans la ruine (*profligare*, anéantir, ruiner). La réponse ne (utilisé dans le sens affirmatif) viendra que d'un port (Alexandrie), puis (Napoléon) trouvera sa fin et son tombeau dans deux lieux marins (*pontos* – en grec : la mer πόντος) ; on retrouvera ce mot dans plusieurs quatrains) et étrangers (les îles d'Elbe et de Sainte-Hélène).

On a ici un bel exemple de la promenade de Nostradamus dans le temps et l'espace. Confrontons ce quatrain à l'histoire :

– 20 avril 1792 : *déclaration de guerre* à François II en tant que roi de Hongrie et de Bohême et début des hostilités près de Lille le 28 avril.

– 21 septembre 1792 : la Convention déclare *la royauté abolie* et proclame la République.

« La Terreur, *régime odieux* qui pesa sur la France depuis le 31 mai 1793 jusqu'au 9 thermidor (27 juillet 1794), jour de la chute de Robespierre. Cette époque funeste, pendant laquelle dominaient au nom de la Montagne, Robespierre et le Comité de Salut Public, a été marquée par l'établissement du gouvernement révolutionnaire (19 vendémiaire, an II). *La France fut couverte d'échafauds.* » (*Dictionnaire d'histoire* de Bouillet.)

« Bonaparte prit la résolution de quitter l'Égypte et de tout risquer pour mettre le pied en France. Il ordonna à Gantheaume de tenir sous voiles deux frégates qui se trouvaient dans *le port d'Alexandrie*... Il s'embarqua furtivement à Damiette, le 6 fructidor (23 août 1799), et arriva à Fréjus le 15 vendémiaire an VIII. Le 24 il était à Paris. Quand Bonaparte débarqua sur les côtes de Provence, *la République était sauvée ; mais elle était bien déchue* du rang qu'elle occupait après le traité de Campo-Formio... La nouvelle de son débarquement produisit partout des élans extraordinaires. Les Français n'ignoraient pas que la désunion régnait au Directoire et dans les conseils ; on craignait (dubiteux) pour la constitution, et l'on pensait que le bras puissant de Bonaparte pouvait seul la contenir et la consolider. » (*Histoire de France* d'Anquetil.)

– Le 20 avril 1814 : départ de Napoléon de Fontainebleau pour *l'île d'Elbe.*

– Le 13 septembre 1815 : Arrivée de Napoléon à *Sainte-Hélène.*

– 5 mai 1821 : mort (*sépulchre*) de Napoléon à Sainte-Hélène.

LA IIe CAMPAGNE D'ITALIE – 1799 (ANNÉE CLÉ)
LE COUP D'ÉTAT DU 18 BRUMAIRE
L'ENLÈVEMENT DE PIE VI – TURIN

VIII, 8

Près de Linterne (1) dans de tonnes (2) fermez,
Chivas (3) fera pour l'Aigle la menée (4),
L'esleu cassé (5) luy ses gens enfermez,
Dedans Turin rapt espouse (6) emmenée.

Linternum ou Liternum est une ville de Campanie à une quinzaine de kilomètres au Nord de Naples. Tonnes signifie fortifications. Chivasso est une ville forte du Piémont sur le Pô, à 12 km de Turin, prise par Bonaparte en 1796, puis en 1800 et démantelée par les Français en 1804 (Chivas en français). *Menée* signifie intrigue au figuré. *Casser* signifie destituer. L'*épouse* représente l'Église par rapport au pasteur qui l'administre (ici le pape).

Quand des gens se seront enfermés dans des fortifications près de Linternum (Naples), après Chivasso, l'Aigle fera son intrigue (coup d'État du 18 Brumaire). L'élu de l'Église (Pie VI) sera destitué, enlevé et emmené à Turin et les siens (cardinaux) emprisonnés.

Le royaume de Naples avait à sa tête le roi Ferdinand IV. Pour se défendre contre les armées de Bonaparte, il avait armé les lazzaroni, gens de sac et de corde, qui se livraient au pillage. Le général Championnet s'approcha de Naples (près de Linternum). Le 23 janvier, les lazzaroni, qui s'étaient enfermés dans le fort de Saint-Elme, en furent chassés par les Français et les bourgeois de la ville après une lutte de trois jours (21 au 23 janvier 1799). Pendant ce temps, Joubert s'était fait remettre la citadelle de Turin et s'empara de Novare, d'Alexandria, de Suze et de Chivasso. Les succès militaires de cette campagne d'Italie allaient servir à Bonaparte pour faire son coup d'État (menée) du 18 Brumaire. Adolphe Thiers, dans son *Histoire de la Révolution*, écrit : « Les républicains, attachés à la Constitution de l'an III, n'avaient que du mépris et de la défiance pour Barras. Les réformateurs, les politiques, n'y voyaient qu'un homme déconsidéré et lui appliquaient le mot de pourri, imaginé par Bonaparte. Il ne lui restait que quelques *intrigues* avec les royalistes, au moyen de certains émigrés cachés dans sa cour. Ces *intrigues* étaient fort anciennes : elles avaient commencé dès le 18 fructidor. Il en avait fait part au Directoire, et s'était fait autorisé à les poursuivre, pour avoir dans les mains les fils de la contre-révolution. Il s'était ainsi ménagé le moyen de trahir à volonté la république ou le prétendant... »

L'année précédente, le 28 décembre, des émeutes sont déclenchées par les Romains contre les Français. Au cours de l'émeute, le général Duphot est tué par un des sous-officiers pontificaux chargés de rétablir l'ordre. Cet incident va servir de prétexte au Directoire pour donner l'ordre au général Berthier d'occuper Rome. Ce dernier est aux portes de la ville le 9 février 1799. Cinq jours plus tard, la République romaine est proclamée et le pape Pie VI est prisonnier au Vatican. Le 17 février le pape se voit intimer l'ordre de quitter la ville et le Sacré-Collège est dispersé. Pie VI se réfugie à la Chartreuse de Florence. Le 28 mars, les Français occupent la Toscane. Le pape, sur ordre du Directoire, est installé à Parme le

1er avril. Le 14, il doit partir pour Turin, puis il sera conduit en France où il mourra le 29 août à Valence. Pendant ce temps, à Rome, des prêtres (ses gens) sont emprisonnés et déportés.

LE SIÈGE DE SARAGOSSE DU 20.12.1808 AU 21.02.1809

I, 33

Près d'un grand pont de plaine spatieuse,
Le grand Lyon par forces Césarées,
Fera abattre hors cité rigoureuse,
Par effroy portes lui seront resserrées.

Près d'un grand pont, dans une plaine spacieuse, le grand Lion (britannique) se fera battre à cause de la défaite des forces de Saragosse et sortira de cette cité farouche par les portes ouvertes (*resserare* : ouvrir) dans l'effroi.

Le mot clef de ce quatrain est Césarée. En effet, Saragosse, capitale de l'Aragon, s'est appelée Salduba, puis *Caesarea* Augusta. Le *Dictionnaire d'histoire* de Bouillet précise *beau pont.* « Les Aragonais, fiers (*farouche*) de la résistance qu'ils avaient opposée l'année précédente, et, s'étant aperçus de la valeur de leurs murailles, étaient résolus à se venger, par la défense de leur capitale, de tous les échecs essuyés en rase campagne (*plaine spatieuse*). Après Tudela, ils s'étaient retirés au nombre de 25 000 dans la place, et avaient amenés avec eux 20 à 25 000 paysans, à la fois fanatiques et contrebandiers achevés, tirant bien, capables, du haut d'un toit ou d'une fenêtre, de tuer un à un ces mêmes soldats devant lesquels ils fuyaient *en plaine...* On s'était aperçu que les assiégés minaient de leur côté. On avait alors chargé la mine de 3 000 livres de poudre, et dans l'intention de produire plus de carnage à la fois, on avait feint une attaque ouverte pour y attirer le plus grand nombre d'ennemis. Des centaines d'Espagnols avaient sur-le-champ occupé tous les étages. Alors le major du génie Breuille donnant l'ordre de mettre le feu à la mine, une épouvantable explosion, dont toute la ville avait retenti, s'était fait entendre, et une compagnie entière du régiment de Valence avait sauté dans les airs, avec les débris du couvent de Saint-François. Tous les cœurs avaient frissonné d'horreur (*effroi*)... On était au 18 février ; il y avait cinquante jours que nous attaquions Saragosse (*Césarée*), et nous en avions passé vingt-neuf à pénétrer dans les murs. Ce même jour on devait dans la ville faire sauter l'Université, et dans le faubourg s'emparer du couvent qui touchait au pont de l'Èbre... Toutefois on y introduisit autant de troupes qu'on put, et du couvent on courut au pont.... Cette opération brillante et décisive, conduite par Lannes lui-même, ne nous avait pas coûté plus de 10 morts et 100 blessés... Le lendemain 20 décembre la junte se transporta au camp et consentit à la reddition de la place. Il fut convenu que tout ce qui restait de la garnison sortirait par la principale porte, celle de Portillo, déposerait les armes et serait prisonnière de guerre... Telle fut la fin de cette seconde campagne d'Espagne, commencée à Burgos, Espinosa, Tudéla, finie à Saragosse (*Césarée*), et marquée par la présence de Napoléon dans la péninsule, par la retraite précipitée des Anglais (*Le grand Lion*), et une nouvelle soumission apparente des Espagnols au roi Joseph. » (Adolphe Thiers, *Histoire de l'Empire.*)

LES DÉFAITES EN ITALIE – BATAILLE DE TOULOUSE
1814

II, 33

Par le tourrant qui descend de Veronne,
Par lors qu'au Pau guidera son entrée :
Un grand naufrage, et non moins en Garonne,
Quand ceux de Genes marcheront leur contrée.

Par le torrent (l'Adige) qui descend de Vérone, lorsque (l'armée autrichienne) sera conduite jusqu'au Pô (latin *Padus* : le Pô), il y aura une grande défaite, non moins importante qu'aux bords de la Garonne (Toulouse), quand ceux qui seront arrivés à Gênes fouleront (ancien français, *marchier* : fouler aux pieds) le sol de leur pays.

Notons ici que pour coder le mot Pô et gagner un pied au vers, Nostradamus utilise deux figures de grammaire : la syncope en enlevant la lettre *d* au milieu du mot Padus et l'apocope en supprimant la lettre *s* à la fin du mot. D'autre part, il met deux *n* à Vérone pour la rime avec Garonne.

« Murat crut encore de son devoir et de son intérêt de soutenir les derniers efforts de l'empereur, en 1813, et à la fin de cette année, il partagea les périls de la campagne d'Allemagne et de la bataille de Leipzig. Cette dernière défaite et l'invasion du territoire français dans les premiers mois de l'année 1814, détachaient entièrement la cause de l'Italie de celle de la France... Les deux rois (Eugène et le roi de Naples), enfin, ne furent pas d'accord. Eugène ne pouvait pardonner à Murat d'avoir abandonné l'empereur trop tôt ; Murat songeait à devenir roi de toute l'Italie, au lieu de borner ses désirs à garder Naples. Ils voulaient se sauver chacun aux dépens l'un de l'autre. Au moment de l'action ces divisions paralysèrent tout. Tandis que le vice-roi Eugène se concentra à *Vérone* pour défendre l'*Adige* contre l'armée autrichienne conduite par Bellegarde, Murat lança un manifeste contre lui, tout en essayant encore de le gagner en dessous main ; il occupa ensuite Rome, Ancône, Bologne, et gêna ainsi toutes les opérations de celui qu'il aurait dû soutenir... Eugène essaya de rallier les cœurs et les volontés par un peu d'énergie et quelques combats heureux sur le Mincio. Murat les rendit inutiles en donnant la main à Bellegarde par Bologne, et perdit tout. Bentinck, sur lequel il avait compté, avait débarqué, avec sept mille Siciliens et Anglais, en Toscane, et, malgré ses représentations, déclara cette province soustraite à l'administration française, s'empara de *Gênes et occupa* ainsi, entre les deux rois français, *tous les points importants de la péninsule* (*marcheront leur contrée*)... Le général autrichien Bellegarde, du consentement même d'Eugène, qui voyait tout fini pour lui, mit le pied sur le territoire milanais et entra sans résistance dans la capitale du royaume d'Italie sous prétexte d'y maintenir l'ordre ; deux mois après, le 12 juin, le traité de Paris rendit l'Italie, jusqu'au Pô et au Tessin, à la monarchie autrichienne. » (Jules Zeller, *Histoire de l'Italie.*)

Le 10 avril 1814, Wellington livre à Soult une nouvelle bataille qui lui ouvre les portes de *Toulouse* (en Garonne).

LA CAMPAGNE DE FRANCE
LA CHUTE DE NAPOLÉON Ier

I, 22

Ce qui vivra et n'ayant aucun sens,
Viendra léser à mort son artifice,

Autun, Châlons, Langres et les deux Sens,
La gresle et glace feront grand maléfice.

Celui qui aura vécu sans bon sens viendra blesser à mort son talent (autre sens d'*artifice*), après Autun, Châlons, Langres et les deux Sens (Sens et Paris). La grêle et la glace seront bien maléfiques.

Sens fut longtemps la métropole de Paris : son archevêque prenait le titre de Primat des Gaules. (*Dictionnaire d'histoire* de Bouillet.)

« Pour la campagne qui s'ouvre, le général Duhesme commande la Jeune Garde dont l'Empereur espère voir augmenter le nombre des divisions. Le général Guye a rejoint l'Empereur à *Autun.* » (Henri Lachouque, *Napoléon et la Garde Impériale.*)

« Le tsar Alexandre inclinait déjà à ne plus traiter qu'à Paris même. En même temps les diverses armées tendaient à se rapprocher. Tandis que l'armée du prince de Schwartzenberg était répandue autour de *Langres*, Blücher, après avoir quitté Nancy, avait traversé Saint-Dizier, y avait laissé le détachement russe de Lanskoï pour donner à croire qu'il descendait sur *Châlons* en suivant la Marne... Vers le côté opposé, c'est-à-dire vers la Marne, Napoléon renouvela l'ordre au maréchal Mac Donald de se porter à *Châlons* avec tout ce qu'il ramenait des provinces rhénanes. Il donna en même temps de nouveaux renforts à la défense de la Seine et de l'Yonne, et réitéra l'ordre d'envoyer à Pajol, outre la petite réserve de Bordeaux qui arrivait par Orléans, toute la cavalerie disponible à Versailles. Pajol avec ces moyens devait garder Montereau, Sens, Joigny et Auxerre. » (Adolphe Thiers, *Histoire de l'Empire.*)

« Comme le gros des alliés approche, Marmont, rejoint par Mortier, décide de battre en retraite. Puisqu'ils ne peuvent rejoindre l'Empereur, que, du moins, ils couvrent *Paris...* Mais les renforts alliés arrivent sans cesse. À cette véritable "marée humaine" prête à les engloutir, *une violente giboulée* s'ajoute, *les grêlons* cinglent de plein fouet le visage des Français... En quittant Reims, le plan de l'Empereur était de se diriger vers l'Est afin d'y rallier les garnisons des places fortes, tout en y attirant la guerre. Après les dures journées d'Arcis, il décide de se jeter avec toutes ses forces sur les communications des Alliés et il prescrit à Marmont et à Mortier ainsi qu'aux renforts venus de Paris de le rejoindre à Saint-Dizier.

Cette combinaison hardie, bien digne du génie (*artifice*) napoléonien, faillit réussir. » (*Napoléon et l'Empire*, Hachette, 1968.)

LE RETOUR DES CENDRES DE NAPOLÉON 1840
LE TOMBEAU DES INVALIDES – 2 DÉCEMBRE 1861

I, 43

Avant qu'advienne le changement d'Empire,
Il adviendra un cas bien merveilleux
Le champ mué, le pilier de porphire,
Mis, transmué sur le rocher noilleux.

Avant que l'Empire (le Second) soit remplacé (par la IIIe République), il se produira un événement merveilleux : celui qui avait été transféré en quelque temps (mais en ancien français) sur un rocher noir (noilleux, du latin *nigellum* : noir) sera changé de contrée et mis sous un pilier de porphyre.

« En 1840 le monument de Mansard a reçu les cendres de Napoléon Ier, déposées dans la chapelle Saint-Jérôme de l'église des Invalides, en attendant qu'il leur fût élevé une sépulture spéciale. L'œuvre fut mise au concours, et le jury agréa le projet de Visconti, consistant à creuser au-dessous du dôme une crypte circulaire de même rayon et de huit mètres de profondeur, destinée à recevoir un haut cénotaphe de marbre. Le grand sarcophage de *porphyre*, taillé d'un seul bloc, repose sur un pavé de mosaïque en forme d'étoiles, autour duquel sont inscrites les grandes victoires de l'Empereur. L'inauguration n'en eut lieu que le 2 décembre 1861. » (*Dictionnaire Larousse.*)

« Sainte-Hélène : île de l'océan Atlantique ; la moitié de la population se compose de noirs. Rochers escarpés et inabordables. » (*Dictionnaire d'histoire* de Bouillet.)

« Napoléon Ier revint à Paris en 1840, par la volonté de Louis-Philippe et de Thiers, qui cherchaient à faire oublier les caricatures de l'époque en offrant à la France une gravure d'Épinal en marche. Un million de Français crièrent : "Vive l'Empereur !", tandis que le cercueil gigantesque s'en allait vers le dôme solennel des Invalides, suivi par un Bertrand chenu, un Gourgaud blanchi et un Marchand en pleurs (un cas bien merveilleux). » (*Napoléon et l'Empire*, Hachette, 1968.)

XXe SIÈCLE : SIÈCLE DE LA GAUCHE ÉGALITÉ DE PAROLE

II, 10

Avant longtemps le tout sera rangé,
Nous espérons un siècle bien senestre :
L'estat des masques et des seuls bien changé
Peu trouveront qu'à son rang veuille estre.

Avant longtemps tout sera soumis à de nouvelles lois (*ranger* : soumettre avec contrainte ; ranger un pays sous sa puissance, sous ses lois). On espère un siècle bien à gauche (latin : *senester* gauche) : l'aspect des gens et des siècles (ancien français : *seule*, forme de siècle) sera bien changé. Peu de gens penseront qu'on puisse encore parler selon son rang (parler à son rang, prendre la parole selon le rang qu'on occupe).

La forme « nous espérons » signifie que les peuples du XXe siècle attendront le bonheur des idées de gauche héritées du XVIIIe siècle.

« Le travail législatif sous la présidence de Jules Grévy, de 1879 à 1886, fut considérable, le plus important sans doute qu'on ait fait en France depuis le Consulat, et la France lui doit nombre de ses traits (*masques*) actuels. Au début de 1882, les chefs républicains étouffèrent le ministère du vrai fondateur du régime, Gambetta : il était resté 77 jours au pouvoir ! Peu après, Jules Ferry se laissa aller, non pas à dire, mais à suggérer que "*le péril est à gauche*"... On commençait à sentir à droite que "l'Esprit du Mal est celui qui dit toujours non" et l'on se préoccupait de *changer de méthode et d'esprit.* » (Albert Jourcin, *Prologue à notre siècle*, Librairie Larousse, 1968.)

On peut se demander si Nostradamus n'a pas donné au mot *senestre* la double signification de gauche et de péril.

INONDATIONS À NÎMES OCTOBRE 1988

X, 6

Gardon Nemans si hault déborderont,
Qu'on cuidra Deucalion renaistre

Dans le Colosse, la plupart fuiront,
Vesta sepulchre feu estaint aparaistre.

Un torrent (*gardon* : torrent qui descend des Cévennes) débordera si haut à Nîmes qu'on croira le déluge revenu dans les arènes (*colosse* a donné Colisée). Les gens fuiront, d'autres mourront dans l'obscurité (*feu éteint* : coupure de courant).

Plusieurs éditions du XVIIe siècle mentionnent Nyme au lieu de Némans. Il semble que les typographes du XVIe siècle aient changé le *u* de Nemaus en *n* (en effet, Nîmes se dit en latin *Nemausus*).

Dans la mythologie grecque, Deucalion, fils de Prométhée, fatigué du séjour sauvage de la Scythie où son père l'avait relégué, saisit la première occasion et vint régner en Thessalie, près du Parnasse. Ce fut dans son règne qu'arriva le fameux déluge. Jupiter voyant croître la malice des hommes, résolut de submerger le genre humain, hormis une seule montagne de la Phocide où vint s'arrêter la petite barque qui portait Deucalion, le plus juste des hommes. On retrouve ici le personnage biblique de Noé. Quant à Vesta, elle était la déesse du feu, car les Grecs la nommaient *Hestia*, mot qui signifie foyer de la maison. Son culte consistait principalement à entretenir le feu qui lui était consacré et à prendre garde qu'il ne s'éteigne.

Lors de cette catastrophe, *Paris-Match* légendait ainsi une photo des arènes inondées : « Les arènes, le lieu de fêtes de l'homme et du toro, se sont transformées soudain en théâtre tragique. Et ces pierres deux fois millénaires ont subi l'outrage des catastrophes naturelles. Après *le déluge*, elles s'élevaient comme un grand cargo dans la ville noyée. » Cette catastrophe fit onze morts et la ville fut privée de courant.

CHAPITRE II

La prophétie *« Voyage » dans le bloc espace-temps*

Douter de tout ou tout croire, ce sont deux solutions également commodes qui, l'une et l'autre, nous dispensent de réfléchir.

Henri POINCARÉ, *La Science et l'Hypothèse.*

Lorsqu'on aborde avec un rationaliste le sujet de la prophétie, celui-ci affirme avec la plus grande assurance qu'il est impossible de « pré-voir » l'avenir. Et si on lui demande de prouver rationnellement et scientifiquement cette assertion, a-t-il un argument solide pour étayer sa thèse ? En effet, un minimum de modestie devrait nous obliger à reconnaître que nous ne savons presque rien du fonctionnement du cerveau de l'homme qui reste pour la communauté médicale la plus grande énigme. L'homme est doué de talents multiples et parfois presque uniques, c'est-à-dire portés par un seul ou de très rares individus. Il n'y a eu qu'un seul Rembrandt, qu'un seul Léonard de Vinci, qu'un seul Einstein. Ces deux derniers ont eu une une sorte de « pré-science ». Léonard de Vinci a imaginé l'hélicoptère, le sous-marin, etc. Quand Einstein a énoncé sa théorie de la relativité générale, il n'avait alors aucun commencement de preuve scientifique pour la soutenir et, pourtant, aujourd'hui, les progrès de l'outil scientifique ont permis de démontrer que cette théorie était une base indispensable en astrophysique et dans bien d'autres domaines de la recherche fondamentale.

Lorsqu'en 1913, Paul Langevin édicta son paradoxe des jumeaux, il ne pouvait se douter qu'il faudrait attendre les expériences américaines de 1971, pour démontrer que ce qui n'était alors qu'une hypothèse allait devenir une loi physique. La vérification du paradoxe fut faite avec des horloges atomiques au césium. Les horloges en déplacement dans des avions Boeing retardaient ou avançaient, selon qu'elles s'étaient déplacées vers l'est ou vers l'ouest, par rapport à l'horloge de référence restée au sol. Ce qui signifie qu'à la vitesse de la lumière, le jumeau subissant une accélération, aurait survécu à son frère, mort longtemps avant lui. Y a-t-il une énorme différence entre ces visionnaires de la science et le visionnaire de l'histoire : celui que l'on appelle prophète ? Répondre par l'affirmative semblerait bien présomptueux.

Dans le domaine de l'espace-temps, les scientifiques en sont aux premiers balbutiements et ils ont la sagesse de le reconnaître et de le dire. Dans le numéro d'octobre 1988 de la revue de la Société Française d'Astronomie (A.F.A.) « Ciel et Espace », Alain Bouquet, physicien, Chargé de Recherche au C.N.R.S., écrivait, sous le titre *Dans l'abîme du temps* : « Qu'est-ce que le temps ? Les réponses apportées à cette question divergent comme les natures des sensibilités questionnées. Mais si pour le physicien, l'astronome, le philosophe ou le poète, le temps n'a pas la même valeur, tous, en revanche, posent la même passionnante énigme : peut-il couler à l'envers ? Les théories modernes de l'astrophysique ne l'excluent pas lorsqu'elles ne donnent pas de sens à la flèche du temps. » Dans ce même article Alain Bouquet précise : « Les trois dimensions de l'espace fusionnent avec la dimension du temps pour former un espace-temps à quatre dimensions, qui est, lui, universel. Cet espace-temps contient la totalité des événements passés, présents et futurs, tout aussi déterminés que dans le cas de Laplace. »

Cette énigme nous amène à nous poser cette question fondamentale : devons-nous toujours lire le grand livre de l'univers de la première à la dernière page et pourquoi ne pourrions-nous pas le lire de la dernière à la première page ? Comme l'affirme Alain Bouquet : « Dans un univers-bloc il n'y a pas de distinction entre passé, présent et futur. »

Dans sa *Préface à son fils César*, Nostradamus ne dit pas autre chose, lorsqu'il écrit : « La vertu causale touche à la longue étendue de la connaissance naturelle, prenant son origine la plus immédiate dans le libre arbitre, fait apparaître des causes qui ne peuvent d'elles-mêmes faire acquérir cette connaissance pour être révélées, ni par les interprétations des hommes, ni par un autre mode de connaissance, ou science occulte, comme sous la voûte céleste, *du fait présent jusqu'à la totale éternité qui embrasse la globalité du temps*. Mais moyennant cette indivisible éternité, les causes sont connues par le mouvement du ciel. » Un peu plus loin Nostradamus ajoute cette phrase qu'aucun astrophysicien moderne ne pourrait renier : « En rejetant au loin les imaginations fantasques, par le jugement on peut avoir la connaissance des causes futures qui se produiront, en te limitant aux noms de lieux et une partie du temps (autrement dit : une partie du bloc espace-temps), par une vertu ayant une propriété cachée, à savoir par la puissance et la faculté divines, en présence desquelles *les trois temps* (passé, présent et futur) *sont compris dans le temps dont le déroulement est lié à la cause passée, présente et à venir.* » Voilà bien un discours qui était incompréhensible pour les contemporains de Nostradamus et qui, même aujourd'hui, reste difficile d'accès au commun des mortels. Notre voyageur de l'espace-temps répète ce principe comme un leitmotiv : « Par la course du temps on connaîtra l'avenir », un peu plus loin : « Et j'ai fait mes supputations concernant les événements des temps à venir, l'esprit libre et hors d'atteinte ; utilisant les époques passées, comprenant le présent, ainsi on connaîtra l'avenir par le cours du temps dans toutes les régions. » Temps et régions, autrement dit l'espace-temps. N'est-il pas surprenant de voir émettre, dans ce XXe siècle qui a vu littéralement exploser le progrès scientifique, une théorie de l'espace-temps proposée quatre siècles et demi plus tôt ? Ce qui laisse à penser que Nostradamus a eu connaissance du phénomène qui lui a permis d'entrer dans l'avenir. Son affirmation de nombreuses fois répétée que tout vient de Dieu le Créateur pourrait faire penser qu'il assimile le Créateur et la création à ce bloc espace-temps.

Mais revenons à Nostradamus et à cette capacité qu'il a peut-être eue de rentrer dans une partie de ce bloc espace-temps. On doit envisager seulement une partie de ce bloc parce que la vision prophétique est limitée dans le temps et dans l'espace. En ce qui concerne le temps, sa « projection » semble commencer vers le Ve siècle avant Jésus-Christ pour se terminer aux environs de 2026. Quant à l'espace, comme il l'écrit lui-même, il est limité à l'Europe, l'Afrique et une partie de l'Asie ; autrement dit, il a pu traverser la Méditerranée mais pas l'Atlantique.

Plusieurs indices permettent d'émettre cette hypothèse. En particulier, lorsque Nostradamus compare le général de Gaulle au général Thrasybule, le libérateur d'Athènes du joug spartiate lors de la guerre du Péloponnèse qui éclata en 431 avant Jésus-Christ, il semble qu'il ait vu en même temps cette guerre et la Deuxième Guerre mondiale. Ainsi a-t-il pu observer que le système politique qui régissait Sparte est tout à fait comparable au national-socialisme. Les garçons étaient enlevés à la mère à l'âge de dix ans et embrigadés dans des mouvements de jeunesse ; les vieillards, les enfants mal formés, bouches inutiles, étaient éliminés. Les Spartiates étaient xénophobes et avaient interdiction d'épouser des métèques (grec μέτοικος, *métoikos*, qui veut dire littéralement : « qui ne fait pas partie de la maison » et par extension : « étranger »).

Lors de l'instauration par les Spartiates du régime des Trente Tyrans, des Athéniens prirent le chemin de l'exil, alors que d'autres formèrent des groupes de délateurs professionnels que l'on appelait les sycophantes (la milice), chargés de livrer à l'occupant tout individu hostile à Sparte. À la tête des bannis qui se réfugièrent à Thèbes, puissance démocratique alliée d'Athènes (l'Angleterre), se trouvait le général Thrasybule qui lança, depuis cette cité, un appel à la résistance contre l'envahisseur spartiate et qui, à la tête d'une petite troupe qui allait grossir de jour en jour, libéra Athènes de l'occupant. Et, comme si ce parallèle entre la guerre du Péloponnèse et la Deuxième Guerre mondiale n'était pas assez précis, une fois Athènes libérée, Thrasybule restitua la constitution de Solon qui était la constitution démocratique d'avant l'invasion. Le général de Gaulle fit la même chose en créant la IVe République, après que l'occupant allemand eut mis à mort la IIIe. Il y a donc une similitude étonnante entre ces deux conflits.

Tout se passe pour Nostradamus comme s'il avait eu devant lui un mur d'images représentant cette tranche d'histoire de vingt-cinq siècles. Il aurait donc, en 1555, vécu comme présentes, à la fois ces deux guerres, alors que pour son contemporain, le roi Henri II par exemple, la guerre du Péloponnèse était passée et la Deuxième Guerre mondiale à venir. Cette hypothèse est capitale, car elle écarte la thèse du déterminisme et explique pourquoi Nostradamus s'appuie sur *le libéral arbitre* dont il parle dans le passage de sa préface, cité plus haut. En effet, il voit les folies que les hommes font, que ce soit en 431 avant Jésus-Christ ou en 1940. On peut donc reformuler cela en utilisant le passé : il a vu en 1555 les guerres et les atrocités perpétrées par les hommes, depuis cette date jusqu'à 2026. Le but des quatrains est donc de dénoncer les folies meurtrières des hommes. C'est la raison pour laquelle il est vain d'aller chercher dans ces écrits l'invention de la bicyclette, du téléphone ou de la télévision. L'invention du nucléaire n'est pas son objet. En revanche, les catastrophes provoquées par cette invention sont rapportées avec détails, telles l'explosion du réacteur de la centrale de Tchernobyl ou la destruction d'Hiroshima et Nagasaki dont voici la description saisissante :

II, 91

Soleil levant un grand feu on verra,
Bruit et clarté vers Aquilon tendans ;
Dedans le rond mort et cris l'on orra,
Par glaive, feu, faim, mort les attendans.

Au Japon (l'Empire du « Soleil-Levant ») on verra un grand feu du bruit et de la lumière (le vacarme et l'immense clarté créés par l'explosion atomique), vers la Russie (l'Empire du Nord) qui occupe encore les îles Kouriles, ancien territoire japonais. Dans le cercle de mort on entendra des cris. Par la guerre, le feu et la faim les hommes attendront la mort. Un second quatrain décrit ces terrifiantes catastrophes que fut l'anéantissement des deux cités japonaises :

II, 6

Auprès des portes et dedans deux cités,
Seront deux fléaux et onc n'aperceu un tel :
Faim, dedans peste, de fer hors gens boutés,
Crier secours au grand Dieu immortel.

Près des *portes* (le Japon, « Portes de l'Orient ») et dans deux villes (Hiroshima et Nagasaki), il y aura deux fléaux que personne n'avait encore vus (première utilisation de l'arme atomique) ; ces fléaux provoqueront la famine et la maladie ; les gens seront frappés (*bouter* en ancien français) par autre chose que le fer (symbole de la guerre) (l'uranium ?). Et ils invoqueront l'Empereur, représentant de Dieu.

Les descriptions faites par Nostradamus laissent à penser qu'il a réellement vu brûler sous le feu atomique les deux villes du Japon, car il semble les décrire comme des événements passés pour lui. Et l'expression « personne ne vit (auparavant) un tel fléau » met en évidence son voyage dans l'espace-temps, puisqu'une telle catastrophe n'avait pas eu lieu avant 1555, date à laquelle il la décrit, mais aussi avant 1945. Il fait donc un parcours de quatre cent quatre-vingt-dix ans sur une distance de vingt mille kilomètres. Ces deux quatrains montrent également que, si Nostradamus n'a pas rapporté des événements touchant le continent américain, il a vu l'importance de l'Amérique et de ses actions sur les continents qui l'intéressent : « l'Europe, l'Afrique et une partie de l'Asie ».

Un autre exemple qui illustre cette perception exceptionnelle de l'espace-temps est la phrase déjà citée dans le « Préambule », dans laquelle Nostradamus annonçait la fin de l'Ancien Régime pour l'année 1792. Le jugement de valeur qu'il porte en disant que cette année-là sera perçue comme *une rénovation de siècles*, ne peut s'expliquer qu'en imaginant qu'il a vu simultanément les treize siècles de monarchie et les cinq républiques.

Au début de la *Lettre à Henry, roy de France second*, Nostradamus précise lui-même quelle est la part du bloc espace-temps qu'il a eu la possibilité de connaître. En effet, il écrit : « Espérant avoir laissé par écrit les événements qui toucheront les ans, les villes, les cités, les régions ; et même les années 1585 et 1606, à partir d'aujourd'hui, le 14 mars 1557. Et allant bien au-delà de ces dates jusqu'à l'avènement du septième millénaire, par une mûre réflexion, jusqu'où mon calcul astronomique et autre connaissance m'ont permis d'aller... le tout a donc été composé et calculé en jours et heures choisis et bien agencés. » Voilà bien l'autre connaissance que Nostradamus évoque, sans la préciser, sans quoi, en pleine Inquisition, il risquait d'être brûlé pour hérésie. Tenant compte de la chronologie biblique, ce septième millénaire commencera en l'an 2000 ; en effet, aux quarante siècles d'Ancien Testament, il faut ajouter les vingt siècles d'ère chrétienne.

Nostradamus a astucieusement codé la date de la fin de sa vision prophétique, fin qui correspond aux premières années du septième millénaire. Il écrit dans la *Lettre à son fils César* : « J'ai composé des livres de prophéties... qui constituent de perpétuelles vaticinations d'aujourd'hui (1555) à l'an 3797. » Il précise ici une portion de temps comprise entre ces deux dates, soit 2 242 ans. Si l'on ajoute ces 2 242 ans au 4 757 ans de la chronologie biblique, on trouve la date de 6999 (ère judaïque + ère chrétienne), soit l'année 1999 selon la chronologie chrétienne. Comme il nous indique dans deux quatrains que les guerres de l'Antéchrist commenceront avant juillet 1999 et que ces guerres dureront vingt-sept ans, le terme de la prophétie se situerait entre 2023 et 2026. Cette façon de calculer nous est étrangère ; c'est la raison pour laquelle il n'est pas facile de retrouver les dates que Nostradamus a voulu préciser.

Cette vision peu commune de l'histoire oblige le traducteur à tenter d'abandonner son propre espace-temps, prisonnier qu'il est du lieu où il se trouve à un moment donné, avec l'impossibilité de s'en évader. Ainsi combien d'auditeurs, de lecteurs, de journalistes ont pris contact avec moi depuis 1980, pour que j'indique les événements qui allaient se produire l'année suivante ! En fonction de son voyage dans le bloc espace-temps, Nostradamus ne rédige pas un calendrier d'événements, mais il décrit un enchaînement et un déroulement de faits qui s'imbriquent les uns dans les autres. L'écheveau n'en est que plus difficile à démêler. C'est ainsi qu'à tout moment, on peut être confronté à un quatrain qui indique un événement passé et un autre à venir ou deux événements séparés par plusieurs années, voire plusieurs siècles, alors que, pour Nostradamus, dans son bloc espace-temps ces deux événements sont contemporains. D'où la quasi-impossibilité de classer événements et quatrains chronologiquement selon nos critères habituels d'agenda.

Nostradamus n'a donné que peu de dates en clair : 1792 et 1999. La première de ces deux dates s'étant avérée, on ne voit pas par quelle logique on devrait supposer que la deuxième serait erronée et les événements annoncés ne se produiraient pas, puisque, selon la théorie de l'espace-temps, ils se sont déjà accomplis, à moins que le libre arbitre...

Voici l'exemple de l'inclusion dans un quatrain de deux événements séparés par quarante-deux ans :

III, 59

Barbare empire par le tiers usurpé,
La plus grand part de son sang mettra à mort :
Par mort sénile par lui le quart frappé,
Pour peur que sang par le sang ne soit mort.

La IIIe (République) s'emparera du Maghreb dont le nom était au XVIe siècle *côtes barbaresques* et massacrera un nombre important de gens ; la IVe (République), vieillie, sera frappée par lui (l'empire barbaresque) dans un esprit de vengeance.

Les mots *tiers et quart* étaient en usage à la place de troisième et quatrième. C'est bien la IIIe République qui va parachever la conquête de Maghreb : en Algérie les décrets du 26 août 1881 complètent l'emprise de la France sur ce pays par le système des « rattachements ». En 1881, Jules Ferry fait envahir la Tunisie avec une armée de 30 000 hommes. Le 30 mars 1912, la convention de Fès instaure le protectorat français sur le Maroc. En 1954, commence le soulèvement en Algérie qui entraînera la chute de la IVe République en 1958.

Lorsque dans la *Lettre à Henry, roy de France second*, Nostradamus donne soixante-dix ans de vie à l'Union soviétique, proclamée en 1922 et effondrée en décembre 1991, il nous interpelle sur la façon de classer le début et la fin du régime : est-il plus logique de classer chronologiquement le texte prophétique en 1922 ou en 1991 ? On ne peut classer les quatrains que par thèmes ou par séquences d'histoire. Dans *Nostradamus historien et prophète*, cette impossibilité de classement chronologique a conduit, pour l'avenir, à un désordre déroutant, ce qui n'a pas facilité la lecture de l'ouvrage. En ce qui concerne le passé, c'est-à-dire de 1555 à 1980, les quatrains sont également classés dans un certain désordre pour la chronologie, mais selon les séquences connues de l'histoire.

Comme nous approchons du terme de la prophétie, il est maintenant plus aisé de reclasser l'ensemble des textes, d'autant plus que le point de repère « phare » de 1999, véritable charnière entre le commencement de la fin et la fin de l'ère chrétienne, est là pour servir de pivot aux séquences à venir. Le commencement de la fin se situant en 1792, première date donnée en clair par Nostradamus, année qui met fin à treize siècles de monarchie de droit divin et chrétien.

La façon d'aborder l'histoire à travers le filtre de la prophétie n'a rien de commun avec les méthodes actuelles d'enseignement de cette discipline. En effet, les manuels scolaires proposent une histoire découpée en une sorte de calendrier, où les événements se succèdent chronologiquement. Il n'est pas facile de se débarrasser de cette formation, véritable handicap pour ce genre de recherches.

Au bout de plusieurs décennies de travail sur les écrits de Nostradamus, on finit par entrer dans son système de références, ce qui permet de passer, sans transition, d'événements à venir à des événements passés, éloignés les uns des autres. Cette gymnastique intellectuelle est également imposée par le vocabulaire. La langue de Nostradamus est celle du XVIe siècle, émaillée de termes de l'ancien et du moyen français que tout humaniste pratiquait à cette époque.

On est donc amené à franchir d'un seul coup quatre siècles et plus pour pratiquement chaque mot : par exemple, vous lisez Raguse et vous devez penser immédiatement Dubrovnik, nom moderne de cette cité historique ; même chose pour Mésopotamie qui doit être traduit par Irak, Césarée pour Saragosse, Verbine pour Vervins, etc. On pourrait multiplier à l'infini ce genre d'exemples. On ne peut donc pas donner de sens à la flèche du temps et l'histoire devient un tout dans la partie du bloc à quatre dimensions à laquelle Nostradamus a eu accès.

Après un long apprentissage de cette méthode, on peut alors concevoir globalement l'histoire des treize siècles de monarchie comparée à celle des cinq Républiques ; ce qui permet de faire le constat suivant : la Ire République a amené Napoléon Ier et le Premier Empire, la IIe République a amené Napoléon III et le Second Empire, la IIIe République a amené Pétain et l'État Français, la IVe République a amené le Général de Gaulle et les pleins pouvoirs (article 16 de la constitution de 1958). Cette manière d'envisager l'histoire des Républiques à travers le temps conduit tout naturellement à se demander quel personnage au pouvoir personnel pourrait être amené par la Ve République ?

Nostradamus répond à cette question, lorsqu'il annonce l'arrivée d'un Bourbon à la tête de l'État, comme Juan Carlos Ier dirige aujourd'hui l'Espagne depuis 1975. Cette prophétie n'est pas plus absurde ou irréalisable que celles de l'arrivée de Napoléon Ier sur la pagaille du Directoire, de Napoléon III sur celle de la IIe République, de Pétain sur celle de la IIIe République ou de Charles de Gaulle sur celle de la IVe. En matière d'histoire tout est possible parce qu'illogique en regard de la raison humaine. Seul un tel postulat accepté préalablement permet d'essayer de rentrer dans le bloc espace-temps d'un prophète. L'homme est prisonnier du seul présent, d'une connaissance partielle du passé et d'une ignorance totale de l'avenir. Ce n'est donc qu'un esprit débarrassé de préjugés et un travail acharné qui peuvent aider à essayer de comprendre et entrevoir des événements annoncés par le prophète, alors que, pour celui-ci, ces mêmes événements étaient passés au moment où il les a couchés sur le papier. D'autre part, il ne faut jamais perdre de vue que pour cause d'Inquisition, il a été obligé de voiler son texte par un brouillard philologique, jonglant avec les anagrammes et les figures de grammaire.

Ainsi, abandonnant une mentalité forgée aux analyses rationnelles de l'histoire, on pénètre dans un autre système de références que le nôtre. On est conduit à voyager à travers plusieurs siècles (environ vingt-cinq pour Nostradamus), et cela en un seul moment. On peut se demander si le choix de Nostradamus d'indiquer deux dates en clair – 1792 et 1999 – relève de l'arbitraire, du hasard ou plutôt d'une logique de sa vision à travers son espace-temps. Un certain nombre de jugements de valeur portés par Nostradamus sur des événements ou des personnages de l'histoire entre ces deux points de repère temporels, nous font découvrir que 1792 représente le début de la décadence de la civilisation occidentale et 1999 le commencement de la fin de celle-ci. Les historiens considèrent la date de 1792, fin de l'Ancien Régime et proclamation de la Iʳᵉ République, comme une cassure fondamentale dans la civilisation de l'Europe, un abandon brutal des idéaux qui en furent le moteur pendant treize siècles et l'adoption de grands principes philosophico-politiques qui, des philosophes des Lumières aux penseurs du XIXᵉ siècle – Proudhon, Saint-Simon, Marx – ont animé toutes les révolutions du XXᵉ siècle. L'un des symptômes les plus révélateurs de cette fin de cycle est la chute de l'Empire soviétique et l'abandon de ces utopies qui auraient dû, selon leurs promoteurs, faire le bonheur des peuples : nouvelle religion païenne qui mettait Dieu au placard, pourchassait les chrétiens sous l'accusation de superstition et déifiait l'homme dans un culte de la personnalité ; la singerie allant jusqu'à la confession en public appelée *autocritique* ! Les autorités russes ne savent que faire aujourd'hui de l'encombrante momie de Lénine, ce dieu déchu ! « Vanité des vanités et tout est vanité » (L'Ecclésiaste).

Nostradamus a eu une vision si précise de la partie du bloc espace-temps décrite dans les centuries, qu'il nous dit dans la *Lettre à Henry, roy de France second* : « Et j'aurais pu, si j'avais voulu, mettre dans chaque quatrain un calcul de temps ; mais ça n'aurait pas plu à tout le monde, et encore moins mes interprétations, à moins que Votre Majesté m'ait octroyé assez de protection pour ce faire, et ne pas donner prétexte aux calomniateurs de m'agresser. »

Quand on constate l'incroyable polémique, les propos venimeux, les commentaires moqueurs, les dénigrements de toutes sortes dont *Nostradamus historien et prophète* a été l'objet en 1981, on comprend la prudence de Nostradamus en un temps où régnaient l'Inquisition et un obscurantisme destructeur ; ce qui nous amène à nous demander si l'obscurantisme et l'Inquisition ont disparu des sociétés modernes dites démocratiques et libérales...

Homme de science, médecin d'avant-garde, physicien relativiste avant l'heure, astronome éclairé, notre prophète ne pouvait exprimer ouvertement et clairement ses découvertes, sans quoi les pouvoirs politiques et religieux n'auraient pas manqué de faire un autodafé de ses écrits, alors définitivement perdus pour la postérité.

En effectuant son « voyage » dans l'espace-temps, Nostradamus s'est rendu compte qu'il n'avait accès qu'à une infime partie de ce bloc en comparaison de ses dimensions infinies ; en effet, il écrit dans la *Lettre à Henry, roy de France second* : « Le monde approchant d'une grande conflagration (1999), bien que mes supputations dans mes prophéties ne couvrent pas tout le cours du temps qui va beaucoup plus loin. » Puis il ajoute : « J'aurais pu faire des calculs plus approfondis et adaptés les uns aux autres, mais considérant que la censure puisse apporter quelques difficultés, j'ai donc retiré ma plume du papier pendant le calme de mes nuits. » On retrouve encore ici cette prudence obligée dont Nostradamus est contraint de faire preuve dans ce XVIe siècle où l'on torture, on brûle ou on écartèle à loisir pour le moindre propos jugé « hérétique ».

Dans sa *Préface à son fils César*, Nostradamus indique les limites de la partie du bloc espace-temps à laquelle il a eu accès : « ... Mes prophéties qui sont composées tout au long dans un discours sans ordre, limitant les lieux (l'espace), les temps et le terme fixé d'avance que les hommes à venir verront en connaissant les événements qui se produiront infailliblement, car malgré cette forme voilée, ces choses deviendront intelligibles. » À la première lecture, il semble qu'il y ait une contradiction entre l'affirmation de Nostradamus du libre arbitre de l'homme et l'inéluctabilité des événements annoncés. Cette antilogie n'est qu'apparente et ne peut être prise en compte que si l'on fait abstraction du voyage dans le bloc à quatre dimensions. En effet, si, comme le laisse penser l'hypothèse émise ici, Nostradamus a vécu comme appartenant, pour lui, au présent, les événements compris entre 1555 et 2025, alors que ces mêmes événements étaient encore à venir pour ses contemporains, on ne peut pas changer « ce qui fut ».

Nostradamus n'a donc pas vu ni décrit les folies que les hommes seraient forcés de faire par je ne sais quel déterminisme ou dieu vengeur, les transformant en pantins manipulés par le hasard ou la nécessité. Il annonce les catastrophes librement engendrées par la cupidité et la soif de puissance. Bien qu'attristante, cette constatation est rassurante, car elle fait de l'homme un être libre et, par conséquent, responsable et perfectible. Sans quoi, la paix universelle programmée ne serait pas envisageable. La raison pour laquelle sa prophétie prend son terme aux environs de l'année 2025 est qu'il n'a plus de catastrophes à dénoncer.

On retrouve là le but essentiel de la prophétie : prévenir les hommes pour qu'ils finissent par abandonner une mentalité qui les fait s'entre-tuer depuis des millénaires. On est ainsi conduit à une hypothèse fondamentale : si les prophéties de Nostradamus étaient enfin prises en compte par ceux qui détiennent les clés des pouvoirs, les catastrophes annoncées pour les trente prochaines années ne se produiraient pas. Cela supposerait un changement radical dans les mentalités et les rapports de forces entre puissances. Il faudrait que les ressources et les richesses de la planète soient mises en commun au service de tous les hommes. Utopie aujourd'hui, mais peut-être pas demain... La guerre économique entre les blocs (États-Unis, CEI, Europe, Japon, Chine continentale, Taiwan, Hongkong et Singapour) représente le vrai danger pour la paix mondiale, car au milieu de ces géants, un nombre important de petites ou moyennes puissances jouent les trublions et allument des foyers d'incendie dont nul ne sait ce qui pourrait en sortir.

Lorsque Nostradamus annonce un troisième conflit mondial autour de l'année 1999, l'a-t-il réellement vu dans sa partie de bloc espace-temps ou bien, fort de sa connaissance de l'histoire de 1555 à nos jours, par une analyse et par le raisonnement, nous a-t-il livré une sorte de *kriegspiel* imaginé pour faire connaître à l'homme ce qu'il devait changer pour arrêter le massacre ? Seul l'avenir très proche répondra à cette interrogation.

CHAPITRE III

Signes précurseurs

Depuis le succès de *Nostradamus historien et prophète* en 1981, un certain nombre de maniaques du « sensationnel » et d'exploiteurs du morbide s'évertuent à annoncer la fin du monde en utilisant les prophéties de Nostradamus. Cette utilisation douteuse des centuries était dénoncée dans ce premier ouvrage, voici ce qu'on pouvait y lire : « ... va s'ouvrir alors, dans une cinquantaine d'années, le septième millénaire ou ère du Verseau qui apportera à l'homme la paix universelle et la prospérité tant spirituelle que matérielle. »

Comme cela a été exposé précédemment, Nostradamus « se promène » dans le temps et l'espace et voit donc dans le déroulement de l'histoire, les signes précurseurs de la fin de la civilisation européenne, échelonnés sur pratiquement deux siècles. C'est donc à partir des utopies des philosophes des Lumières qu'il décrit les symptômes de la maladie qui va ronger la civilisation occidentale. Citant en toutes lettres (Jean-Jacques) Rousseau, il rend ce dernier en grande partie responsable de la chute qui doit se produire par une conjuration qui renverserait de fond en comble tout le système mis en place par Napoléon Ier ; système qui régit toujours notre société, autant en France que dans les autres pays européens, dans lesquels ces idées ont été exportées. Ce point est tellement capital que le quatrain qui concerne cet événement est placé au tout début de son œuvre, puisqu'il porte le numéro 7 dans la première centurie :

> Tard arrivé l'exécution faite,
> Le vent contraire, lettres aux chemins prises :
> Les conjurés XIIII d'une secte,
> Par le Rousseau senez les entreprises.

Le régime serait donc exécuté par une conjuration fomentée par quatorze membres d'un parti, le vent de l'histoire ayant tourné et des documents probablement compromettants ayant été saisis ; toutes les entreprises basées sur les idées de Jean-Jacques Rousseau ayant vieilli.

Rappelons ici que Rousseau est considéré comme le père du suffrage universel et le porte-drapeau des idées du siècle des Lumières. Or, lorsqu'on observe ce qui se passe actuellement dans l'électorat, écœuré par les politiques de tous bords et qui s'abstient, vote blanc ou donne son bulletin aux pêcheurs à la ligne, force est de constater le vieillissement d'un système qui ne fait plus recette. Il faut, en outre, noter que l'emploi par Nostradamus d'un article devant le nom propre a une acception péjorative. Pour illustrer cette fin de système, il n'est que de faire appel à des gens appartenant à des courants de pensée très différents et qui dénoncent aujourd'hui les utopies du siècle des Lumières et les catastrophes qu'elles ont engendrées. Ainsi dans *Le Monde* du 18 octobre 1994, Henri Tincq, dans son compte rendu du livre de Jean-Paul II, *Entrez dans l'espérance*, écrit : « Le pontificat de Jean-Paul II est au confluent de trois héritages : le néothomisme, la critique du positivisme et des Lumières, l'herméneutique contemporaine. » De son côté, Zaki Laïdi, chercheur au C.N.R.S., déclarait, dans *Le Monde* du 8 novembre 1994 : « J'ai essayé de montrer dans *Un monde privé de sens* que la fin de la guerre froide ne marquait pas seulement une rupture avec le communisme mais l'épuisement d'un monde : celui des Lumières. Et si le nouvel ordre mondial a échoué, c'est bien pour cette raison. On a cru voir dans la chute du mur le triomphe des Lumières. On découvre aujourd'hui qu'elle marque de manière inexorable la fin du règne des Lumières. »

Dans *Le Monde* du 17 janvier 1995, l'introduction de l'article de Jorge Semprun sur le dernier livre de François Furet, qui fut membre du Parti communiste, relève : « Après avoir d'une façon radicale révisé l'histoire et l'interprétation de la Révolution française, ce qui lui a valu une notoriété mondiale, François Furet fait aujourd'hui avec éclat son entrée dans l'histoire contemporaine, avec la parution de son essai *Le Passé d'une illusion* consacré à l'idée communiste au XXe siècle... Dans *La République du centre*, ouvrage collectif paru en 1988, il avait examiné les contours les plus actuels de l'épuisement des mythes et utopies issus de 1789. »

L'un des signes les plus forts de cette fin de système est, sans aucun doute, la chute du communisme et l'écroulement de l'Empire soviétique remplacé par un bloc russo-musulman appelé Fédération de Russie.

Pour la troisième fois au XXe siècle, l'Europe entre en éruption dans les Balkans et dans le Caucase. Azéris et Arméniens, Ukrainiens, Géorgiens, Moldaves, Tchétchènes, Serbes, Croates, Slovènes, Bosniaques, Albanais s'entre-tuent malgré toute la bonne volonté déployée par les Nations Unies. Où est donc cet homme « né naturellement bon » rêvé par Jean-Jacques Rousseau ? C'est l'Europe qui a déclenché les deux premières guerres mondiales, c'est elle qui risque d'entraîner, une troisième fois, la planète dans une gigantesque catastrophe ; guerres d'autodestruction faites pour la seule conquête du « veau d'or », c'est-à-dire de la puissance selon Thucydide.

Le climat général de l'époque
Maladie de la vache folle – La drogue

Inondations, surproductions agricoles, haines, peuples et hommes politiques qui se réjouiront (accords), brouille entre chefs d'État, maladie de la vache folle, réfugiés, peuples réunis en grand nombre, drogue.

V, 72

Pour le plaisir d'édit voluptueux,
On meslera le poison dans la loy :
Venus sera en cours si vertueux,
Qu'obfusquera du Soleil tout à loy.

En latin, *venus* signifie les plaisirs de l'amour. Le Soleil est utilisé ici pour Jean-Paul II, en référence à sa devise dans la prophétie de Malachie de *labore solis*, qu'on trouve dans d'autres quatrains.

Pour faire satisfaire les gens par des édits sur le plaisir, on légiférera sur la drogue. On trouvera de la vertu aux plaisirs de l'amour, ce qui choquera totalement la loi du pape.

Le 30 mars 1995, Jean-Paul II publie l'encyclique *Evangelium vitae* sur la défense des valeurs et de l'inviolabilité de la vie humaine. Depuis 1946, année de la création de la Commission des stupéfiants par 53 États, de nombreux décrets et lois ont été promulgués sur la drogue. Certaines lois sont répressives, d'autres préventives et quelques-unes permissives comme en Italie, aux Pays-Bas et en Suisse. En France, la loi de 1970 a été complétée et modifiée par un décret de 1988, par deux lois de 1992 et deux lois de 1993 et 1994. « On mêlera le poison dans la loi ! » Le débat continue sur la libéralisation de la drogue...

Les quatre vers suivants contiennent cette description du climat de cette fin de siècle.

Présage 92

L'an sextil pluyes froment abonder, haines,
Aux hommes joye Princes. Rois en divorce :
Troupeau périr, mutations humaines,
Peuple affoulé : & poison soubs l'escorce.

Sextil, du latin *sextus* : sixième (désigne la fin du VIe millénaire : le XXe siècle – de l'an 1000 à l'an 2000 ou l'an 2000 qui est une année bissextile). *Affouler* signifie en moyen français réunir en grand nombre et *escorce* la peau.

À la fin du VIe millénaire, on connaîtra des inondations (Chine, Amérique centrale, etc.), une surproduction agricole, des haines (Balkans, Moyen-Orient, Afrique), les hommes politiques et les peuples (d'Europe) se réjouiront (naissance de l'euro) ; il y aura des brouilles entre chefs d'État ; il y aura des déplacements de populations (réfugiés : ex-Yougoslavie, Afrique, etc.) ; des peuples se réuniront en grand nombre (Europe des Quinze) ; on se mettra du poison sous la peau (héroïne).

Deux autres quatrains viennent préciser celui-ci.

Présage 103

Par bruit de feu Grands & Vieux défaillir.
Peste assoupie, une plus grande naistre :
Peste de l'Ara, foin caché, peu cueillir,
Mourir troupeau fertil, joye hors prestre

En latin, *ara* ou *hara* signifie étable. En moyen français, *cueillir* signifie déduire ou conclure.

Des grands et des vieux périront par les bruits de la guerre. Alors qu'une épidémie s'atténuera (Sida ou maladie de la vache folle ?), une encore plus grande commencera. La maladie de l'étable (vache folle) sera due au fait qu'on a caché le foin aux animaux (pour leur donner des farines animales) pour ramasser le moins possible (de foin, par profit). Malgré leur fertilité, des troupeaux mourront ; les gens seront dans la joie sans écouter les prêtres.

Présage 100

Déluge prés. peste bovine neuve.
Secte flechir, aux hommes joye vaine :
De loy sans loy, mis au devant pour preuve,
Apast, embusche : & deceus couper veine.

En moyen français, *déluge* signifie calamité, désastre, *fléchir* plier, céder et *embuscher* cacher. *Apast* vient d'*apasta* qui signifie en provençal pâture, nourriture. En ancien français, *deceu* signifie trompé.

Quand on sera près du désastre (guerre ?), il y aura une nouvelle peste bovine (maladie de la vache folle). On parlera moins de secte et les hommes se réjouiront vainement. On avancera des lois qui n'en seront pas vraiment, comme preuves (scientifiques). À cause de la nourriture qui aura été cachée (farines animales), on coupera les vivres à ceux qui ont été trompés (les éleveurs qu'on a encouragés à utiliser les farines animales, pour détruire ensuite leurs troupeaux).

Les conférences de la paix

Paradoxalement, la multiplication des conférences de la paix, depuis quelques années, masque le développement des conflits potentiels (rapprochement entre l'Occident et les pays de l'ex-URSS, mais surtout la conférence sur le Moyen-Orient entre Arabes et Israéliens, dans laquelle Nostradamus voit le prétexte d'un embrasement général).

VIII, 2bis

Plusieurs viendront et parleront de paix,
Entre Monarques et Seigneurs bien puissants ;
Mais ne sera accordé de si près,
Que ne se rendent plus qu'autres obéissants.

Plusieurs chefs de grandes puissances parleront de paix (États-Unis, CEI, Chine, Grande-Bretagne et France ; Conseil de sécurité de l'ONU – les cinq Grands), mais la paix ne leur sera pas accordée, car ils ne seront pas plus obéissants que les autres.

L'entrée en éruption de l'Europe provoquée par l'éclatement de l'immense Empire soviétique se traduit par des guerres intestines entre les anciennes provinces de l'Empire, ainsi qu'entre les provinces de l'État yougoslave.

XII, 56

Roy contre Roy et le Duc contre Prince,
Haine entre iceux, dissenssion horrible :
Rage et fureur sera toute province,
France grand guerre et changement terrible.

Un gouvernant se dressera contre un autre gouvernant, un général (*dux* en latin) contre un chef et ils entretiendront entre eux d'horribles dissenssions et haine. La rage et la fureur séviront dans toutes régions et conduiront à une grande guerre en France et à un changement terrible.

Cette description dépeint parfaitement ce qui se passe en Europe dans les provinces de l'État yougoslave ainsi qu'entre les différentes ethnies de l'ex-Empire soviétique.

VIII, 4bis

Beaucoup de gens voudront parlementer,
Aux grands seigneurs qui leur feront la guerre :
On ne voudra en rien les écouter,
Hélas ! si Dieu n'envoye paix en terre.

Beaucoup de gens voudront parler de paix aux puissants qui leur feront la guerre, mais ils ne seront pas écoutés, hélas ! si Dieu n'envoie la paix sur la terre.

L'Europe des Quinze est incapable de mettre fin aux conflits entre les petites puissances.

I, 91

Les Dieux feront aux humains apparences,
Ce qu'ils seront autheurs de grand conflict,
Avant ciel veu serein, espée et lance,
Que vers main gauche sera plus grand afflict.

Les Dieux rendront responsables les hommes auteurs d'un grand conflit, avant lequel on verra dans un ciel serein une comète (épée et lance étaient des mots utilisés au XVIe siècle pour désigner les comètes), mais ce sont les forces de gauche qui seront le plus affligées.

Le tribunal de Nuremberg qui jugea les criminels nazis pour crime contre l'humanité fut la première réaction contre les auteurs responsables de la guerre. Aujourd'hui, il est question de poursuivre devant un tribunal international les responsables de l'épuration ethnique faite par les Serbes. Ce quatrain, comme tant d'autres, porte sur un laps de temps relativement important. En effet, le premier vers laisse supposer qu'un ordre mondial « anti-fauteurs de guerre » mettra un terme aux conflits dans toutes les régions du monde. Ceci serait donc un signe précurseur de la paix universelle annoncée aux environs de 2025.

IX, 52

La paix s'approche d'un côté et la guerre,
Oncques ne fut la poursuite si grande,
Plaindre homme, femme, sang innocent par terre,
Et ce sera de France à toute bande.

Paix et guerre s'approchent ensemble et la recherche des deux n'aura jamais été aussi grande. On devra plaindre les hommes et les femmes, les innocents et cela partout en France.

Depuis quelques années les conférences de la paix se sont multipliées. Les unes sur le Proche-Orient, les autres sur l'ex-Yougoslavie. Elles ont toutes eu pour ville phare Genève. Ainsi, le 8 septembre 1995, se tenait à Genève une conférence sur l'ex-Yougoslavie.

Genève centre des conférences de la paix

Les premières conventions de Genève datent du 22 août 1864. Elles furent révisées en 1905 et en 1929. D'autres conventions furent signées le 12 août 1949.

I, 47

Du Lac Léman les sermons fascheront,
Des jours seront réduits par des semaines :
Puis mois puis ans, puis tous defailleront,
Les Magistrats damneront leurs lois vaines.

Les discours de Genève feront se fâcher les hommes. Les jours seront réconduits par des semaines, puis par des mois, puis par des années, puis tous ces sermons s'effondreront. Les magistrats condamneront ces règlements inutiles.

Aujourd'hui, on ne peut que constater que ces « sermons », comme les nomme Nostradamus, n'ont pas été respectés par les pays qui les avaient signés.

Le vendredi 8 septembre 1994, se tenait à Genève une conférence sur l'ex-Yougoslavie, une de plus ! Il y fut reconnu à la fois l'intégrité et le partage de la Bosnie.

V, 85

Par les Sueves et lieux circonvoisins,
Seront en guerre pour cause de nuées :
Camp marins locustes & cousins,
Du Léman fautes seront bien desnuées.

En Allemagne et dans les pays voisins (France, Benelux, Autriche ?) les peuples seront en guerre à cause des *nuées* (arrivée en masse d'immigrés ?). Les avions et les engins amphibies débarqueront (établiront des campements sur les côtes). Les erreurs du lac *Léman* (Genève) seront mises en évidence. (En latin *locusta* signifie sauterelle et les cousins sont des moustiques d'abord aquatiques).

La crise économique et la corruption du monde politique et financier

L'un des signes les plus patents de la situation de la planète, sur lequel Nostradamus insiste particulièrement, est la crise économique mondiale. Les soubresauts des différentes Bourses et leur fragilité face aux fluctuations des monnaies annoncent leur effondrement lors de la crise majeure à venir.

VII, 35

La grande poche viendra plaindre et pleurer,
D'avoir esleu : trompez seront en l'aage :
Guière avec eux ne voudra demeurer,
Deceu sera par ceux de son langage.

Il est saisissant de voir Nostradamus désigner la Bourse par l'expression « la grande poche », c'est-à-dire l'endroit où l'on place l'argent. On viendra donc se plaindre et pleurer la Bourse. On regrettera d'avoir élu des gens qui tromperont l'opinion publique et bien peu de gens voudront continuer à demeurer avec eux, déçus que seront (les électeurs) par leurs discours politiques.

Le quatrain suivant a été attribué, à tort, par la plupart des exégètes à la crise économique de 1929. En effet, Nostradamus précise que tous les papiers (titres de Bourse) et toutes les monnaies s'effondreront, ce qui ne s'est pas produit en 1929.

VII, 28

Les simulachres d'or et d'argent enflez,
Qu'après le rapt lac au feu furent jettez,
Au descouvert estaincts tout et troublez,
Au marbre escripts, perscripts interjettez.

Les imitations de l'or et de l'argent (titres et billets de banque) seront victimes de l'inflation après avoir été jetées au *feu* (allusion au feu de la guerre ?), avec la fin de la douceur de vivre (*lac* en latin) et seront tous épuisés et perturbés par le déficit (budgétaire : le découvert) ; les titres et les billets de banque (*perscribere* : payer en billets) seront mis au pilon. Ce vol du confort apporté par la société de consommation est concrétisé par les « nouveaux pauvres et les S.D.F. » (sans domicile fixe). Les scandales financiers se multiplieront et se retourneront contre leurs auteurs.

VIII, 14

Le grand crédit, d'or d'argent l'abondance
Aveuglera par libide l'honneur :
Cogneu sera l'adultère l'offence,
Qui parviendra à son grande déshonneur.

L'abondance du crédit de l'argent (Fond monétaire international et déficit de la balance des paiements américaine), effacera le sens de l'honneur par la corruption (*libido* : corruption, désir). Ces tromperies et ces offenses seront connues de l'opinion publique et conduiront au grand déshonneur de leurs auteurs. Voilà qui décrit bien le climat de scandales financiers de toutes sortes que nous connaissons depuis quelques années. Quant à l'abondance du crédit et de la masse monétaire en circulation, elle a étranglé les pays en voie de développement et menace d'explosion le système monétaire international.

VI, 23

Despit de règne numismes descriés,
Et seront peuples esmeus contre leur Roy :
Paix, fait nouveau, sainctes lois empirées
Rapis onc fut en si tres dur arroy.

Le pouvoir sera méprisé (*despit* : mépris en vieux français) à cause de la dépréciation de la monnaie (*nomisma* : pièce de monnaie – *descrier* : déprécier) et les peuples se soulèveront contre leur chef d'État (*esmuer* : se soulever).

On parlera de paix, ce qui constituera un fait nouveau (conférence de paix entre Israéliens et Arabes), les lois morales seront corrompues (augmentation de la criminalité) et jamais auparavant on avait vu Paris (Rapis, anagramme) dans un tel désarroi.

Le « fait nouveau », c'est la première conférence de paix de Madrid, du 30 octobre au 4 novembre 1991, après un état de guerre permanent depuis 1948.

Ce texte décrit bien le climat actuel de la France et de l'Occident.

La Bourse au plus bas, les impôts impossibles à réduire à cause du déficit (voir précédemment le quatrain 28 de la centurie VII), la pollution de l'air, le vandalisme dans les banlieues, les attentats de l'intégrisme islamique dans Paris, la mise en état de siège (Plan Vigipirate) de la capitale et des grandes villes du pays sont autant de voyants qui se sont allumés. Jamais Paris n'a été dans un tel désarroi à cause du climat d'insécurité que font régner les terroristes et autres « casseurs ».

Après la chute du communisme à l'Est, nous allons assister à la chute du capitalisme à l'Ouest, les deux systèmes s'étant nourris l'un de l'autre, depuis leur apparition dans la deuxième moitié du XIXe siècle :

III, 26

Des Rois et Princes dresseront simulachres,
Augures, creux eslevez aruspices :
Corne victime dorée, et d'azur, d'acres
Interpretez seront les exstipices.

Des chefs d'État et de gouvernement feront des imitations (planche à billets et titres de Bourse – masse énorme de dollars en circulation). Les hommes politiques joueront aux prophètes et feront des prévisions sans fondement (*harupex* et *augur* en latin : prophète, devin) ; la société de consommation (*corne dorée*) en sera victime et la violence remplacera la douceur de vivre (azur au figuré : douceur, calme – *acer* : dur, violent). Leurs prophéties (*extipex* : devin) seront dénoncées.

La corruption atteint également l'Italie :

X, 65

O vaste Rome ta ruyne approche,
Non de tes murs, de ton sang & substance :
L'aspre par lettres fera si horrible coche,
Fer poinctu mis à tous jusques au manche.

En moyen français, *mots en coche* signifie les flèches lancées dans le discours.

Ô vaste Rome ! ta ruine approche, non de tes murs mais de ton sang et de ta substance. Les médias (presse écrite, parlée ou télévisuelle) lanceront de si horribles flèches que tous seront poignardés (au sens figuré) jusqu'aux *manches* (allusion aux magistrats, hommes de robe).

Dans le numéro spécial du *Monde 1944-1994*, on pouvait lire sous la plume de Yves Mény : « Il y a deux lectures possibles du phénomène de corruption et des réactions de correction qui en dérivent. La première lecture insiste sur l'exceptionnalité française : certes, la corruption existe comme partout ailleurs, mais elle n'est ni systématique ni endémique, et la France n'a pas à rougir du comportement de quelques brebis égarées. Aux péchés véniels et accidentels français, s'oppose, selon les tenants de cette version rose, la corruption "systématique" de pays comme les États-Unis ou l'Italie... » Le 6 décembre 1994, Bettino Craxi (ancien président du Conseil socialiste entre 1983 et 1987) est condamné par contumace à cinq ans et six mois de prison pour corruption. Le 13, le président du Conseil, Silvio Berlusconi, est interrogé pendant sept heures par les juges milanais sur une éventuelle tentative de corruption d'agents de la brigade financière.

Une sécheresse exceptionnelle

Sous le titre « Sécheresse : les réserves sont au plus bas », *Le Quotidien du Médecin* dans son numéro 4958 du mercredi 29 avril 1992 écrivait : « Clermont-Ferrand (le cœur de la France) était à la mi-mars, selon les spécialistes météo, la ville la plus sèche de France, avec un déficit pluviométrique jamais atteint depuis que les relevés existent, soit depuis 134 ans. » Ce journal cite ensuite une déclaration de M. Mérillon, M. Sécheresse au ministère de l'Environnement : « L'an dernier, juin avait été correctement pluvieux, mais, à partir de juillet, les mesures de limitation d'utilisation de l'eau touchaient 40 départements. »

À l'échelon planétaire le seul exemple de l'Afrique est significatif ; depuis cinquante ans, 650 000 km^2 (plus que la superficie de la France) sont devenus déserts.

Voici donc les quatrains que l'on peut attribuer à cette sécheresse exceptionnelle, parce que nous n'avons aucune preuve scientifique qu'il y en ait eu une identique ou plus importante entre 1555 et 1858, date des premières mesures.

I, 17

Par quarante l'iris n'apparoistra,
Par quarante ans tous les jours sera veu :
La terre aride en siccité croistra,
Et grand déluge quand sera apperceu.

Nostradamus nous indique que cette sécheresse interviendra après la Première Guerre mondiale, signe précurseur des suivantes. En effet, il précise qu'à une période de guerre de quarante ans (guerres coloniales de 1830 à 1870) succédera une période de paix de la même durée (de 1872 à 1914). *L'iris* ou arc-en-ciel se dit parfois de tout ce qui est agréable nous dit le dictionnaire ; cette période de 41 ans ne fut-elle pas nommée « la Belle Époque » ? Ce quatrain est particulièrement significatif de la promenade dans le temps de Nostradamus.

III, 3

Mars et Mercure, & l'argent joint ensemble,
Vers le Midy extreme siccité :
Au fond d'Asie on dira terre tremble,
Corinthe, Éphèse lors en perplexité.

La guerre (Mars dieu de la guerre) (Balkans et Caucase), la corruption (Mercure dieu des voleurs) et le pouvoir de l'argent régneront ensemble ; il y aura une grande sécheresse vers le midi ; le

Japon connaîtra d'importants tremblements de terre (Kobe, 17 janvier 1995) ; la Grèce et la Turquie connaîtront des problèmes (question des Balkans, Kosovo, Macédoine ?). Les problèmes du Kosovo pourraient bien s'étendre...

Sous le titre « Grèce-Turquie, turbulences », *L'Express* du 17 juin 1995 : « La Turquie et la Grèce qui se regardent en chiens de faïence depuis des lustres, se livrent à une nouvelle surenchère à propos de leurs eaux territoriales. À la clé : des manœuvres navales et les "pouvoirs de guerre" du gouvernement turc qui viennent d'être votés par le Parlement d'Ankara, au grand dam d'Athènes. La tension entre les deux frères ennemis de la mer Égée est ainsi brusquement montée... » D'autre part on pouvait lire dans *Le Monde* du mercredi 31 mai 1995, sous le titre « Islam, version turque » : « La Turquie est le théâtre de la montée de l'islamisme qui s'est concrétisée, il y a un an, par la victoire d'un parti religieux aux élections municipales. Le phénomène a provoqué des frictions dans ce pays, pionnier de la laïcité dans le monde musulman... Si l'obscurantisme arrive au pouvoir, c'est la fin de la République. La Turquie est en danger. » La Turquie devant basculer contre l'Occident, on comprend l'importance de cette montée de l'intégrisme islamique dans ce pays, verrou traditionnel entre l'Europe et l'Asie.

III, 4

Quand seront proches le défaut des lunaires,
De l'un à l'autre ne distant grandement,
Froid siccité, dangers vers les frontières,
Mesme ou l'oracle a pris commencement.

Le mot lunaires désigne les islamistes à cause de la lune (le croissant) qui en est le symbole. Quand les musulmans seront près de commettre une faute (*défaut* signifie en ancien français faute, erreur) (aux environs de 1999), la distance (de conception entre eux et l'Occident) n'étant que trop grande, on connaîtra le froid et la sécheresse, même là où est né l'auteur des centuries (Saint-Rémy-de-Provence).

Je dois ouvrir ici une parenthèse en ce qui concerne l'endroit où est né Nostradamus. En effet, la ville de Salon s'est approprié hâtivement et injustement la personne de Nostradamus, dont le père exerçait la profession de notaire à Saint-Rémy. Le nom du saint qui a donné son nom à cette ville, est le même que celui de l'évêque qui sacra Clovis à Reims en 496 et qui, par là même, inaugura la monarchie de droit divin. En outre, Saint-Rémy était le patronyme du grand-père maternel de Nostradamus, médecin ordinaire du roi René. Quant au nom des Nostre-Dame, il est celui que prit le grand-père de Michel, c'est-à-dire du quartier d'Avignon où il exerçait le métier de commerçant. Il y a, sans doute, quelques symboles forts dans ces deux noms, car, en prenant le nom de Notre-Dame, l'aïeul ne pouvait imaginer que son petit-fils serait un jour le prophète le plus connu de tous les temps !

Revenons aux « Lunaires ». Voici le quatrain réalisé aujourd'hui, qui permet d'attribuer à l'Islam le qualificatif de lunaire utilisé par Nostradamus dans d'autres textes.

I, 49

Beaucoup avant telles menées,
Ceux d'Orient par la vertu lunaire :
L'an mil sept cens feront grand emmenées,
Subjugant presque le coing Aquilonaire.

Bien avant (1700) ceux du (Moyen)-Orient, au nom de l'islam auront fait de grandes expéditions, après avoir presque mis sous leur joug une partie de la Russie. Nostradamus désigne toujours la Russie par le terme d'Aquilon (le vent du Nord) parce que la Russie occupe toute la partie de l'hémisphère Nord d'Europe et d'Asie. En 1683, le grand vizir de Mahomet IV, Kara Mustapha, assiège Vienne avec 200 000 hommes. La ville résiste et est sauvée par l'arrivée d'une armée de 65 000 Polonais et Allemands aux ordres du roi de Pologne Jean III Sobieski et du duc Charles V de Lorraine. Vienne et l'Europe sont sauvées du joug islamique ! Les Habsbourg peuvent alors mener dans les régions danubiennes une contre-offensive qui vit les Turcs écrasés à la longue bataille de Mohacs en 1687. Belgrade fut prise en 1688. Enfin, en 1699, est signée la paix de Karlowitz. La Turquie cédait à l'Autriche toute la Hongrie turque (moins Temesvar et Belgrade) et ses prétentions à la suzeraineté de la Transylvanie. Kaminiec, la Podolie et l'Ukraine en deçà du Dniepr revenaient à la Pologne. Venise récupérait la Morée (le Péloponnèse), l'île d'Égine et plusieurs villes dalmates ; la Russie, pour sa part, obtenait Azov (*le coing Aquilonaire*).

La famine

Au siècle des progrès fulgurants de la science, force est de constater que l'homme a su aller sur la lune, mais est incapable de nourrir la population de la planète, dont un bon tiers souffre de dénutrition ou de malnutrition. Ceci rappelle les mots de Chrysale dans *Les Femmes savantes* :

« Ne point aller chercher ce qu'on fait dans la lune
Et se mêler un peu de ce qu'on fait chez vous,
Où nous voyons aller tout sens dessus dessous. »

L'Occident avec un égoïsme irrationnel et suicidaire réduit ses productions agricoles, parce qu'elles sont trop importantes pour lui seul, au moment même où une famine atteint de nombreux pays, telles la Somalie, l'Éthiopie, etc. Le quatrain suivant dépeint bien cette famine qui a commencé et qui risque de s'étendre :

I, 67

La grande famine que je sens approcher
Souvent tourner, puis être universelle,
Si grande et longue qu'on viendra arracher
Du bois racine, et l'enfant de mamelle.

La grande famine que je sens approcher, touchera beaucoup de pays avant de devenir universelle ; elle sera si importante et si longue qu'on viendra arracher les racines des arbres (pour manger) et l'enfant du sein de sa mère.

Peinture saisissante de la famine qui ravage actuellement la terre. « Arracher l'enfant de mamelle » dit Nostradamus. Qui n'a vu à la télévision ces mères somaliennes ou éthiopiennes, les seins vidés par la cachexie, incapables de nourrir leur progéniture. Ce quatrain indique donc que la famine fera des poussées intermittentes pour gagner la terre entière.

II, 46

Après grand troche humain plus grand s'appreste,
Le grand moteur les siècles renouvelle ;
Pluye, sang, lait, famine, fer et peste,
Au ciel veu feu courant longue estincelle.

Après un grand rassemblement de troupes (*troche* en vieux français signifie rassemblement, troupe), un autre plus important se prépare. Après la révolution (pluie symbole biblique du déluge) et le sang qu'elle aura répandu, mettant fin à la douceur de vivre (lait symbole de douceur au figuré), on connaîtra la famine, le fer de la guerre et l'épidémie, puis une grande comète courra dans le ciel.

La fin de la révolution bolchevique est donc également un signe précurseur du conflit qui a débuté en Yougoslavie. Nous verrons plus loin que Nostradamus a donné plusieurs précisions concernant cette comète qui sera visible à l'œil nu, comme on n'en a pas vue depuis fort longtemps.

II, 96

Flambeau ardent au ciel soir sera veu,
Près de la fin et principe du Rosne,
Famine, glaive, tard le secours pourveu,
La Perse tourne envahir Macédoine.

Une comète apparaîtra le soir dans le ciel et sera visible de la Suisse à la Méditerranée, au moment où régnera la famine et la guerre ; le secours arrivera bien tard et l'Iran envahira la Macédoine.

Lorsqu'on voit actuellement la Macédoine impliquée dans le conflit de l'ex-Yougoslavie, il n'est pas irrationnel d'imaginer que cette question balkanique rallume les tensions entre la Grèce et la Turquie et qu'ensuite l'Iran qui a des intérêts régionaux, s'en mêle. La Communauté européenne a reconnu la Macédoine ex-yougoslave comme pays indépendant sous le nom de République de Skopje, alors que la Grèce considère que le nom de Macédoine (référence à Philippe et à son fils Alexandre) est et doit rester hellène et que la capitale en est Thessalonique.

I, 16

Faux à l'Estang, joinct vers le Sagittaire,
En son hault auge et exaltation,
Peste, famine, mort de main militaire,
Le siècle approche de rénovation.

Ce quatrain donne des précisions astronomiques intéressantes pour situer l'époque des événements décrits (juin 2015). Il est expliqué à la fin du chapitre VI, § « Hypothèses de chronologie ».

Lorsque Saturne sera à l'aphélie et en exaltation dans le Scorpion (en juin 2015), on connaîtra l'épidémie, la famine, la mort par les forces militaires, à l'approche du siècle de rénovation (début du VIIe millénaire : 2026).

La multiplication des sectes

Dans le n° 4957 d'avril 1992 du *Quotidien du Médecin*, on pouvait lire, sous la plume de Philippe Roy : « Tout fout le camp. La famille part en morceaux. L'école démissionne. Les villes se font banlieues, froides, déshumanisées. L'individu se recroqueville sur lui-même. L'argent, rien que l'argent, avec son cortège d'exclus, de laissés-pour-compte. Pour les quelque deux cent cinquante sectes installées en France, fidélisant cinq cent mille personnes, un tel contexte vaut de l'or. » Voilà bien une description de fin de civilisation. Les sectes en sont l'un des symptômes les plus criants. Nostradamus ne pouvait ignorer ce phénomène. Il y a donc consacré plusieurs quatrains qui laissent à penser qu'il a véritablement « vu », entre autres, les monuments du Mandarom à Castellane dans les Alpes de Provence.

Aux États-Unis on dénombre plus de six cents sectes, près de quatre cents rien qu'à Berlin, cent trente en Russie ; l'église de scientologie compte trois cent mille membres en Allemagne ; les sectes auraient déjà recruté dix mille fidèles en Hongrie. Toute la civilisation chrétienne est atteinte par cette pullulation et même le Japon où l'on a vu l'horreur et la terreur provoquées par la secte Aum qui a répandu un gaz mortel dans le métro de Tokyo.

I, 45

Secteur de sectes grand peine au délateur,
Beste en theatre, dresse le jeu scenique,
Du faict antique ennobly l'inventeur,
Par secte monde confus et schismatique.

La chasse (latin : *sector*, pourchasser) aux sectes donnera grand-peine à l'accusateur (latin : *delator*). Des gens stupides en réunion (latin : *theatrum*, réunion) organisent la mise en scène (jeux scéniques, représentations théâtrales chez les Romains). L'auteur (de cette mise en scène) (latin : *inventor*, auteur) se dissimule derrière des actions vertueuses. La confusion et le schisme s'installeront sur le monde à cause des sectes. S'agirait-il du Temple solaire ? Mise en scène avant suicide collectif.

Nostradamus utilise dans ce quatrain, comme dans VII, 14 ci-après, le mot secte pour l'ensemble des sectes par synecdoque. On peut penser qu'il a également vu les immenses réunions de fidèles des sectes, comme le congrès mondial des Témoins de Jéhovah qui réunit quatre-vingt mille personnes à Varsovie en 1989.

I, 55

Sous l'opposite climat babylonique,
Grande de sang sera effusion,
Que terre & mer ciel sera inique,
Sectes, faim, regnes, peste, confusion.

Dans la région (ancien français : *climat*, région) opposée à l'Irak (c'est-à-dire l'Iran) il y aura une grande effusion de sang, au point que (la guerre) sur terre, sur mer et dans le ciel sera défavorable (ancien français : *inique*, défavorable) ; et cela à l'époque des sectes, de la famine, dans les pays on connaîtra l'épidémie et la confusion.

La guerre entre l'Irak et l'Iran a débuté le 23 septembre 1980 pour se terminer le 15 août 1990, après dix années d'un carnage qui fit des centaines de milliers de morts dans les deux camps.

L'année 1980 correspond à l'apparition du Sida.

VII, 14

Faux exposer viendra topographie,
Seront les cruches des monuments ouvertes :
Pulluler secte faincte philosophie,
Pour blanches, noires & pour antiques vertes.

La fausseté sera mise à nu dans la visite des lieux ; on découvrira (ouvertes pour découvertes par aphérèse) des monuments en forme de cruches. Les sectes pulluleront par de fausses philosophies, qu'elles soient de (magies) blanches, noires ou islamiques (intégrisme, le vert est la couleur de l'Islam, emblème du Salut).

Qui n'a pas vu dans la presse les photos des temples du Mandarom avec leurs toitures en forme de cruches renversées ? On pouvait lire dans la revue *Challenges économiques* de janvier 1993 : « Le promeneur qui flâne dans la garrigue découvre, stupéfait, la "cité sainte de Mandarom", une dizaine de temples (monuments) à la gloire du Lotus d'or flanqués de statues géantes de 30 mètres de haut à l'effigie de Bouddha et de Hamsha Manarah, alias Gilbert Bourdin. » On comprend que Nostradamus se soit attardé sur cette secte implantée dans sa Provence natale.

Dans ce quatrain le mot ouvertes doit être pris dans son premier sens et aussi dans son deuxième sens de découvertes par syncope. On pouvait lire dans *L'Express* du 17 juin 1995, sous le titre « Mandarom, le gourou perd sa superbe » : « Lundi, le gourou de la secte des Chevaliers du lotus d'or a été interpellé aux aurores dans la tour en forme de lotus (cruche : même forme) qu'il quittait rarement sur les hauteurs de Castellane... Au cours de ces derniers mois, les gendarmes et les policiers de la région ont eu l'occasion de visiter le "gourouland" (*seront les cruches des monuments ouvertes*) édifié par Bourdin... »

Présage 118

Aux plus grands morts, jacture d'honneur & violence,
Professeurs de la foy, leur estat & leur secte :
Aux deux grands Églises divers bruits, decadence,
Maux voisins querellans serfs d'Église sans teste.

(Ancien français : *jacture* : perte.)

Les professeurs de la foi célèbres et morts (Monseigneur Lefebvre et Monseigneur Gaillot ?) perdront leur honneur, leur énergie, leur état (ecclésiastique) et leur secte : tumultes et décadence atteindront les deux grandes Églises (catholique et protestante), à cause de mauvais fidèles qui se querelleront avec les serviteurs de l'Église, sans (tenir compte) des Évangiles (ancien français : *teste*, livre des Évangiles).

Le mot violence est utilisé ici dans le sens d'*énergie de caractère* en référence à la phrase de l'Évangile de Matthieu (XI, 12) : « Le royaume du ciel souffre violence, et les violents le ravissent », ce qui signifie : on ne peut gagner le ciel qu'en déployant une grande énergie de caractère.

Les Églises catholique et protestante s'inquiètent de la montée et de la multiplication des sectes. Dans *Le Monde* du 12 octobre 1991, à l'occasion du voyage de Jean-Paul II au Brésil, on apprenait que « le développement des mouvements religieux parallèles, souvent considérés comme des sectes, qui inquiètent jusqu'aux Églises protestantes, dont ils se réclament souvent ».

Présage 109

Pulluler peste. les sectes s'entrebattre,
Temps modéré, l'hiver peu de retour :
De messe et presche grievement foy debattre,
Inonder fleuves, maux mortels tout autour.

Pendant qu'une épidémie (Sida ou autre) se répandra, les sectes s'entre-battront. La température sera douce ainsi que l'hiver : on débattra des préjudices (ancien français : *grieve*, préjudice) causés à la messe et dans les sermons, pendant que les fleuves inonderont, avec des malheurs et des morts tout autour.

L'hiver 1995 a été particulièrement doux et pluvieux. La moitié nord de la France, la Belgique et la Hollande ont connu des inondations. Tous les records de pluviométrie ont été battus depuis qu'on fait des statistiques. Des fleuves tels que la Seine ou le Rhin sont sortis de leur lit. Les dégâts ont été considérables, avec plusieurs morts.

La destitution de Monseigneur Gaillot a été l'occasion de manifestations, de débats et de prêches dans les églises. Monseigneur Gaillot n'a-t-il pas dit sa dernière *messe* dans la cathédrale d'Évreux, le 22 janvier 1995 ? Le communiqué lui retirant l'évêché d'Évreux précisait que cet évêque « ne respectait pas ses engagements sur certains points relatifs à la foi, au magistère du Saint-Père et à la discipline canonique ». Enfin, Monseigneur Lustiger a noté : « Nous voyons depuis dix ans Jacques Gaillot s'enfoncer dans un chemin *sectaire.* »

La guerre en Yougoslavie

En 1980, dans *Nostradamus historien et prophète,* on pouvait lire comme titre du 32e quatrain de la centurie II : « La Yougoslavie livrée au massacre. » Force est de reconnaître qu'à cette époque, il était impossible de prévoir « rationnellement » la situation actuelle dans l'ex-Yougoslavie. Voici donc le quatrain d'où était extraite cette prophétie alors surprenante :

> Lait, sang grenouilles escoudre en Dalmatie,
> Conflit donné, peste près de Balennes,
> Cri sera grand par toute Esclavonie,
> Lors naîtra monstre près et dedans Ravenne.

Au premier coup d'œil, on ne peut que trouver ce texte bien abstrus. Comme la plupart des écrits prophétiques de Nostradamus, celui-ci demande un travail de recherche minutieuse pour parvenir à le mettre à plat et à le transcrire en langage moderne. En voici la traduction : après la douceur de vivre (*lait,* symbole de douceur utilisé sept fois par Nostradamus), le sang du peuple coulera en Yougoslavie (les *grenouilles,* nous dit le dictionnaire, figurent tous les peuples de l'histoire, et aussi tous les braves gens qui ne sont pas contents de leur situation). Lorsque le conflit aura éclaté, il y aura une peste (brune) près de Ballenstedt (Balennes, francisation et raccourci par apocope du nom d'une petite ville de l'ex-RDA) ; alors, le cri (du peuple) sera grand à travers toute l'Esclavonie (ancienne province de l'Empire austro-hongrois dont le comitat de Syrmie avait pour chef-lieu Vukovar) ; cette ville a été détruite à 80 %. Puis on verra une calamité près et dans Ravenne. Rappelons tout d'abord que la guerre en Yougoslavie a bien commencé sur la côte dalmate avec le blocus et le bombardement des villes de

Dubrovnik (l'ancienne Raguse), de Zadar et de Pula. La traduction, faite en 1980, de Balennes en Ballenstedt (petite ville de l'ex-RDA) tient à deux raisons : tout d'abord Nostradamus a indiqué qu'il avait placé dans son texte des noms de lieux comme points de repère, ensuite la préposition *près de* indique qu'il s'agit bien d'un nom géographique.

Que vient donc faire Ballenstedt avec la situation dans les Balkans ? *Le Monde* du mardi 15 septembre 1992, au sujet des violences racistes dans l'ex-RDA, nous apprenait que « les affrontements les plus graves avaient eu lieu à Quedlingburg, en Saxe-Anhalt, une vieille ville historique qui fut le siège du Saint Empire romain germanique au début du millénaire et qui avait connu une certaine renaissance sous le IIIe Reich ». La ville de Quedlinburg est à environ douze kilomètres de Ballenstedt (*près de*, écrivait Nostradamus !). Ces violences ont contraint les autorités de la ville à fermer le foyer d'immigrés qui avait été l'objet de ces attaques d'extrémistes. Il est fréquent de voir Nostradamus relier dans un même quatrain des événements contemporains se déroulant dans des endroits différents et n'ayant, en apparence, aucun lien entre eux. Quant aux cris du peuple en Esclavonie, nul n'a oublié les images télévisées de la ville martyre de Vukovar. Enfin, en ce qui concerne Ravenne, la radio nous apprenait, le dimanche 20 septembre, qu'une manifestation violente et raciste des néo-fascistes venait d'avoir lieu à Ravenne. Quelles arguties trouveront les détracteurs de Nostradamus pour prétendre qu'il n'y a pas là des précisions, *a minima*, plus que troublantes ?

L'affaire des Balkans est loin d'être terminée et ne fait que commencer. Voyons donc les autres quatrains de Nostradamus qui se rapportent à cette situation dramatique :

IX, 60

Conflit Barbare en la Cornere Noire,
Sang épandu trembler la Dalmatie,
Grand Ismael mettra son promontoire,
Ranes trembler, secours Lusitanie.

Un conflit sera déclenché par les musulmans à Istanbul et dans la mer Noire (Nostradamus a fait un raccourci dont il est coutumier, en joignant les mots de Corne d'Or, quartier d'Istanbul, et de mer Noire). Le sang sera répandu en Yougoslavie qui tremblera (sous les bombardements). Rappelons qu'au XVIe siècle, Ismaël Ier fonda en Perse la dynastie des Sophis. Nostradamus désigne donc sous cette appellation le chef d'État de l'Iran. Or il y a eu, en septembre, à Téhéran, une manifestation de soutien aux musulmans de Bosnie. Le 15 septembre 1992, sous le titre « Le grand frère turc des musulmans de Bosnie », le journal *Libération* nous rappelait que « plus de quatre millions de musulmans descendants d'émigrés des Balkans vivent à Istanbul, où les réfugiés bosniaques continuent d'affluer, renforçant une communauté qui presse les autorités d'intervenir à Sarajevo ».

Ce quatrain nous montre combien les Européens sont inconscients en laissant couver un incendie qui ne demande qu'à s'étendre. Il a gagné le Kosovo. Atteindra-t-il la Macédoine et l'Albanie voisines ? Nostradamus conclut son quatrain en nous indiquant que le secours viendra du Portugal dont l'ancien nom était la Lusitanie. S'agit-il d'une conférence ou d'un événement prochain ? Il est trop tôt pour le savoir, car, comme souvent, Nostradamus relie dans un même texte des événements qui se déroulent dans des temps et dans des espaces différents.

Dans *Le Figaro* des 9 et 10 janvier 1999, on pouvait lire : « La menace de frappes de l'OTAN a permis en octobre de parvenir à un cessez-le-feu au Kosovo. Mais, aujourd'hui, la guerre risque de reprendre. Le secrétaire général de l'Alliance atlantique, Javier Solana, souligne que la communauté internationale pouvait difficilement se mobiliser davantage. Il en appelle à une *"initiative politique"* afin que le Kosovo ne soit pas *"la chronique d'une guerre annoncée"*. »

Comme dans le quatrain précédent, Nostradamus utilise le mot grenouilles pour indiquer qu'il s'agit bien du sang du peuple qui est répandu (en latin, *rana* signifie grenouille – cf. II, 32).

II, 84

Entre Campaigne, Sienne, Flora, Tuscie,
Six mois neuf jours ne pleuvra une goutte,
L'estrange langue en terre Dalmatie,
Courira sus, vastant la terre toute.

Entre la Campanie (Naples), la Toscane (Sienne et Florence) et l'Ombrie (la Tuscie comprenait l'Étrurie et l'Ombrie), il ne pleuvra pas pendant six mois et neuf jours. On entendra parler une langue étrangère (arabe ?) en Dalmatie ; ces étrangers l'occuperont et dévasteront la terre. Il est trop tôt pour dire quelle langue étrangère sera entendue en Dalmatie : l'arabe, le russe, le chinois ?

IX, 30

Au port de PUOLA et de Saint-Nicolas,
Péril Normande au goulfre Phanatique,
Cap. de Bisance rues crier hélas,
Secours de Gaddes et du gand Philippique.

Dans le port du Pula (l'ancien nom de ce port dalmate est Palou dont Nostradamus a fait un anagramme) et à Venise (Saint-Nicolas est un quartier de Venise) le péril viendra d'hommes du Nord (Allemands qui sont au nord de la Dalmatie ou Russes dont le pays occupe tout l'hémisphère Nord européen et asiatique ?) dans le golfe de Kvarner dont l'ancien nom est le golfe Flanatique, enfoncement de l'Adriatique entre l'Illyrie et l'Istrie (il y a ici une faute de typographie : *h* au lieu de *l* à Flanatique). On entendra crier dans les rues de la capitale Istanbul, puis le secours viendra de Cadix (dont l'ancien nom est Gades) et du roi d'Espagne. Nostradamus désigne, peut-être, ici Juan Carlos Ier, descendant direct de Philippe V d'Espagne ; il a ajouté la terminaison *ique* pour les besoins de la rime. Ces secours du Portugal et d'Espagne donnent une grande importance à venir à la péninsule Ibérique.

VIII, 83

Le plus grand voile hors du port de Zara
Près de Bisance fera son entreprise :
D'ennemi perte et l'ami ne sera,
Le tiers à deux fera grand pille et prise.

La plus grande flotte (ou flotte aérienne ; Nostradamus utilise le mot voile pour désigner les avions dont les premiers modèles étaient en toile) sortira du port de Zadar, dont l'ancien nom est

Zara, et lancera son opération près d'Istanbul et provoquera une grande perte de ses ennemis. Rappelons que la guerre en Yougoslavie a commencé en Dalmatie avec le blocus et le bombardement par la flotte fédérale des ports de Zadar et Pula ainsi que de Dubrovnik. Le tiers (de la Yougoslavie) fera de grands dégâts et du pillage au deux autres tiers (la Serbie représente à peu près le tiers de l'ex-Yougoslavie !). Nostradamus ajoute dans le quatrain suivant que nul ne sera capable d'éteindre l'incendie :

IV, 82

Amas s'approche venant d'Esclavonie,
L'Olestant vieux cité ruinera :
Fort désolée verra sa Romanie,
Puis la grand flamme éteindre ne sçaura.

Des armées venant de Croatie (autrefois l'Esclavonie) s'approchent. Le destructeur (Olestant vient d'un mot grec ὀλέσθαι, *olesthai*, qui signifie faire périr) ruinera une vieille ville. La Bosnie sera fort désolée (*Romania planina* est le nom ancien de la chaîne de montagne qui domine Sarajevo), puis on ne saura pas éteindre l'incendie de la guerre.

Une des villes principales d'Esclavonie est Vukovar ; après sa destruction, l'armée fédérale serbe est venue s'installer sur les montagnes qui dominent Sarajevo pour bombarder et assiéger cette cité dont l'ancien nom était Bosna-Séraï. Ce destructeur serait-il le général Ratko Mladic ? Dans un numéro spécial de novembre 1992 de *Libération*, consacré à Sarajevo, sous le titre « Ratko Mladic, la brutalité » on lit : « L'homme qui avait menacé de raser le port de Split, est poursuivi par la Croatie pour génocide contre des civils dans plusieurs villages de l'arrière-pays dalmate... » En mai 1992, ce général était nommé commandant en chef des forces serbes de Bosnie. Quant à cette guerre qui s'éternise, on constate avec quelque effarement que ni l'Europe des Quinze, ni les États-Unis, ni l'ONU ne sont capables d'y mettre un terme.

Le feu couve...

Une épidémie : Sida, Ébola ou autre ?

Dans plusieurs quatrains précédemment commentés, le mot peste apparaît associé à famine. On sait, en outre, aujourd'hui, que les Russes ont conservé des laboratoires secrets qui travaillent à la mise au point d'armes biologiques.

IV, 48

Planure Ausonne fertile, spatieuse,
Produira taons si tant de sauterelles,
Clarté solaire deviendra nubileuse,
Ronger le tout grand peste venir d'elles.

Planure est la francisation de *planura* qui signifie en latin plaine. Ausonia est l'ancien nom de l'Italie. La grande plaine riche d'Italie est la vallée du Pô. Les taons et les sauterelles représentent dans plusieurs quatrains des armes aériennes (avions et fusées). Produire vient de *producere* qui signifie en latin conduire, amener.

Dans la plaine fertile et spatieuse d'Italie, on amènera une si grande quantité de fusées et d'avions que la clarté du soleil sera comme couverte de nuages. Une épidémie viendra de ces armes et rongera tout.

Comme précédemment, le quatrain suivant réunit plusieurs signes précurseurs : la crise économique, la famine, la guerre (ex-Yougoslavie), les massacres (épuration ethnique, terrorisme, Rwanda, etc.) et épidémie.

VIII, 17

Les bien aisez subit seront desmis,
Le monde mis par trois freres en trouble,
Cité marine saisiront ennemis,
Faim, feu, sang, peste, & de tous maux le double.

En ancien français, *desmetre* signifie dépouiller.

Les riches seront subitement dépouillés. Le monde sera troublé par trois frères (trois pays islamiques ?) et les ennemis s'empareront de la cité marine (Marseille ? Voir plus loin les nombreux quatrains concernant cette ville). On connaîtra alors la famine, la guerre, les massacres, l'épidémie, et encore le double de tous ces maux.

VIII, 84

Paterne aura de la Sicile crie,
Tous les aprests du goulphre de Trieste :
Qui s'entendra jusqu'à la Trinacrie,
De tant de voiles fuy, fuy l'horrible peste.

Paterno est une ville de Sicile à l'ouest de Catane, *apreste* signifie préparatif. La Trinacrie est l'ancien nom de la Sicile. Voiles est utilisé pour avions ou bateaux.

Il y aura des cris à Paterno en Sicile à cause des préparatifs du golfe de Trieste (mer Adriatique) qui s'entendront jusqu'à la Sicile. De tant d'avions fuyez, fuyez l'horrible épidémie.

Présage 27 mai

La mer Tyrrhene de differente voile.
Par l'Océan seront divers assaults :
Peste, poison, sang en maison de toile,
Presults, Legats esmeus marcher mer haut.

Presults est mis pour présulats qui signifie en ancien français conseil, assemblée des chefs.

À cause de plusieurs avions ou bateaux dans la mer Tyrrhénienne, plusieurs attaques viendront de l'océan Atlantique, les gens atteints par l'épidémie, la drogue ou blessés seront dans les tentes (hôpitaux militaires de campagne)

Dans la *Lettre à Henry, roy de France second*, Nostradamus écrit à propos du conflit à venir et des persécutions contre les chrétiens : « Alors il sera fait aux Églises plus de persécutions qu'il n'en fut jamais faites. Et sur ces entrefaites commencera une si grande pestilence que plus des deux tiers de l'humanité périront. À tel point qu'on ne connaîtra plus le propriétaire des champs et des maisons et que l'herbe poussera dans les rues des villes plus haute que les genoux. » Il est fort probable que le virus du Sida serait incapable de réaliser un tel dépeuplement annoncé.

CHAPITRE IV

Islam-chrétienté : treize siècles d'affrontements

Comment comprendre les événement qui secouent les pays occidentaux chrétiens et les nations islamiques au XXe siècle, si l'on ne se penche pas sur l'histoire tumultueuse de ces deux ensembles au cours des siècles précédents ? C'est pourquoi on trouvera ci-après un inventaire des affrontements incessants entre ces deux entités géographiques et culturelles opposées depuis la conquête de la Syrie chrétienne en 636 par les Arabes jusqu'à nos jours.

Un peu plus d'un dixième des centuries de Nostradamus est consacré à ce sujet, soit plus de cent quatrains ; ce qui signifie l'importance de ce problème dont l'acuité est chaque jour plus évidente. La création de l'État d'Israël par les puissances chrétiennes, en 1948, a creusé un peu plus le fossé entre Islam et chrétienté.

622	An I de l'Hégire – début de l'Islam.
626-638	Occupation de la Perse – Prise de Jérusalem et d'Antioche.
636	Conquête de la Syrie par les Arabes.
639-644	Conquête de l'Égypte.
646-666	Conquête de l'Arménie.
647	Conquête de l'Afrique du Nord jusqu'aux marches des possessions byzantines.
649	Prise de Chypre.
654	Prise de Rhodes.
656	Naissance du chiisme.
674-678	Siège de Constantinople par les Arabes.
698	Prise de Carthage, cité byzantine.
709	Les Arabes achèvent la conquête du Maghreb et s'emparent de Ceuta, face à l'Espagne.
711	Le chef arabe Tarik Ibn Ziyad débarque en Espagne et occupe Cordoue et Tolède.
714	Les Arabes prennent Saragosse et se rendent maîtres de toute la péninsule Ibérique.

719	Les Arabes franchissent les Pyrénées, s'emparent de Narbonne et Carcassonne, et pillent Autun.
721	Prise de Toulouse par les Arabes.
732	Charles Martel bat une petite armée arabe à Poitiers, marquant ainsi la fin de l'invincibilité arabe.
740	Soulèvement général du Maghreb berbère contre l'occupant ; Arabes et Syriens noient cette révolte dans le sang et n'en viennent à bout qu'en 761.
746	Constantin V, empereur de Byzance, envahit la Syrie et reprend Chypre.
751	Pépin le Bref entreprend la conquête de la Septimanie (Languedoc) et la réunit à l'Empire franc.
758	Défaite des Francs à Roncevaux.
759	Pépin le Bref reprend Narbonne et chasse les Arabes du Bas-Languedoc.
791	Alphonse II, roi des Asturies, prend Lisbonne aux Maures.
793	Les Arabes sont expulsés des Corbières.
800	Les musulmans de Tunisie envahissent la Sicile.
807	Haroun al-Rachid reconnaît les droits des Francs sur les Lieux saints.
808	Raids sarrasins dans les campagnes romaine et napolitaine.
809	Pillage de la Corse et de la Sardaigne.
813	Pillage de Nice.
827	Bernard de Septimanie bat les musulmans devant Barcelone.
828	Les Sarrasins pillent Arles.
836	Les Sarrasins pillent Marseille.
840	Les Arabes prennent Bari, reprise par les empereurs grecs l'année suivante.
842	Prise de Messine et de Tarente par les Arabes.
846	Raids sarrasins contre Rome.
849	Raids sarrasins en Provence.
872	Basile Ier, empereur d'Orient, lance une vaste campagne de reconquête contre l'Islam.
890	Les Sarrasins s'installent à La Garde-Freinet (Var), et, depuis ce verrou stratégique, lancent des raids en Suisse, jusque dans le Valais.
902-1091	Occupation de la Sicile par les musulmans.

915	Pillage et destruction de Fréjus par les Sarrasins.
939	Ramire II, roi de León et des Asturies, bat les musulmans à Samancas.
965-969	Nicéphore II Phocas, empereur de Byzance, reprend la Cilicie (sud-est de l'Asie Mineure), Chypre et la Syrie aux musulmans.
970	Jean Ier Tsimiskès, empereur d'Orient, reconquiert la Palestine moins Jérusalem.
997	El-Mansour guerroie contre les royaumes chrétiens et s'empare de Compostelle.
1009	Le calife fatimide al-Hakim fait détruire le Saint-Sépulcre.
1022	Les musulmans sont chassés de Sardaigne avec l'aide des Génois et des Pisans.
1029	Sanche III, roi de Navarre, s'empare de la Castille.
1037	Jean, frère de l'empereur d'Orient Michel IV, obtient par la négociation la restauration du Saint-Sépulcre.
1047	Pillage du monastère de Lérins (côte varoise) par les Sarrasins.
1064	Croisade bourguignonne contre les Maures en Espagne. Ani, capitale byzantine d'Arménie, est détruite par les Turcs Seldjoukides.
1071	Les Grecs sont chassés d'Anatolie par les Turcs.
1072	Alphonse VI, roi de Castille, prend Tolède aux Maures.
1086	Alphonse VI, roi de Castille, est battu par les Almoravides venus du Maroc.
1091	Les Arabes sont chassés de Sicile.
1095	Le concile de Clermont décide la Ire croisade. Au cours de ce concile, le pape Urbain II lance un appel à la guerre sainte pour libérer les Lieux saints.
1099	Prise de Jérusalem par les croisés qui massacrent musulmans et... juifs !
1100	Baudoin Ier, frère de Godefroi de Bouillon, devient roi de Jérusalem.
1118	Alphonse Ier, roi d'Aragon et de Navarre, prend Saragosse aux Maures.
1124	Premières colonies vénitiennes en Palestine.
1130	Roger, roi de Sicile, occupe les côtes d'Afrique du Nord, de Tripoli à Bône.

1146 IIe croisade en Palestine.

1161 Salah ad-Din (Saladin en Occident) s'empare de la Syrie.

1173 L'armée de Manuel Ier, empereur de Byzance, est écrasée en Anatolie.

1187 Salah ad-Din prend Jérusalem aux Francs.

1189-1192 IIIe croisade pour libérer Jérusalem ; échec.

1202-1204 IVe croisade.

1212 Les troupes musulmanes sont battues par les rois de Castille et d'Aragon et de Navarre.

1219-1221 Croisade contre les Sarrasins en Égypte.

1227-1229 VIe croisade. L'empereur d'Allemagne Frédéric Ier Barberousse, se fait livrer Jérusalem sans coup férir et se proclame « roi de Jérusalem ».

1248 VIIe croisade. Louis IX (Saint Louis) embarque à Aigues-Mortes pour l'Égypte.

1250 Louis IX, battu, est fait prisonnier.

1260 Les mamelouks d'Égypte chassent les Francs de Syrie.

1262 Prise de Cadix. Seul le royaume de Grenade reste musulman.

1270 VIIIe croisade. Louis IX embarque pour Tunis avec ses trois fils et le prince Édouard d'Angleterre. Il y meurt à peine arrivé.

1281-1284 Guerre sainte des Ottomans contre l'empire byzantin.

1291 Les Francs perdent Tyr, Sidon (Saïda) et Beyrouth. Fin des États croisés.

1326 Conquête de l'Anatolie par les Ottomans.

1359 Mourad Ier bat les Byzantins, les Bulgares et les Serbes.

1383 Les Ottomans prennent Thessalonique.

1389 Bajazet, sultan ottoman, s'empare d'Athènes et du Péloponnèse (Morée).

1396 La Bulgarie est soumise par les Turcs.

1434 Christianisation de l'Éthiopie.

1444 Le Hongrois Jean Hunyadi et le roi de Pologne Ladislas III sont battus à Varna en Bulgarie par le sultan Mourad II.

1453 Prise de Constantinople par Mahomet II. Fin de l'Empire chrétien d'Orient.
Les Vénitiens sont battus en Grèce par les Ottomans.

1492	Ferdinand II, roi d'Aragon, prend Grenade et termine ainsi la Reconquête.
1521	Soliman le Magnifique prend Belgrade.
1522	Soliman le Magnifique occupe Rhodes.
1526	Soliman le Magnifique bat Louis II, roi de Hongrie, et brûle Buda.
1529	Soliman le Magnifique assiège Vienne.
1535	Charles Quint s'empare de Tunis.
1565	Les Ottomans assiègent Malte.
1568	Le sultan Sélim II fait la paix avec Maximilien d'Autriche.
1571	Sélim II, après s'être emparé de Chypre, est battu à Lépante par Don Juan d'Autriche.
1574	Sélim II reprend Tunis aux Espagnols.
1595-1600	Les Turcs sont chassés de Valachie, de Moldavie (Roumanie) et de Transylvanie (Hongrie).
1603	Le sultan Ahmed II s'allie aux Hongrois contre l'empereur Rodolphe et lui impose la paix de Vienne.
1609	Expulsion des 300 000 Maures d'Espagne.
1664	Défaite ottomane de Saint-Gotthard (Hongrie) par l'empereur Léopold Ier, aidé d'un corps expéditionnaire français.
1671	Les puissances occidentales doivent payer tribut au dey d'Alger pour la libre circulation en Méditerranée, aux mains des redoutables corsaires barbaresques.
1672	Moulay Ismaïl reconquiert Tanger sur les Anglais.
1677	Jean III Sobieski, roi de Pologne, bat les Turcs à Khotin.
1683	Siège de Vienne par les Turcs. Les armées de Jean Sobieski, roi de Pologne, et de Charles V, duc de Lorraine, arrivées en renfort, sauvent la ville.
1699	L'armée turque est défaite à Zentha (Hongrie). Important recul de l'Empire ottoman en Europe au profit de la Hongrie, de la Pologne et de la Russie.
1710	Guerre entre la Russie et l'Empire ottoman.
1736-1738	Guerre entre la Turquie et la Russie qui occupe la Crimée.
1770	La flotte russe anéantit la flotte ottomane près de Smyrne. Soulèvement en Grèce contre l'occupant turc

1787-1788 Guerre de la Turquie contre la Russie et l'Autriche.
1798-1799 Expédition française de Bonaparte en Égypte.
1804 Guerre russo-perse. Les Russes annexent la Géorgie, le Daghestan et Bakou.
1806 Guerre russo-turque. La Russie annexe la Bessarabie.
1821-1829 Guerre d'indépendance de la Grèce.
1822 Massacres de Chio et Tripolis.
1827 La flotte franco-anglo-russe anéantit la flotte turque à Navarin.
1828 Les armées russes envahissent la Turquie.
1830 Un corps expéditionnaire français occupe Alger.
1831 L'armée française s'empare d'Oran.
1837 Prise de Constantine par les Français.
1839 Massacre d'Européens dans la Mitidja (département d'Alger).
1847-1857 Conquête totale de l'Algérie et défaite des armées marocaines.
1859 Les armées du sultan du Maroc Mohamed IV sont écrasées par les Espagnols.
1879 Occupation de Kaboul (Afghanistan) par les Anglais.
1881 Protectorat français sur la Tunisie.
1882 Révolte en Égypte contre les Français et les Anglais. Occupation du pays.
1894-1896 Massacre d'Arméniens par les Turcs.
1906 Reconnaissance, à la conférence d'Algésiras, des droits spéciaux de la France sur le Maroc.
Intervention militaire française à Fès.
1914 Les Anglais occupent Bassora, Bagdad et Kirkouk. L'Irak est placé sous mandat britannique.
1915 Affrontement anglo-turc sur le canal de Suez.
Les Turcs massacrent un million d'Arméniens.
1916 Expédition franco-anglaise dans les Dardanelles contre la Turquie.
1917 Les Anglais prennent Jérusalem, défendue par des troupes germano-turques.
1918 Occupation des détroits de Constantinople par les troupes franco-anglaises.
1919 L'armée grecque débarque à Smyrne et y massacre les Turcs.

La Libye est conquise par les Italiens.
Les Anglais sont battus en Afghanistan qui devient indépendant.

1920 L'Angleterre cède à la France un mandat sur la Syrie et le Liban.

1921 Les Anglais créent l'État indépendant de Transjordanie.

1921-1926 Guerre du Rif (Maroc). Les armées française et espagnole écrasent les troupes d'Abd el-Krim et capturent celui-ci.

1922 Les Turcs massacrent les Arméniens de Smyrne.

1936 L'armée anglaise évacue l'Égypte, moins Suez.

1940-1945 Les armées des pays européens s'affrontent en terre musulmane (Tunisie, Libye, Égypte, Syrie, Palestine).

1945 Émeutes à Sétif (Algérie). Massacre d'une centaine d'Européens. 5 000 musulmans sont massacrés en représailles.
Fondation de la Ligue arabe : Égypte, Jordanie, Syrie, Irak, Liban, Arabie Saoudite et Yémen.
Retrait des troupes françaises et anglaises de Syrie.

1947 Revendication par le Maroc de son indépendance.

1952 Émeutes antibritanniques au Caire.

1954-1962 Guerre d'indépendance de l'Algérie.

1956 Indépendance du Maroc qui adhère à la Ligue arabe.
Intervention armée d'Israël, de la France et de la Grande-Bretagne à Suez à la suite de la nationalisation du canal par Nasser.

1961 L'armée tunisienne assiège Bizerte occupée par les troupes françaises.

1973 Guerre israélo-arabe du Kippour. Les pays arabes décident l'embargo pétrolier contre les pays d'Occident qui aident Israël.

1974 Débarquement des troupes turques à Chypre et occupation du nord de l'île.

1976 L'Airbus Tel-Aviv-Paris est dérouté par un commando palestinien au départ d'Athènes vers l'aéroport d'Entebbe (Ouganda), avec 258 passagers à bord.

1977 Un pirate égyptien détourne un Airbus assurant la liaison Paris-Le Caire sur Brindisi, en Italie.

1978 Émeutes en Iran contre le régime du shah.
Intervention soviétique en Afghanistan.

1979 Abdication du shah d'Iran et instauration de la République islamique.

Opération militaire américaine qui se solde par un fiasco.

1981 Tentative d'assassinat du pape Jean-Paul II sur la place Saint-Pierre par le Turc Ali Agça.

1982 Explosion d'une voiture piégée rue Marbeuf à Paris. La France expulse deux diplomates syriens.

Explosion d'une voiture piégée devant l'ambassade de France à Beyrouth.

Assassinat du président chrétien du Liban Bechir Gémayel.

Massacre de Palestiniens par les phalanges chrétiennes dans les camps de Sabra et Chatila au Liban.

1983 Attentat contre les troupes françaises et américaines à Beyrouth revendiqué par le Djihad islamique (plus de 300 morts).

Raid américain contre les positions syriennes et druzes au sud de Beyrouth.

L'armée israélienne évacue les chrétiens assiégés par les Druzes.

Explosion d'une voiture piégée contre l'ambassade des États-Unis à Beyrouth (80 morts et 120 blessés).

Le Boeing 727 Vienne-Paris est dérouté sur Genève où 36 des 106 passagers sont libérés. 60 sont relâchés à Catane (Sicile). L'avion se pose le lendemain à Damas (Syrie) puis sur l'aéroport de Téhéran. Après trois jours de négociations, les cinq pirates se rendent et obtiennent l'asile politique en Iran.

Les troupes libyennes prennent Faya-Largeau au Tchad. La France envoie un corps expéditionnaire.

Fermeture en Iran du consulat de France à Ispahan et de l'Institut culturel de Téhéran.

Bombardement par les Syriens et les Druzes des quartiers chrétiens de Beyrouth.

L'aviation française détruit les cantonnements des milices pro-iraniennes à l'entrée de Baalbeck.

1984 Attentat à l'explosif contre le Centre culturel français à Tripoli (Liban).

Un Boeing 737 assurant la liaison Francfort-Paris est

détourné sur Genève avec 62 passagers à bord par un pirate de l'air au passeport algérien et désirant se rendre à Tripoli. Il est maîtrisé par la police suisse.

Bombardement des quartiers chrétiens de Beyrouth.

La marine américaine bombarde les positions syriennes au Liban.

Une escadre turque mitraille un torpilleur grec en mer Égée.

Un Boeing 737 assurant la liaison Francfort-Paris, avec à son bord 58 passagers et six membres d'équipage, est détourné sur Genève par trois pirates de l'air qui réclament la libération des cinq auteurs de la tentative d'assassinat à Paris contre l'ancien Premier ministre du shah, Chapour Bakhtiar. L'appareil se pose à Beyrouth, à Larnaka (Chypre), puis à Téhéran. Les pirates font exploser le poste de pilotage après avoir libéré leurs otages et se rendent aux forces de l'ordre.

Les troupes françaises quittent le Liban.

Fusillade à Londres devant l'ambassade de Libye (un mort et 10 blessés). Encerclement à Tripoli de l'ambassade de Grande-Bretagne par les troupes libyennes.

Signature d'un traité d'amitié entre Malte et la Libye.

1985 Attentat à l'explosif contre les édifices orthodoxes de Tripoli (Liban).

Deux diplomates français sont enlevés à Beyrouth.

L'explosion d'une bombe dans un restaurant de Madrid fréquenté par les Américains fait 18 morts. L'attentat est revendiqué par le Djihad islamique.

Deux Français, un journaliste et un chercheur, sont enlevés à Beyrouth.

Assassinat de deux observateurs français de la force d'interposition à Beyrouth.

Revendication à Saïda d'une République islamique par les extrémistes chiites.

Le Djihad islamique enlève au Liban un jésuite néerlandais qui sera retrouvé assassiné, deux Britanniques, un Américain, le vice-consul de France, un attaché de l'ambassade de France et sa fille, le directeur du Centre culturel français de Tripoli et un officier italien.

Palestiniens et milices musulmanes s'emparent des dernières positions chrétiennes autour de Saïda et à la limite du Chouf. La bourgade catholique d'Aarba est détruite par les milices druzes.
Un commando chiite détourne à Athènes un Boeing 727 de la TWA. Les 97 passagers et membres de l'équipage sont pris en otage, puis libérés.
Un commando palestinien s'empare du bateau de croisière italien *Achille-Lauro* au large des côtes égyptiennes et tue un passager juif américain.

1986 Explosion d'une voiture piégée dans le secteur chrétien de Beyrouth : 22 morts, 110 blessés.
Tirs de missiles libyens contre des avions américains de la VIe flotte. Quatre vedettes libyennes détruites, ainsi que deux bases de missiles en Libye.
Enlèvement par le Djihad islamique de quatre journalistes français d'Antenne 2.
Exécution par le Djihad islamique de Michel Seurat.
Enlèvement à Beyrouth d'un cameraman britannique.
Découverte des corps de trois otages britanniques dans le Chouf (Liban).
Tentative de bombardement libyen de l'île italienne de Lampedusa.
Enlèvement à Beyrouth d'un enseignant irlandais.
Explosion d'une bombe à bord d'un Boeing 727 de la TWA, attentat revendiqué par les « cellules révolutionnaires d'Al Kassam ».
Enlèvement et assassinat d'Arméniens au Liban.
Expulsion de Libye de 36 diplomates européens.
Enlèvement à Beyrouth du Français Camille Sontag.
Opération de police à Auvers-sur-Oise. Expulsion de Massoud Radjavi, chef des « moudjahiddin du peuple » qui se réfugie en Irak.
Attentat dans le secteur musulman de Beyrouth : 22 morts, 163 blessés.
Attentat à la voiture piégée dans le secteur chrétien de Beyrouth : 35 morts, 140 blessés.
Explosion d'une voiture piégée dans le secteur chrétien de Beyrouth : 15 morts, 40 blessés.

Accrochage dans le Sud-Liban entre les soldats français de la FINUL et des miliciens chiites d'Amal.
Interpellation en France de 14 ressortissants du Proche-Orient liés au PC libanais et au FPLP.
Trois soldats français de la FINUL sont tués et un blessé au Liban.
Parachutage français de carburant, vivres et munitions dans le Tibesti aux soldats de Goukouni Oueddei qui se battent contre les troupes libyennes.

1987 Enlèvement au Liban d'un journaliste français, Roger Auques, de deux ressortissants allemands, de deux Libanais d'origine arménienne, puis de trois Américains.
Attaque iranienne dans le golfe Persique d'un bâtiment soviétique.
Attaque par la chasse iranienne dans le golfe Persique de la frégate américaine *Stark* : 38 morts et disparus.
Enlèvement d'un diplomate britannique à Téhéran, puis du journaliste américain Charles Glass à Beyrouth-Ouest.
Attaque entre Koweït et Bahrein du porte-conteneurs français *Ville-d'Anvers* par deux vedettes iraniennes.
Rupture des relations diplomatiques avec l'Iran.
Défilé en armes du Hezbollah dans la banlieue sud de Beyrouth, au cri de : « Mort aux États-Unis et à la France ! »
Les États-Unis envoient dans le golfe Persique des vedettes rapides, le cuirassé *Missouri* et le porte-hélicoptères *Guadalcanal*.
Un navire iranien est mitraillé par des hélicoptères américains, alors qu'il mouillait des mines.
Un pétrolier américain est touché dans les eaux koweïtiennes par un missile iranien.
Attaque américaine contre deux plates-formes iraniennes reconverties en bases militaires.
Deux gendarmes français tués et un autre blessé dans la banlieue chrétienne de Beyrouth.

1988 Assassinat, à Beyrouth-Ouest, d'un agent français de la DGSE qui enquêtait sur l'assassinat d'un autre Français.
Enlèvement au sud de Saïda de deux fonctionnaires des Nations unies : un Suédois et un Norvégien.

Enlèvement, au Liban, d'un officier américain de l'ONU.
Enlèvement, au Liban, du directeur pour le Proche-Orient de l'organisation caritative britannique OXFAM.
Six navires de la flotte américaine bombardent les plates-formes pétrolières iraniennes de Sirri et de Sassan, et coulent trois frégates iraniennes.
Expulsion de France de l'homme d'affaires syrien Omrane Adham.
Le croiseur américain *USS-Vincennes* abat un Airbus civil iranien : 290 morts.
Enlèvement à Saïda d'un ressortissant suisse de la Croix-Rouge.

1989 15e année de guerre du Liban entre chrétiens et musulmans.
Deux Mig-23 libyens sont abattus par deux F-14 américains au-dessus de la Méditerranée.
Le Parlement iranien vote la rupture des relations diplomatiques avec Londres.
Évacuation au nord de Beyrouth de 14 blessés chrétiens à bord du navire-hôpital français *La Rance*.
Le président du Parlement iranien, Hachemi Rafsandjani, appelle les Palestiniens à « tuer des Américains, des Britanniques ou des Français, et à attaquer leurs intérêts dans le monde », en représailles contre « la brutalité sioniste en Palestine ».
Un Airbus assurant la liaison Paris-Alger est détourné par un ressortissant algérien frappé d'une mesure d'expulsion du territoire français. Le pirate est maîtrisé peu après l'arrivée de l'appareil à Alger.
Offensive des milices druzes et des forces palestiniennes pro-syriennes contre le verrou chrétien de Souk el-Gharb.
Le pape Jean-Paul II dénonce le génocide perpétré par les Syriens contre les chrétiens du Liban.
Assassinat à Beyrouth du président chrétien René Mohawad.

1990 Le roi Hassan II se déclare hostile à l'intégration des immigrés en France.
Suite à l'invasion du Koweït par l'Irak, le porte-avions

américain *Independance* ainsi que huit navires de guerre font route vers le golfe.
Envoi du porte-avions *Clemenceau* dans le golfe.
Saddam Hussein lance un appel à la guerre sainte.
Blocus naval des États-Unis contre l'Irak.
À Téhéran, l'ayatollah Khamenei appelle à la guerre sainte contre les États-Unis.
Offensive syrienne contre le réduit chrétien du général Aoun à Beyrouth. Massacres et pillages perpétrés par les Syriens.
Assassinat près de Beyrouth du dirigeant maronite Dany Chamoun, de sa femme et de ses deux enfants.
Monseigneur Michel Dubost, aumônier général français des armées, interdit d'entrée en Arabie.

1991 Manifestations antiaméricaines dans les pays du Maghreb, en Jordanie et au Pakistan.
Le 17 janvier, déclenchement de l'opération *Tempête du désert* contre l'Irak (bombardement des sites stratégiques).
À Rabat, manifestation de soutien à l'Irak.
Tutelle de la Syrie sur le Liban.
Enlèvement à Beyrouth d'un administrateur français de Médecins du monde, Jérôme Leyraud.

1992 En Azerbaïdjan, affrontements entre Azéris et Arméniens.
Grève générale des chrétiens au Liban contre les élections législatives.
En Bosnie, combats entre Croates et musulmans.
Un Mig-25 irakien est abattu par un F-16 américain.

1993 Bombardement par l'aviation alliée de huit objectifs militaires dans le sud de l'Irak.
Tirs de missiles américains contre une installation militaire proche de Bagdad.
Le général Morillon est retenu par des civils dans l'enclave musulmane de Srebrenica.
Prise de la ville azérie de Kalbajan par les Arméniens.
En Bosnie, désarmement des musulmans de Srebrenica par les Casques bleus.
23 missiles de croisière américains tirés contre le quartier général des services secrets irakiens à Bagdad.

En Algérie, deux jeunes géomètres français sont retrouvés assassinés.
En Algérie, enlèvement de trois fonctionnaires du consulat de France à Alger.
En Égypte, deux Américains et un Français tués par balles à l'hôtel *Sémiramis* au Caire.
Assignation à résidence dans l'Ariège du président de la fraternité algérienne en France, Djaffar el-Houari.
En Algérie, assassinat par balles d'un homme d'affaires espagnol, d'un retraité français, d'une Russe et d'un informaticien britannique. 12 coopérants croates sont égorgés.
À Beyrouth, attentat au camion piégé contre le siège du parti phalangiste chrétien.
Au Caire, sept Autrichiens blessés dans un attentat contre un car de tourisme.

1994 À Alger, assassinat d'une employée française au consulat de France, puis assassinat dans la casbah d'un journaliste français, Olivier Quémener.
En Algérie, assassinat, en Petite Kabylie, d'un technicien russe de la centrale électrique de Jijel.
À Alger, assassinat du Français Joaquim Grau.
Au Liban, attentat, au nord de Beyrouth, dans une église maronite au cœur du pays chrétien (10 morts, 60 blessés).
Assassinat de deux Français dans la banlieue d'Alger.
En Bosnie, l'enclave musulmane de Gorazde est assiégée.
En Algérie, deux religieux français sont assassinés dans la casbah, le père Henri-Barthélemy Vergès et la sœur Paule-Hélène Saint-Raymond.
En Algérie, sept marins italiens sont égorgés à bord du *Lucina*, dans le port de Djendjen. Quatre Russes, deux Croates et un Roumain sont également assassinés.
Au sud-ouest d'Alger, un commando des Groupes islamiques attaque la cité diplomatique d'Aïn Allah : quatre gendarmes français et deux agents consulaires de l'ambassade de France tués.
Dans le sud-ouest de l'Algérie, une infirmière française est blessée par balles à Sig.

À Marrakech, attaque de l'hôtel Atlas-Asni (deux touristes espagnols tués).

Un ingénieur français est retrouvé égorgé à Hammadi, au sud-est d'Alger.

Un Français est retrouvé assassiné à Bouira, au sud-est d'Alger.

Renvoi de six jeunes filles portant le voile islamique du lycée Saint-Exupéry de Mantes-la-Jolie et d'une élève de CM1 à Clermont-Ferrand.

1995 Algérie : un commando prend en otages l'équipage et les passagers d'un Airbus d'Air France sur l'aéroport d'Alger.

Assassinat, revendiqué par le GIA, de quatre pères blancs dans leur presbytère de Tizi-Ouzou.

L'Armée islamique du salut (AIS) déclare que « la guerre contre la France est devenue un devoir légal ».

Assassinat d'un vingt-sixième Français à Alger, Joseph Belaïche, président de la communauté israélite de la ville.

Bosnie : rupture par les musulmans de la trêve entrée en vigueur le 1er janvier. Les Serbes ripostent en bombardant Tuzla.

Algérie : assassinat près d'Oran d'un employé italien et assassinat à Alger de deux religieuses catholiques.

La police découvre dans le Vaucluse et les Alpes de Haute-Provence plusieurs dépôts d'explosifs liés à un trafic à destination du GIA.

Dans un communiqué du 23 septembre signé Abou Abderrahmane Amine, le GIA revendique les attentats commis en France depuis le mois de juillet et fait état d'une lettre adressée à Jacques Chirac pour exiger sa « conversion » à l'islam.

Opération de police menée conjointement à Paris, Lyon et Lille : six interpellations dont celle de Boualem ben Saïd qui reconnaît avoir participé à la tentative d'attentat de l'avenue d'Italie, à Paris, le 6 octobre. Arrestation à Londres d'un responsable du GIA, Rachid Ramda, désigné par les enquêteurs français comme étant le « donneur d'ordres » des attentats en France depuis juillet.

Arabie Saoudite : attentat, à Ryiad, revendiqué par les Tigres du Golfe (six morts dont cinq Américains).

1996 Grèce-Turquie : incidents à propos d'un îlot de la mer Égée revendiqué par les deux pays.

Algérie : enlèvement, le 27 mars, de sept moines trappistes français dans leur monastère de Tibéhirine dans la région de Médéa. Leurs corps sont découverts le 30 mai.

Arabie Saoudite : Attentat au camion piégé sur la base aérienne américaine de Khobar, près de Dharan (19 morts).

Libye : le juge Bruguière poursuit en Libye son enquête sur l'attentat du DC-10 d'UTA (170 morts le 19 septembre 1989).

Algérie : assassinat de l'évêque d'Oran, Mgr Pierre Claverie, tué avec son chauffeur par l'explosion d'une bombe.

Chypre : Affrontement entre Chypriotes grecs et turcs le long de la « ligne verte » sous contrôle de l'ONU (deux morts, plusieurs dizaines de blessés).

Irak : Opération *Frappe du désert* : tirs de 44 missiles américains sur des sites militaires, au sud de Bagdad.

Procès de 34 islamistes impliqués dans la campagne d'actions terroristes d'août 1994 au Maroc.

1997 Bosnie : fusillade, à Mostar, déclenchée par la police croate contre un cortège de musulmans.

Europe-Iran : crise entre Téhéran et les Quinze après la mise en cause par le tribunal criminel de Berlin, de l'État iranien au plus haut niveau.

Égypte : attentat islamiste contre un car de touristes devant le musée archéologique du Caire (dix morts dont six touristes allemands).

Irak : Bagdad refoule trois Américains de l'ONU, puis expulse six membres américains de l'Unscom.

1998 Irak : Bill Clinton menace l'Irak de nouvelles frappes. Communiqué commun de la Russie et de la Chine exprimant leur opposition catégorique à un éventuel recours à la force.

États-Unis : attentats contre les ambassades américaines

de Nairobi et de Dar es-Salaam, revendiqués par une Armée islamique pour la libération des Lieux saints musulmans (258 morts dont 12 Américains). Quelques jours plus tard, frappes américaines au Soudan et en Afghanistan. La Ligue arabe proclame son soutien au Soudan.
Opération *Renard du désert* : bombardements américains et anglais sur des sites irakiens.

À suivre…

ISLAM-EUROPE
ÉVÉNEMENTS PRÉVUS PAR NOSTRADAMUS

Dans *Nostradamus historien et prophète* – tomes I et II – on trouvera les quatrains et les sixains concernant les événements passés entre l'Islam et l'Europe. En voici l'inventaire :

1565	Siège de Malte par les Turcs.
1571	Bataille de Lépante IX, 61 (t. I).
1567	Soulèvement des mahométans de Grenade et leur expulsion en 1610 III, 20 (t. II).
1686	La prise de Bude par le duc de Lorraine entraîne la fin de l'Empire ottoman en 1829 X, 62 (t. I).
1799	La campagne d'Égypte et l'administration du pays par Bonaparte I, 74 (t. I) et I, 8 (t. II).
1810-1821	Massacre de prélats et de notables grecs à Chypre III, 89 (t. I).
1822	Les massacres de Chio et l'indépendance de la Grèce V, 90 (t. I) et VI, 55 (t. II).
1827	La bataille de Navarin.
1833	Indépendance de la Grèce IX, 75 (t. I) et V, 95 (t. II).
1840-1847	Les sept années de conquête de l'Algérie IX, 89 (t. I).
1908-1919	Guerre dans les Balkans et Mustapha Kémal II, 49 (t. I).
1958	La chute de la IVe République à cause de la guerre d'Algérie III, 59 et *Lettre à Henri II* (t. I et II).
1979	L'invasion de l'Afghanistan par l'armée russe X, 31.
1981	L'assassinat du président égyptien Anouar el Sadate le 6 octobre et les conférences israélo-arabes II, 34 (t. I).

Comme il a été exposé précédemment, Nostradamus, dans son voyage dans une partie du bloc espace-temps, rapporte les événements enchevêtrés les uns dans les autres ; ce qui rend impossible tout classement chronologique. En fonction de ce principe, il ne faudra pas s'étonner de trouver des tranches d'histoire ou des faits passés après d'autres à venir. Peut-on imaginer des classements multiples des quatrains ? Sans doute. Celui qui a été réalisé ici n'a pas une importance capitale en regard du déroulement de l'histoire, puisque le prophète a une « vision » globale et panoramique du passé, du présent et de l'avenir.

LE CONFLIT ENTRE L'EUROPE ET L'ISLAM

Les événements annoncés concernant l'affrontement entre l'Occident et les pays musulmans ont un caractère catastrophique et épouvantable. Comme il a été précisé dans le préambule, il y a souvent dans les centuries une exagération des horreurs des guerres, des folies des hommes rendues terrifiantes par un récit, certes concis, mais rédigé dans un vocabulaire explicite. On peut se demander si cette méthode n'a pas un but pédagogique, pour faire réfléchir, puis réagir, afin d'atténuer l'aspect apocalyptique de l'histoire de l'homme, empêcher celui-ci de s'autodétruire et, par là même, le conduire à son salut.

Il faut ici citer les propos tenus par Michel Debré, lors de la guerre du Golfe (les références aux quatrains de Nostradamus qui suivent ont été mises en italique) : « Ce que nous vivons n'est que le début d'une nouvelle guerre de Cent Ans. Une *guerre implacable* dont l'enjeu le plus immédiat est le maintien ou la disparition de la France comme puissance européenne et *méditerranéenne.* Parce que notre flanc sud est le plus exposé à une poussée de fièvre dans le monde arabe, parce que notre natalité marque le pas depuis longtemps devant la *démographie musulmane, conquérante* s'il en est, parce que l'histoire a montré que les nations jeunes finissent toujours par imposer leur loi aux nations vieillies, il est clair que nous sommes concernés au premier chef par ce qui se passe en *Méditerranée.* »

Le 30 mars 1995, se tint à Khartoum la troisième Conférence populaire arabe et islamique. Le lendemain on pouvait lire dans *Le Monde* sous la plume de Moura Naïm, dans un article intitulé « La Conférence islamiste de Khartoum dénonce le "sionisme" et "l'impérialisme occidental" » : « M. Tourabi, secrétaire général de la conférence, éminence grise du régime soudanais, a fustigé ceux qui, en Occident, ont battu le rappel de leurs forces et *proclamé leur hostilité à l'Islam...* Il a vivement critiqué *les dirigeants arabes musulmans* qui ont *trahi* les Palestiniens et aussi *cette institution mondiale que l'on appelle l'ONU*, devenue, selon lui, *un instrument dirigé contre les pays musulmans...* En apparence les participants au forum de Khartoum sont fort différents et leurs préoccupations immédiates très diverses : Tchétchénie, Bosnie, Iran, Albanie, Kosovo, Cameroun, Bénin, Pakistan. Ils n'en ont pas moins tous un dénominateur commun : le Coran. »

Nostradamus a consacré des sixains à un personnage qu'il appelle *le pourvoyeur*. En moyen français, un pourvoyeur est un fournisseur, une personne chargée de l'approvisionnement. Ce terme désigne probablement le Fonds Monétaire International (FMI) qui approvisionne en dollars les pays en difficultés financières.

Dans le sixain suivant, Nostradamus, pour préciser le moment où se produira un événement, a indiqué une conjonction Mars, Saturne et Lune en Bélier qui ne se produit qu'une fois par siècle. Cette conjonction a eu lieu le 28 mars 1998.

Sixain 46

Le pourvoyeur mettre tout en desroute,
Sangsue & loup en mon dire n'escoute
Quand Mars sera au signe du Mouton
Joint à Saturne, & Saturne à la Lune,
Alors sera ta plus grande infortune,
Le Soleil lors en exaltation.

Au sens figuré, une sangsue est une personne qui tire de l'argent par des exactions ou tout autre moyen ; Nostradamus a-t-il voulu désigner ici la puissance de l'argent dans le capitalisme de l'Occident et l'endettement des pays émergents, dont le Japon (le Soleil-Levant) ? Cette hypothèse serait renforcée par l'alliance de la sangsue avec l'Allemagne (le loup) dont la monnaie est une des plus fortes des pays riches. En ce qui concerne le Soleil, on peut se demander si Nostradamus ne fait pas, en outre, allusion au pape Jean-Paul II dont la devise est dans la prophétie de saint Malachie, *de labore solis*, du travail du soleil. On verra dans le sixain suivant un lien entre le pourvoyeur et l'Église. En astrologie l'exaltation est une dignité planétaire qui accentue, en bien ou en mal, selon sa nature, les présages fournis par une planète dans l'interprétation d'un horoscope ; mais c'est aussi, en droit canon, la promotion à la dignité pontificale.

Le fauteur de guerre provoquera une déroute générale. Les pays riches et l'Allemagne n'écoutent pas mon propos ; le 28 mars 1998, sera ta plus grande infortune (contraire de fortune – ruine économique).

Apparemment, il ne s'est rien produit de particulier le 28 mars 1998. Cependant, il est des événements capitaux qui ne sont pas répercutés par les médias. *Le Figaro-Économie* du 1er octobre 1998, sous le titre : « Une perte de confiance devenue planétaire » écrivait : « La crise partie d'Asie a peu à peu miné toutes les relations de confiance. Les investisseurs avaient cru trouver des abris en Europe et aux États-Unis. Ils ne recherchent plus que la sécurité... Les ministres des Finances et les gouverneurs de banques centrales, qui vont se retrouver la semaine prochaine à l'assemblée générale du FMI (*le pourvoyeur*) à Washington, ont établi un diagramme qui fait ressortir les trois grandes étapes de "ce drame dont la scène est le monde", tout en identifiant les différents foyers d'incendie. *Le premier acte, qui s'est terminé en mars 1998 a été exclusivement asiatique...* Le deuxième acte est resté encore centré sur les économies asiatiques... Ce deuxième acte est marqué sur le plan financier par ce qu'on a appelé la "recherche de la qualité" de la part des investisseurs. L'argent se répand à flot sur l'Europe et l'Amérique du Nord. D'où les records boursiers qui connaîtront leur zénith le 17 juillet à New York. Fin du deuxième tableau. Le troisième commence à Moscou... Plus de doute, la crise internationale fait tomber la Russie... » En conclusion, l'article cite l'économiste John Maynard Keynes : « *Ce qui arrive en fin de compte, ce n'est pas l'inévitable, mais l'imprévisible.* »

On touche là toute la différence entre le rationaliste et le prophète. Malgré toutes leurs connaissances, nos économistes ont été incapables de prévoir « *l'imprévisible* »... *Quod erat demonstrandum*[1] !

1. QED d'Euclide (*quod erat demonstrandum*) : « Ce qu'il fallait démontrer. »

Sixain 56

Tost l'Elephant de toutes parts verra,
Quand pourvoyeur au Griffon se joindra,
Sa ruine proche, & Mars qui toujours gronde :
Fera grands faits auprès de terre saincte,
Grands étendars sur la terre & sur l'onde,
Si la nef a été de deux frères enceinte.

L'Éléphant désigne probablement l'Afrique du Sud, parce que de nombreux lieux géographiques (montagnes, rivières, etc.) portent ce nom donné par les premiers Européens qui débarquèrent sur cette terre. En ancien français *griffon* était le nom donné aux Grecs byzantins, et par extension aux peuples d'Orient en général ; ce terme désigne un pays d'Asie et probablement le Japon pour lequel le FMI est déjà intervenu plusieurs fois. Le mot étendard était donné à la cavalerie et à la marine et représente donc ici des divisions blindées et des flottes de guerre.

Tôt l'Afrique du Sud sera vigilante de toutes parts, quand le FMI s'associera (aux difficultés) du Japon dont la ruine (financière) est proche ; et la guerre qui gronde toujours provoquera de grands actes près de la Palestine ; on verra de nombreux chars et bateaux de guerre, lorsque l'Église aura engendré deux frères (le pape et, peut-être, un antipape ? À moins que Jean-Paul II n'abandonne son poste pour raison de santé – il y aurait alors deux papes ; un en exercice et l'autre à la retraite).

L'origine du conflit et le rôle de la Libye

Plusieurs quatrains laissent penser que l'origine du conflit serait trouvée au Moyen-Orient. On avait un peu oublié le colonel Kadhafi. Il fait parler de nouveau de lui au sujet de l'attentat contre le Boeing de la PanAm au-dessus de Lockerby en Écosse.

I, 9

De L'Orient viendra le cœur Punique
Fascher Hadrie, & les hoirs Romulides :

Accompagné de la classe Libyque,
Tremble Melites & proches Isles vuides.

Les mots de *Punique*, *Poenus* (carthaginois en latin) *Carthage* ou *Hannibal* sont utilisés par Nostradamus pour désigner les pays musulmans et particulièrement l'Afrique du Nord, dont les Carthaginois occupaient autrefois une partie, mais aussi en référence à la haine implacable que les Carthaginois vouaient aux Romains qui le leur rendaient d'ailleurs bien : *delenda est Carthago* ! Les hoirs Romulides sont les héritiers de Romulus, c'est-à-dire les Italiens ; quant aux Mélites ce sont les habitants de l'île de Malte. Cinq noms géographiques de ce quatrain concernent la Méditerranée et permettent donc de choisir le Moyen-Orient et non l'Extrême-Orient : Carthage, l'Adriatique, Rome, la Libye et Malte.

Un acte de mauvaise foi troublera l'Adriatique et les Italiens, aidé par l'armée ou la flotte libyenne qui fera trembler Malte et son archipel.

III, 27

Prince Libinique puissant en Occident,
François d'Arabes viendra tant enflammer,
Scavant aux lettres sera condescendent,
La langue Arabe en François translater.

L'expression « savant aux lettres » est utilisé pour désigner les intellectuels ou, peut-être, la presse occidentale que le chef d'État libyen a amplement utilisée. En moyen français, *condescendre* signifie accepter.

Un chef d'État libyen sera puissant en Occident et viendra enflammer beaucoup d'Arabes contre les Français. Il sera accepté par les hommes de lettres. La langue arabe sera transportée chez les Français.

V, 14

Saturne & mars en Leo Espagne captive,
Par chef libyque au conflict attrapé,
Proche de Malte, Herredde prinse vive,
Et Romain sceptre sera par Coq frappé.

En ancien français, *herede* signifie héritier et a donc le même sens que *hoirs* dans le quatrain 10 de la Ire centurie ; il désigne donc les Italiens.

Lorsque Saturne et Mars seront dans la constellation du Lion, l'Espagne sera prise, le chef libyen entraîné dans le conflit, lequel se sera approché de Malte et aura pris l'Italie et le pouvoir romain (l'Italie ou l'Église ?) sera frappé par le chef d'État français. Cette conjonction aura lieu le 18 juin 2006.

V, 13

Par grand fureur le Roy Romain Belgique,
Vexer voudra par phalange barbare :
Fureur grinssant chassera gent libyque,
Depuis Pannons jusques Hercules la Hare.

L'expression *Roy Romain Belgique* est difficilement compréhensible ; l'événement apportera les précisions voulues. Le mot phalange signifie corps de troupes. La Pannonie était la Hongrie. Le mot Hercule ne désigne pas ici le futur roi de France, comme on le verra plus loin, mais il s'agit d'un nom de lieu : Gibraltar est appelé les colonnes d'Hercule. *Hare* en ancien français est une sorte de meurtrière et signifie ici fortifications.

Les troupes islamiques voudront vexer le roi des Belges avec une grande fureur ; celui-ci, fou de rage, chassera les Libyens depuis la Hongrie jusqu'aux fortifications de Gibraltar.

V, 51

La gent de Dace, d'Angleterre & Polonne,
Et de Boesme feront nouvelle ligue,
Pour passer outre d'Hercules la colonne,
Barcins, Tyrrens dresser cruelle brigue.

Dace est l'ancien nom des Roumains. La *Bohême* désigne l'Allemagne. Les *Barcins* étaient les membres d'une famille carthaginoise ; ce mot comme punique ou *poenus* désigne les islamistes de l'Afrique du Nord. En ancien français, *brigue* signifie rixe, tumulte.

Les peuples roumain, anglais, polonais et allemand feront une nouvelle alliance pour franchir le détroit de Gibraltar, quand les Islamistes auront engagé une lutte cruelle contre les habitants de la côte tyrrhénienne.

II, 60

La foy Punique en Orient rompue,
Grand Iud, & Rosne Loire, & Tag. Changeront,
Quand du mulet la faim sera repue,
Classe espargie, sang et corps nageront.

L'expression *grand Iud* désigne l'État hébreu, y compris les territoires occupés ; en effet, le mot Judée désigne le pays des Juifs et comprenait toute la Palestine à l'époque des Maccabées (167 avant J.-C.). *La faim du mulet* est une allusion au proverbe : « La mule du pape ne mange qu'à ses heures », ce qui signifie que, même si l'on vit dans la plus grande abondance, on ne peut manger avec plaisir que lorsqu'on a faim. Le verbe *espargier* veut dire en ancien français arroser, répandre.

Les accords musulmans seront rompus au Moyen-Orient. Le grand Israël, le Rhône, la Loire et le Tage subiront des changements quand l'appétit de conquête sera satisfait. La flotte sera arrosée (bombardée ?) ; le sang et les corps nageront.

Nostradamus donne dans le quatrain suivant l'axe d'extension du conflit depuis la Palestine jusqu'au Portugal en passant par le Rhône et la Loire. Puis il indique que l'Angleterre sera entraînée dans cette guerre :

II, 78

Le grand Neptune du profond de la mer,
De gent Punique & sang Gaulois meslé :
Les Isles à sang pour le tardif ramer,
Plus luy nuira que l'occult mal célé.

Comme dans le présage n° 2 qui concerne l'Angleterre et la guerre de succession d'Espagne, *le grand Neptune*, dieu de la mer, désigne l'Angleterre. Le verbe *ramer* signifie se servir de rames qu'on peut comprendre par mettre la flotte en mouvement. L'*occult mal célé* signifie la vérité mal cachée.

L'Angleterre, depuis la mer qui l'entoure, verra les sangs musulman et français mêlés ; les îles Anglo-Normandes seront ensanglantées pour avoir mis la flotte en route trop tard ; ce qui leur nuira encore plus que leur politique de l'autruche.

X, 60

Je pleure Nisse, Mannego, Pize, Gennes,
Savone, Sienne, Capoue, Modène, Malte :
Le dessus sang & glaive par estrennes,
Feu, trembler terre, eau, mal'heureuse nolte.

Estrene signifie en ancien français rencontre, combat et le mot *glaive* carnage. Nolte est une francisation du mot latin *noltis* de *nolere* qui signifie ne pas vouloir.

Je pleure Nice, Monaco, Pise, Gênes, Savone, Sienne, Capoue, Modène et Malte qui seront submergées par le sang et le carnage à cause des combats, du feu (de la guerre), du tremblement de terre, d'une inondation, malheurs qu'on n'a pas voulus.

II, 81

Par feu du ciel la cité presque aduste,
L'urne menace encore Ceucalion,
Vexée Sardaigne par la Punique fuste,
Après le Libra lairra son Phaëton.

L'expression « grand cité » désigne toujours Paris. Le mot cité seul désigne donc une autre ville. Peut-être Londres dont le cœur est appelé la « city ». *Aduste* veut dire brûlé en ancien français. L'urne désigne ici le suffrage universel. Le C de Ceucalion est une faute de typographie ; il s'agit en effet de Deucalion qui, comme Noé, fut chargé de sauver l'homme du déluge (cf. le quatrain sur l'inondation à Nîmes en octobre 1988). Une *fuste* est un bateau de la classe des galères et désigne ici une flotte de guerre. *Libra* est le nom latin de la Balance (symbole de la justice), et représente l'Italie et les Italiens, parce que le droit romain a été la base de tous les droits européens contemporains et tout particulièrement du Code civil français. *Phaéthon* (Φαέθων) est le nom grec de la constellation du Cocher qui désigne ici un guide ou un chef d'État. Quant à *lairra* c'est le futur du verbe *laier* qui, en ancien français, signifie laisser.

Par un feu venu du ciel (bombardement, fusée ?), la cité est presque détruite. Le déluge (d'eau ou de feu ?) menace encore. La Sardaigne sera molestée par une flotte musulmane, après que les Italiens auront abandonné leur chef d'État.

VI, 99

L'ennemy docte se tournera confus,
Grand camp malade, & defaict par embusches :
Monts Pyrenées & Poenus lui seront faicts refus,
Proche du fleuve découvrant antiques oruches.

Le mot *oruche* est un exemple de francisation d'un mot grec, comme cela se faisait couramment au XVIe siècle. Son origine est le mot όρυχή qui signifie trou, excavation.

L'ennemi rusé s'en retournera dans la confusion, sa grande armée malade et défaite par embuscades. Les Pyrénées et l'Afrique du Nord lui feront obstacle, quand on découvrira d'anciennes excavations (caches d'armes ?) près du fleuve.

Il est trop tôt pour savoir de quel fleuve il s'agit (la Seine, la Garonne ou autre ?).

II, 30

Un qui des dieux d'Annibal infernaux,
Fera renaistre, effrayeur des humains :
Oncq' plus d'horreur ne plus dire journaulx,
Qu'avint viendra par Babel aux Romains.

Les *dieux infernaux d'Annibal* désigne fort probablement l'intégrisme islamique. *Avint* est une francisation du mot latin *adventus*, événement. Babel est le nom hébreu de Babylone et désigne donc l'Irak.

Un personnage se référant à l'intégrisme islamique fera renaître la frayeur des humains : jamais les journaux n'auront eu à décrire autant d'horreur telle que celle de l'événement qui arrivera aux Romains à cause de l'Irak.

Présage 11, septembre

Pleurer le ciel à-il cela fait faire,
La mer s'appreste. Annibal fait ses ruses :
Denys mouille. Classe tarde. ne taire,
Na sçeu secret. & à quoy tu t'amuses.

Pleurer le ciel est une expression qui signifie pleurer sur son sort. *À-il* est une forme archaïque. Le mot Denis peut désigner la ville de Saint-Denis près de Paris, mais aussi le port espagnol de Denia dans la province d'Alicante sur la Méditerranée ; cette mer devrait être le théâtre de grandes batailles.

Pleurer sur son sort, voilà ce que cela fait faire : la flotte se prépare pendant que le chef musulman fait ses ruses. La flotte qui mouille dans le port de Denia ne tarde que trop à se manifester, parce qu'elle n'a pas su ce qui se tramait et que l'on pensait à s'amuser.

Ce quatrain est à rapprocher de II, 78 (« pour le tardif ramer »).

III, 93

Dans Avignon tout le chef de l'Empire
Fera arrest pour Paris désolé :
Tricast tiendra l'Annibalique ire,
Lyon par change sera mal consolé.

Avignon deviendra capitale parce que Paris sera désolé, après que le Tricastin tiendra la colère musulmane. Les Lyonnais se consoleront mal de ce changement de capitale.

Le Tricastin est la région de Saint-Paul-Trois-Châteaux au nord d'Avignon. C'est là qu'a été implantée l'usine d'enrichissement d'uranium de Tricastin qui fut financée en partie par le shah d'Iran en 1974. Après la révolution islamique en Iran en 1978, Téhéran avait demandé le remboursement du milliard de dollars prêté. Ce litige fut une pomme de discorde entre nos deux pays jusqu'en 1986, mais on peut supposer que celui-ci peut rebondir prochainement. Le problème du Tricastin n'a apparemment pas de lien avec le reste du quatrain, l'installation de la capitale à Avignon, si ce n'est que Nostradamus a peut-être vu les deux événements simultanément sur son mur d'images, alors qu'ils ont quelques années d'écart.

La guerre du Golfe, déclenchée le 17 janvier 1991, n'était qu'un signe précurseur du rôle que doit jouer l'Irak (la Mésopotamie ou Babylone ou Babel pour Nostradamus) dans le futur conflit. Dans le numéro spécial du *Monde* sur la guerre du Golfe, intitulé *De la guerre à la paix*, en date de novembre 1991, on pouvait lire sous la plume de Jacques Lesourne : « L'intervention au Koweït a permis d'éviter une grave détérioration de la situation au Proche-Orient. Elle n'a résolu en profondeur aucun des problèmes de ce carrefour entre l'Afrique, l'Europe et l'Asie. »

Grâce au texte suivant, on pouvait prévoir, dès 1980, que l'Irak se retournerait contre l'Occident, alors qu'on fournissait à ce pays les armes les plus sophistiquées, et qu'il resterait un ennemi des pays chrétiens :

VII, 22

Les Citoyens de Mésopotamie,
Irez encontre amis de Tarragonne :
Jeux, ris, banquets, toute gent endormie,
Vicaire au Rosne, prins cité, ceux d'Ausone.

Nostradamus a pris, par synecdoque, la ville de Tarragone pour désigner l'Espagne et plus largement l'Occident ; en effet, la Tarraconaise est l'une des trois grandes provinces espagnoles et Tarragone se trouve sur la Méditerranée. D'autre part les Grecs nommèrent l'Espagne *Hesperia*, c'est-à-dire « l'Occidentale ». *Encontre* est en ancien français un substantif qui signifie combat. Les mots *jeux, ris, banquets* sont à rapprocher de l'expression *et à quoi tu t'amuses* du présage 11, car ils stigmatisent l'insouciance de l'Occident. Le pape porte le titre de Vicaire de Jésus-Christ ; *Ausone* est l'ancien nom de l'Italie. Le pape se réfugierait au bord du Rhône (Lyon, la cité que deux fleuves arrosent), parce que la cité d'Italie (Rome) serait prise.

Les habitants de l'Irak combattront contre les Occidentaux, pendant que ceux-ci joueront, riront, bambocheront ou dormiront. Le pape se réfugiera au bord du Rhône parce que Rome sera prise.

III, 61

La grande bande & secte crucigere [1],
Se dressera en Mesopotamie :
Du proche fleuve compagnie legiere,
Que telle loy tiendra pour ennemie.

Nostradamus a « raboté » par syncope le verbe latin *crucifigere* (crucifier). L'Irak et la Syrie ont d'importantes communautés chrétiennes.

La grande bande et secte antichrétienne (intégriste) se lèvera en Irak : les chars (*compagnie légère*, la cavalerie) se tenant près du fleuve (Tigre ou Euphrate), et tiendra la loi (chrétienne) pour ennemie.

Le Figaro magazine du 13 décembre 1998 titrait ainsi sa couverture : « En Asie, au Proche-Orient, dans le Maghreb... l'Islam contre l'Occident » avec ce commentaire qui donne raison à Nostradamus : « Quelques siècles après les croisades, va-t-on vers un affrontement inverse ? En terre d'Islam, les chrétiens sont souvent interdits, ou carrément pourchassés. Sans qu'il s'agisse d'une guerre de religion (il est des États musulmans tolérants), les motifs d'inquiétude s'accumulent... »

III, 99

Aux champs herbeux d'Alein & du Varneigne,
Du mont Lebron, proche de la Durance,
Camps de deux pars conflict sera si aigre,
Mesopotamie défaillira en la France.

Alleins et Vernègue sont deux communes des Bouches-du-Rhône au pied du Luberon dont l'ancien nom était *Lébron*. Ce massif fait partie des monts de Vaucluse où se trouve le plateau d'Albion, site de fusées nucléaires. *Aigre* en ancien français signifie ardent, impétueux.

Dans les champs herbeux d'Alleins et de Vernègue et du Luberon, proche de la Durance, la guerre sera si ardente pour les deux camps que l'Irak s'effondrera en (ou contre la) France.

1. Voir III, 60 au chapitre V

L'Islam ou les Barbaresques

Dans un nombre important de quatrains, Nostradamus utilise systématiquement les mots de barbares, barbarique, barbarin ou barbaris pour désigner l'Islam et les islamiques, parce que le Maghreb était appelé États barbaresques ou Barbarie.

Présage 60, avril

Le temps purgé, pestilente tempeste,
Barbare insult. fureur, invasion :
Maux infinis par ce mois nous appreste,
Et les plus Grands, deux moins, d'irrision.

En ancien français, *irrision* signifie raillerie, moquerie.

Temps d'expiation et de troubles pestilents ; furieuse attaque islamique et invasion ; ce mois (avril) nous prépare à des malheurs infinis ; les plus grands (chefs d'État) seront moqués, excepté deux.

Présage 31, octobre

Pluye, vent, classe Barbare Ister. Thyrrene,
Passer holcades Ceres, soldats munies :
Reduits bienfaits par Flor. franchie Sienne,
Les deux seront morts, amitiez unies.

Ister est en latin la partie inférieure du Danube. Le mot *holcade* est un mot grec (όλκάς, ὀλκάδος) qui signifie bateau. *Caeres* était à l'époque romaine une petite ville de Toscane (mer Tyrrhénienne). *Munio* signifie en latin fortifier, retrancher. Flor. est l'abréviation de Florence, ville de Toscane.

L'hiver, l'armée islamique ira de la mer Tyrrhénienne jusqu'au Danube, fera passer des bateaux jusqu'à la Toscane avec des soldats armés, le bien-être ayant été perdu, Florence et Sienne ayant été franchies ; deux (personnages – chefs d'État russe et américain ?) seront morts, unis dans l'amitié.

Le quatrain suivant signale la réconciliation provisoire entre Américains et Russes.

VI, 21

Quand ceux du pole artiq unis ensemble,
En Orient grande effrayeur & crainte :
Esleu nouveau, soustenu le grand tremble,
Bisance de sang barbare taincte.

Les États-Unis, par l'État de l'Alaska et plus globalement l'Amérique du Nord, et la Russie occupent les neuf dixièmes du pôle Nord ou pôle Arctique.

Quand les Américains et les Russes seront unis (pour un temps), il y aura une grande crainte et une grande frayeur au Moyen-Orient. Un nouveau personnage (russe, américain ou chinois ?) sera élu et soutenu dans un grand désordre. Istanbul sera teinte de sang musulman.

V, 78

Les deux unis ne tiendront longuement,
Et dans treize ans au Barbare Satrappe :
Aux deux costez feront tel perdement,
Qu'un bénira la Barque & sa cappe.

Le mot Satrappe constitue un jeu de mots dont Nostradamus a le secret. En effet, outre le sens du verbe s'attraper, il y a une allusion aux Satrapes qui, dans l'Empire médo-persan étaient chargés de l'administration du pays et du recouvrement des impôts. Il y a donc ici une allusion à l'Iran. D'autre part, en français, le mot satrape désigne un homme qui exerce avec orgueil un pouvoir despotique. La Barque représente l'Église et plus particulièrement ici le Vatican, à cause de cette pièce de tissus que porte le pape.

Les deux unis (États-Unis et Communauté des États Indépendants) ne tiendront (l'union) pas longtemps, parce qu'ils *s'attraperont* à cause de l'Iran au bout de treize années. Ceci provoquera de telles pertes (*perdement* en ancien français) aux deux camps qu'on bénira l'Église et le pape.

Mikhaïl Gorbatchev, l'artisan du rapprochement entre Russes et Américains, avait été élu au Soviet suprême le 11 mars 1985. En novembre de la même année Ronald Reagan et Mikhaïl Gorbatchev se rencontrent à Genève.

La Russie livre des armes et des réacteurs nucléaires à l'Iran et les États-Unis demandent d'imposer à cet État terroriste (*sic*) un embargo économique que Russes et Européens refusent.

Dans la soirée du 16 décembre 1998, Bill Clinton déclenche l'opération « Renard du désert ». Seize pays arabes, la Russie et la Chine condamnent, d'une seule voix, cette intervention unilatérale des États-Unis. *Les deux unis* (Russie et États-Unis) *s'attrapent aux barbares.*

Après la brouille dont on voit les prémices, le pape pourrait jouer un rôle important dans cette situation.

Ravage de la côte méditerranéenne

II, 4

Depuis Monach jusqu'auprès de Sicile,
Toute la plage demourra désolée,
Il n'y aura faubourgs, cité, ne ville,
Que par Barbares pillée soit et volée.

Depuis Monaco jusqu'à la Sicile toute la côte demeurera désolée ; il n'y aura ni faubourgs, ni cités, ni villes qui ne soient pillés par les islamistes.

III, 82

Erins, Antibor, villes autour de Nice,
Seront vastées fort par mer & par terre :
Les saturelles terre & mer vent propice,
Prins, morts, troussez, pillez, sans loy de guerre.

Saturelles est fort probablement une faute de typographie ; on doit lire sauterelles, insectes terrestres et aériens, qui symbolisent l'aviation et l'armée de terre. *Avoir l'avantage du vent* signifie se trouver au vent de ce navire.

Les îles de Lérins, Antibes et les villes autour de Nice seront fortement dévastées par mer et par terre. La flotte apportant avions et soldats aura l'avantage. Les habitants seront faits prisonniers, tués, troussés, pillés sans loi de guerre.

VII, 6

Naples, Palerme & toute la Secille,
Par main barbare sera inhabitée,
Corsicque, Salerne & de Sardeigne l'Isle,
Faim, peste, guerre, fin de maux intemptée.

Naples, Palerme et toute la Sicile seront inhabitées à cause des forces islamiques, ainsi que la Corse, Salerne (ville à 55 km de Naples) et la Sardaigne, qui connaîtront la famine, l'épidémie, la guerre, puis on souhaitera la fin de ces maux.

IX, 42

De Barcelonne, de Gennes & Venise,
De la Secille peste Monet unis :
Contre Barbare classe prendront la vise,
Barbar poulsé bien loin jusqu'à Thunis.

Monet est la francisation de *Monoeci*, nom latin de Monaco. *Viser* signifie chercher à atteindre, poursuivre.

(Des troupes venues) de Barcelone, de Gênes, de Venise, de Sicile réunies à Monaco où il y aura une épidémie, poursuivront l'armée islamique et la repousseront bien loin jusqu'à Tunis.

I, 28

La tour de Boucq craindra fuste barbare,
Un temps, longtemps après barque hespérique,
Bestail, gens, meubles, tous deux feront grand tare
Taurus & Libra quelle mortelle picque.

À l'entrée du port de Port-de-Bouc se trouve une tour. Une fuste est un bateau à voile et à rames et désigne toujours une flotte de guerre. L'Hespérie est l'ancien nom de l'Espagne et vient d'un mot grec qui signifie Occident et comprend donc les États-Unis. Le Taurus est une montagne d'Asie Mineure et désigne la Turquie et *Libra*, nom latin de la Balance, désigne l'Italie.

Port-de-Bouc craindra une flotte islamique pendant un certain temps, et longtemps après arrivera une flotte occidentale (américaine ?). Ces deux flottes causeront de grands dégâts aux animaux, aux gens et aux biens mobiliers. Quelle mortelle attaque pour la Turquie et l'Italie.

I, 71

La tour marine trois fois prise & reprise,
Par Espagnols, Barbares, Ligurins :
Marseille & Aix, Arles par ceux de Pise,
Vast, feu, fer pillé Avignon des Thurins.

Cette tour marine est probablement celle de Port-de-Bouc du quatrain précédent.

La tour marine sera trois fois prise et reprise par les Espagnols, les islamiques et (les troupes de) Ligurie ; Marseille, Aix-en-Provence et Arles par (les troupes venues) de Pise qui aura été dévastée, brûlée et pillée. Avignon sera prise (par des troupes venues) de Turin.

III, 56

Montauban, Nismes, Avignon & Besier,
Peste, tonnerre & gresle à fin de mars,
De Paris pont, Lyon mur, Montpellier,
Depuis six cens & sept vingt trois pars.

Mur est mis, par syncope, pour *muier* qui signifie crier. *Pars* veut dire région, contrée. En ce qui concerne *six cens sept* il s'agit probablement du raccourci de la date de *mil six cent sept de liturgie* qui se situe entre 1995 et 2005, donnée dans le quatrain concernant l'arrestation de roi du Maroc (VI, 54). On trouvera plus loin les explications concernant cette date.

À Montauban, à Nîmes, à Avignon et à Béziers, il y aura l'épidémie, le tonnerre et la grêle (bombardements ?) à la fin mars, sur les ponts de Paris, les murs de Lyon et Montpellier entre 1995 et 2005, et pour vingt-trois départements ou pays.

I, 18

Par la discorde negligence gauloise
Sera passage à Mahomet ouvert :
De sang trempé la terre & mer sénoise,
Le port Phocen de voilles & nefs couverts.

Les Sénois sont les habitants de La Seyne-sur-Mer, port de réparation des bateaux de guerre près de Toulon et Phocen est mis pour Phocée, nom grec de Marseille. *Nefs* désigne les avions dont l'un des premiers noms fut aéronef.

Par la discorde et la négligence des Français, le passage sera ouvert aux islamiques. La terre et la mer de La Seyne-sur-Mer seront trempées de sang et Marseille sera couverte de bateaux et d'avions.

IX, 80

Le Duc voudra les siens exterminer,
Envoyera les plus forts lieux estranges :
Par tyrannie Bize, & Luc ruiner,
Puis les Barbares sans vin feront vendanges.

Le mot duc vient du latin *dux* qui signifie chef d'une armée, général. En moyen français, exterminer signifie chasser, expulser. Bize est une petite ville du département de l'Aude, à moins que Nostradamus n'ait voulu citer Pise qui se trouve en Toscane comme Lucques (*Luca* en italien). *Faire sa vendange* est une expression qui signifie faire couler le sang.

Le général voudra expulser les siens (ses partisans) dont il enverra à l'étranger les plus forts (les plus dangereux). Par sa tyrannie il ruinera le Languedoc (Bize) et la Toscane (Lucques et peut-être Pise). Puis les islamiques qui ne boivent pas de vin, feront couler le sang.

Il est trop tôt pour savoir qui sera ce général.

V, 70

Des régions subjectes à la Balance,
feront troubler les monts par grande guerre,

Captifs tout sexe deu & tout Bisance,
Qu'on criera à l'aube terre à terre.

En ancien français, *deu* est le dieu des chrétiens ; désigne donc ici les chrétiens. L'expression *terre à terre* signifie très près de la terre ou du rivage.

Les régions d'Italie connaîtront des troubles dans les hautes montagnes (les Alpes et les Apennins qui culminent à 2 960 mètres) par une grande guerre. Il y aura des prisonniers chrétiens des deux sexes, même à Istanbul, parce qu'on criera au lever du soleil (en voyant la flotte) près du rivage.

V, 61

L'enfant du grand n'estant à sa naissance,
Subjuguera les hauts monts Appenis :
Fera trembler tous ceux de la Balance,
Et des monts feux jusques à Mont-Senis.

Le fils du grand (chef) n'étant qu'au début (de sa carrière), subjuguera les Apennins, fera trembler les Italiens et portera les feux (de la guerre) depuis ces monts jusqu'au Mont-Cenis.

IV, 50

Libra verra regner les Hespéries,
De ciel & terre tenir la Monarchie,
D'Asie forces nul ne verra peries,
Que sept ne tiennent par rang la hierarchie.

L'Italie assistera au triomphe de l'Occident (États-Unis – les Amériques ?) ; la monarchie occupera le ciel et la terre (portée par les médias, par satellite et presse écrite). Nul ne verra les forces asiatiques (Chine ?) détruites, tant que sept (pays, le G7, les sept pays les plus industrialisés) seront classés de façon hiérarchique (selon leur puissance économique : États-Unis, Japon, Allemagne, Royaume-Uni, France, Italie, Canada).

X, 97

Triremes pleines tout aage captifs,
Temps bon à mal, le doux pour amertume :
Proye à Barbares trop tost seront hatifs,
Cupide de veoir plaindre au vent la plume.

Les trirèmes étaient des bateaux de guerre à trois rangs de rames superposés. En ancien français *hastif* veut dire prompt, pressé. L'expression jeter la plume au vent signifie remettre au hasard la décision à prendre.

Des bateaux de guerre seront pleins de prisonniers de tous âges. Le bon temps sera mis à mal et l'on songera à la douceur (de vivre perdue) avec amertume. Les islamiques se seront pressés trop tôt de faire du butin et on les verra se plaindre de s'en être remis au hasard par cupidité.

La mer Adriatique

Dans le chapitre III, les quatrains sur l'ex-Yougoslavie concernent en partie le passé récent et en partie l'avenir. Celui qui suit cite Raguse, c'est-à-dire Dubrovnik qui fut bombardée par la flotte serbe en Adriatique.

X, 63

Cydron, Raguse, la cité au sainct Hieron,
Reverdira le médicant secours :
Mort fils de Roy par mort de deux hérons,
L'Arabe, Ongrie feront un mesme cours.

Étant donné qu'il n'existe pas de ville portant le nom de Cydron, on peut supposer que Nostradamus a ajouté un *r* à la ville de Cydonia, port de la côte nord de la Crète. *Reverdir* signifie en ancien français maltraiter. *Héron* est la modification de hérauts pour les besoins de la rime avec Hiéron ; le héraut était l'officier chargé de porter le message.

En Crète et à Dubrovnik, on maltraitera l'aide humanitaire

(Médecins du Monde, Médecins sans Frontières, etc.) Le fils d'un chef d'État mourra à cause de la mort de deux officiers porteurs de message ; les musulmans et les Hongrois auront le même problème.

On sait combien l'aide humanitaire a eu de difficultés pour faire son travail à Dubrovnik, Sarajevo, Vukovar, etc. Le dernier vers laisse supposer que les Hongrois qui sont 17 % en Vojvodine (Serbie du nord) pourraient avoir les mêmes problèmes que les musulmans de l'ex-Yougoslavie.

La mer Méditerranée et la mer Adriatique, où se trouvent actuellement de nombreux bateaux de guerre occidentaux à cause du conflit dans l'ex-Yougoslavie, seraient le théâtre de nombreux et importants combats. En février 1995, les pays de l'OTAN se sont inquiétés de l'achat d'armes de destruction massive par des pays islamiques antioccidentaux (Iran, Irak, Libye). La conclusion de cette réunion fut que « depuis la chute du communisme, le militantisme islamique au sud de la Méditerranée constituait sans doute la plus grave menace à laquelle l'Occident était confronté ». Des manœuvres militaires se déroulent régulièrement dans cette région.

III, 23

Si France passe outre mer Lygustique,
Tu te verras en isles & mer enclos :
Mahommet contraire, plus mer Hadriatique,
Chevaux et asnes tu rongeras les os.

Le mot *Lygusticus* constitue un piège ; en effet, *ligusticus* avec un *i* signifie en latin de Ligurie, il s'agirait alors de la mer Tyrrhénienne. Avec un *y* ce mot pourrait désigner Istanbul (l'ancien nom de Byzance était *Lygus*) ; la mer Lygustique serait alors la mer d'Istanbul, c'est-à-dire la mer de Marmara. *Contraire* signifie en ancien français représailles. Les chevaux représentent la cavalerie (les chars) et les ânes l'infanterie en référence aux ânes de Carmanie qu'on envoyait à la guerre.

Si la France dépasse la mer Tyrrhénienne ou de Marmara, elle se verra enfermée dans la mer au milieu des îles (mer Égée ?), à cause des représailles de l'Islam, et encore plus dans la mer Adriatique. Son arme blindée et son infanterie seront détériorées.

II, 86

Naufrage à classe près d'onde Hadriatique,
La terre tremble esmeue sus l'air en terre mis,
Égypte tremble augment mahometique,
L'Heraut soy rendre à crier est commis.

En ancien français, *esmeu* vient de *esmovoir* qui signifie mettre en mouvement, faire mouvoir. L'expression *mettre sus* veut dire en ancien français lever une troupe et le verbe *crier* demander, réclamer.

Une flotte fera naufrage près de la mer Adriatique ; la terre tremble remuée à cause d'une troupe levée sur terre et dans l'air (armée de terre et de l'air). L'Égypte tremble à cause de l'accroissement des islamiques. L'officier de liaison est chargé de demander la reddition.

III, 21

Au Crustamin par onde Hadriatique,
Apparoistra un horrible poisson,
De face humaine & la fin aquatique,
Qui le prendra dehors de l'ameçon.

Crustamerium est la ville italienne de Marcilliano Vecchio dans le Latium à 20 km au N.-O. de Rome. Nostradamus désigne sans doute la capitale par cette petite ville. *Mordre à l'hameçon*, se laisser prendre par une apparence trompeuse.

À Rome (venu) par la mer Adriatique, un horrible poisson à la fonction aquatique, mais de création humaine (sous-marin nucléaire ?) sera pris par ruse.

X, 38

Amour alegre non loin pose le siège,
Au sainct barbar seront les garnisons :
Ursins Hadrie pour Gaulois feront plaige,
Pour peur rendus de l'armée aux Grisons.

Nostradamus donne ici deux noms de villes d'Algérie : Amoura, petite ville des monts des Ouled-Naïl à environ 500 km d'Alger, et Alger par anagramme. C'est autour de cet axe que se trouve la plus grande concentration d'intégristes islamiques, désignés par l'expression *saints barbares*. *Ursinus* en latin est un adjectif qui signifie d'ours ; désigne les Russes. Les Grisons sont un canton suisse au nord du Tessin, cité par Nostradamus.

Les garnisons des intégristes islamiques s'installeront entre Amoura et Alger. Les Russes débarqueront à cause des Français en Adriatique et d'une armée qui se sera rendue dans le canton des Grisons (Suisse).

IX, 28

Voille Symacle port Massiliolique,
Dans Venise port marcher aux Pannons :
Partir du Goulphre & Synus Illirique,
Vast Socille, Ligurs coups de canons.

Le mot Symmacle pose un problème de traduction, car il n'existe pas. On peut le rapprocher du mot Symmaque (en grec συμμαχος : celui qui combat avec, allié), nom porté par un pape originaire de Sardaigne, un consul romain et un hérésiarque originaire de Samarie ; on a donc trois hypothèses : soit une flotte alliée, italienne ou israélienne. Massiliolique est un mot fabriqué par Nostradamus avec *Massilia* (l'ancien nom de Marseille) pour les besoins de la rime avec Illirique. La Pannonie est l'ancien nom de la Hongrie. Le mot gouffre est une autre forme de golfe ; le golfe par excellence est le golfe Persique. *Sinus* en latin signifie également golfe et l'Illyrie est l'ancien nom de la Dalmatie. Le contexte permet de penser que Socille est une faute de typographie pour Sicile.

Une flotte italienne viendra dans le port de Marseille et dans le port de Venise pour débarquer vers la Hongrie ; (une armée) étant partie du golfe Persique et du golfe de Dalmatie dévaster la Sicile et bombarder la Ligurie.

Le quatrain suivant annonce l'arrestation du roi du Maroc. La date indiquée est codée et pose un problème de transcription : *l'an 1607 de liturgie*. Les liturgies des Églises d'Orient et d'Occident furent écrites pour la première fois sous le pontificat du pape saint

Sirice, qui occupa le trône de saint Pierre du 22 décembre 384 au 14 novembre 398. L'événement annoncé se produirait donc entre 1999 et 2005, étant donné que l'on ne sait pas en quelle année de ce pontificat ont été écrites ces liturgies.

VI, 54

Au poinct du jour au second chant du coq,
Ceux de Tunes, de Fez, & de Bugie,
Par les Arabes captif le roy Maroq,
L'an mil six cens & sept de Liturgie.

L'expression *au second chant du coq* fait allusion aux paroles du Christ à Pierre au moment de son arrestation : « Avant que le coq ait chanté deux fois, tu m'auras renié trois fois. »

À l'aube, par une trahison, à cause de ceux de Tunis, de Fès et de Bougie (intégristes tunisiens, marocains et algériens ?), le roi du Maroc sera fait prisonnier par les Arabes entre 1999 et 2005.

Rôle de la Russie (CEI – Communauté des États Indépendants)

La Russie est désignée par les mots ours, ursins (oursons) ou Aquilon, le nord, parce que la Russie occupe une grande partie de l'hémisphère Nord depuis la mer Baltique jusqu'au détroit de Béring.

VIII, 15

Vers Aquilon grands efforts par hommasse,
Presque l'Europe et l'univers vexer,
Les deux eclypses mettra en telle chasse,
Et aux Pannons vie & mort renforcer.

En ancien français, *hommasse* signifie qui tient de l'homme. Les deux éclipses pourraient bien être l'éclipse de lune du 28 juillet 1999 à 5° du Verseau et l'éclipse de soleil du 11 août de la même année à 18° du Lion.

Vers la Russie les hommes feront de grands efforts pour vexer l'Europe et presque l'univers et ils se lanceront dans une poursuite au moment de deux éclipses (juillet-août 1999 ?) renforceront leur droit de vie et de mort sur les Hongrois (ou les jaunes).

X, 86

Comme un gryphon viendra le roy d'Europe,
Accompagné de ceux de l'Aquilon :
De rouges & blancs conduira grand troppe,
Et iront contre le roy de Babylon.

Le griffon est un animal fantastique moitié aigle, moitié lion ; dans la mythologie il habitait sur les monts Rhipéens (l'Oural), entre les Hyperboréens (l'extrême nord des poètes) et les Arimaspes, peuple situé entre les Carpates et le Don ; le griffon désigne la Russie et fait aussi allusion au drapeau national russe (l'aigle à deux têtes) repris depuis la chute de l'Empire soviétique.

Le chef de l'Europe viendra comme un oiseau de proie avec les Russes ; il conduira une grande troupe de rouges (communistes) et de blance (islamiques) et ils s'allieront avec l'Irak.

II, 68

De l'Aquilon les efforts seront grands,
Sur l'Océan sera la porte ouverte :
Le regne en l'Isle sera reintegrant,
Tremblera Londres par voille descouverte.

Les efforts de la Russie seront grands, l'accès à l'Océan (Atlantique) sera ouvert (à la flotte russe de la Baltique ?) ; le pouvoir anglais sera enfermé dans son île et Londres tremblera, l'accès à la ville ayant été ouvert par la marine (débarquement ?).

IX, 99

Vent Aquilon fera partir le siège,
Par murs jetter cendres, chaulx, & poussiere :

Par pluie après qui leur fera bien piege,
Dernier secours encontre leur frontiere.

En ancien français, *encontre* signifie rencontre, combat.

De la Russie partira le siège (de l'Europe) ; les murs seront réduits en cendres, en chaux (entre dans la composition de nombreux mortiers, à moins qu'il ne s'agisse de guerre chimique) et en poussière ; après cela, la pluie (bombardements ?) leur fera un piège et un dernier secours sera envoyé au combat à leurs frontières.

Présage 34

Pœur, glas grand pille, passer mer croistre regne,
Sectes, Sacrez outremer plus polis :
Peste, chaux, feu, Roy d'Aquilon l'enseigne,
Dresser trophée cité d'HENRIPOLIS.

En moyen français, *glas* signifie grand bruit et polir tenir en meilleur état, embellir. La chaux symbolise, peut-être, la guerre chimique à cause des brûlures qu'elle provoque. Trophée vient du grec tropaion (τρόπαιον) qui signifie triomphe, victoire. Henri Ier, petit-fils d'Hugues Capet, acquit le comté de Sens qui fut longtemps la métropole de Paris ; Henripolis désigne donc Paris ; le pléonasme *cité* et *polis* (πόλις) qui signifie ville en grec, est là pour l'allusion au mot métro*pole.*

Peur, grand bruit et pillage, la Russie passera par mer pour accroître son pouvoir, à l'époque où les sectes feront parler d'elles et où les choses sacrées seront embellies (monuments religieux restaurés). On connaîtra l'épidémie, la guerre chimique, le feu sous le drapeau du chef d'État russe qui savourera sa victoire à Paris.

Présage 26, avril

Par la discorde defaillir au defaut,
Un tout à coup le remettra au sus :
Vers l'Aquilon seront les bruits si hauts,
Lesions, pointes à travers, par dessus.

En ancien français, *défaut* signifie faute, erreur et *sus* en haut. Pointes est probablement une allusion à la tête pointue des fusées.

À cause de la discorde qui sera une faute, on s'effondrera (cf. « Par la discorde, négligence gauloise I, 18 »). Les bruits (de guerre ?) seront si forts vers la Russie qu'il y aura des dégâts par les fusées qui passeront à travers le ciel et au-dessus de la terre.

X, 69

Le fait luysant de neuf vieux eslevé,
Seront si grands par midy Aquilon :
De sa seur propre grandes alles levé,
Fuyant murdry au buisson d'ambellon.

En ancien français, *seur* signifie qui a de l'assurance et *mordrir* tuer, assassiner. Ambellon, en grec Ampélos (Ἄμπελος) est une ville de Macédoine. Nostradamus a substitué dans ce mot la labiale *p* par *b*.

Par un coup d'éclat, un vieux personnage sera de nouveau élevé (au pouvoir), ses efforts seront si grands en Russie et chez ses alliés du midi (républiques musulmanes) que par sa propre assurance les grandes ailes (de l'aigle à deux têtes russe) seront levées, puis il sera assassiné dans sa fuite dans les maquis de Macédoine.

Présage 8, juin

Loin près de l'Urne le malin tourne arrière,
Qu'au grand Mars feu donra empeschement :
Vers l'Aquilon au midy la grand fiere,
FLORA tiendra la porte en pensement.

L'Urne est l'attribut du Verseau. En ancien français, *empeschement* signifie torture, *fier*, terrible, cruel, violent et *pensement* pensée. Dans la mythologie Flora, comme Iris, est l'épouse de Zéphyr, le vent d'Occident.

Quand on sera près de l'ère du Verseau (2000-2025) le malin (Satan) reviendra de loin, au point qu'il provoquera la torture pendant le feu de la grande guerre à cause de la (gent cruelle et) fière (l'Islam, voir II, 79), depuis la Russie jusqu'aux pays musulmans. L'Occident tiendra la porte ouverte à (la liberté) de pensée.

VI, 44

De nuict par Nantes Lyris apparoistra,
Des arts marins susciteront la pluie :
Arabiq goulfre grand classe parfondra,
Un monstre en Saxe naistra d'ours & de truye.

Dans la mythologie Iris est la messagère des dieux, épouse de Zéphyr, vent d'Occident ; Nostradamus désigne probablement par là les États-Unis. En ancien français, *parfondre* signifie renverser entièrement et *monstre* chose prodigieuse, incroyable. L'ours désigne toujours la Russie. Truie se dit en latin *troja* comme la ville de Troie par comparaison avec le cheval des Grecs dont le ventre était bourré de soldats ; Nostradamus désigne probablement la Turquie à cause de l'emplacement géographique de l'antique Troie.

(La flotte américaine) apparaîtra de nuit par Nantes. Les arts militaires de la marine provoqueront la pluie (bombardements ?). Une grande flotte (occidentale ?) sera coulée dans le golfe Persique (ou Arabique). Allures, un événement incroyable débutera en Allemagne à cause de la Russie et de la Turquie.

Le Tessin, enjeu stratégique

IV, 37

Gaulois par saults monts viendra pénétrer,
Occupera le grand lieu de l'Insubre,
Au plus profond son ost fera entrer,
Gennes, Monech pousseront classe rubre.

Les Insubriens étaient les habitants de la Gaule Transpadane, aujourd'hui le Milanais. *Ost* signifie armée en ancien français. *Rubre* est une francisation du mot latin *rubor*, rougeur.

Les Français par des assauts viendront traverser les montagnes (Alpes ?) et occuper Milan ; ils feront pénétrer profondément leur armée et repousseront l'armée des Rouges à Gênes et Monaco.

II, 26

Pour la faveur que la cité fera,
Au grand qui tost perdra camp de bataille
Fuis le rang Pau Thesin versera,
De sang, feux mors noyez de coup de taille.

Le contexte permet de dire que le mot Pau ne désigne pas la ville des Pyrénées-Atlantiques, mais le Pô en Italie (*Padus* en latin).

À cause de l'accueil que la ville (Milan ?) fera au chef qui rapidement abandonnera le champ de bataille, on fuira sur l'axe Pô-Tessin qui sera bouleversé : sang, feux de la guerre, morts, anéantis par les armes.

VI, 79

Près du Tesin les habitants de Loyre,
Garonne & Saone, Seine, Tain, & Gironde :
Outre les monts dresseront promontoire,
Conflict donné, Pau granci, submergé onde.

Étant donné l'énumération de fleuves, on peut supposer que Tain-l'Hermitage est mis ici pour le Rhône. En ancien français, le mot *dresse* désigne un sentier ou un chemin. Promontoire vient du mot latin *promunturium* qui signifie partie avancée d'une chaîne de montagnes. Le mot *granci* pose un problème, puisqu'il n'existe pas ; peut-être a-t-il été fabriqué à partir du mot d'ancien français *gran* qui signifie triste.

Près du Tessin, les habitants des régions de la Loire, de la Garonne, de la Saône, de la Seine, du Rhône et de la Gironde prendront la route pour passer au-delà des montagnes, la guerre ayant éclaté, la vallée du Pô étant dans la tristesse, pendant une inondation.

II, 72

Armée celtique en Italie vexée,
De toutes parts conflict & grande perte,
Romains fuis, ô Gaule repoulsée,
Près du Thessin, Rubicon pugne incerte.

En latin, *rubicondus* signifie d'un rouge vif. Nostradamus donne probablement un double sens au mot : les Rouges d'une part et la rivière tributaire de l'Adriatique dont le nom est aujourd'hui le Pisatello.

L'armée française subira une défaite en Italie ; il y aura la guerre et de grandes pertes de tous côtés. Les Romains fuiront, les Français seront chassés ; la bataille sera incertaine pour les Rouges près du Tessin (et du Pisatello).

IV, 90

Les deux copies aux murs ne pourront joindre,
Dans cest instant trembler Milan, Ticin :
Faim, soif, doutance si fort les viendra poindre,
Chair, pain, ne vivres n'auront un seul boucin.

En ancien français, *doutance* signifie doute, crainte et *poindre* piquer. *Boucin* est un mot provençal qui signifie morceau, bouchée.

Les deux armées ne pourront se rejoindre aux murs (Rome ?), car, à ce moment-là, Milan et le Tessin trembleront et seront piqués au vif par la faim, la soif et la crainte, car il n'y aura pas un seul morceau de viande, de pain ni de vivres.

La Perse (l'Iran) – la mer Noire

III, 31

Aux champs de Mede, d'Arabe & d'Arménie,
Deux grands copies trois fois s'assembleront :
Pres du rivage d'Araxes la mesgnie,
Du grand Soliman en terre tomberont.

Mèdes ou Perses, aujourd'hui les Iraniens. *Copiae* en latin signifie troupes. L'Araxe est une rivière d'Arménie qui fait ensuite frontière entre l'Azerbaïdjan et l'Iran. En ancien français, *mesgnie* signifie troupe. En ce qui concerne *le grand Soliman*, on pourrait tenter d'appliquer ce quatrain au règne de Soliman le Magnifique (1494-1566, année de la mort de Nostradamus) ; malheureusement, les campagnes décrites ici n'ont pas eu lieu à cette époque. Cependant, la Géorgie et le Daghestan furent conquis par Soliman en 1549 et 1550, soit cinq ans avant le début de la prophétie (1555). On est donc amené à considérer ce quatrain comme concernant des événements à venir, d'autant que la région considérée est aujourd'hui dans une instabilité dangereuse : conflit en Arménie, en Azebaïdjan (Nagorno-Karabakh), en Ossétie, en Abkhazie et en Tchetchénie.

En Iran, en Arabie et en Arménie deux grandes armées se rassembleront trois fois. La troupe ira sur les rives de l'Araxe et les soldats islamiques tomberont en terre.

V, 27

Par feu & armes non loin de la marnegro,
Viendra de Perse occuper Trébisonde :
Trembler Phato, Methelin, sol alegro,
De sang Arabe d'Adrie couvert onde.

Marnegro est la mer Noire. Trébizonde, Trébizonde, est une ville turque sur cette mer. Phato vient de Phatares qui étaient un peuple de Méotide, aujourd'hui la Crimée, pomme de discorde entre la Russie et l'Ukraine. Métélin est l'ancienne Mitylène sur l'île grecque de Lesbos, sur la mer Égée, en face de la Turquie. Comme pour X, 38, *alegro* est l'anagramme d'Alger avec un *o* pour la rime avec *marnegro.*

Par la guerre et les armes, non loin de la mer Noire, (une armée) viendra d'Iran occuper Trébizonde. La Crimée, la mer Égée et le sol algérien trembleront ; la mer Adriatique sera couverte de sang arabe.

Cette guerre fera des dégâts sur la faune aquatique de la mer Noire :

II, 3

Pour la chaleur solaire sus la mer,
De Negrepont les poissons demy cuits,
Les habitants les viendront entamer,
Quand Rhod & Gennes leur faudra le biscuit.

Negrepont est un mot fabriqué par Nostradamus avec *nègre* et *pont* qui signifie la mer en grec ; il s'agit donc de la mer Noire (cf. *marnegro*).

À cause de la chaleur solaire (explosion atomique ?) sur la mer, les poissons de la mer Noire seront à moitié cuits et les habitants les détruiront, quand Rhodes et Gênes auront besoin de provisions.

Serait-ce la destruction d'Istanbul, annoncée dans le quatrain suivant, qui provoquerait cette catastrophe en mer Noire ?

VI, 85

La grand cité de Tharse par Gaulois
Sera destruite, captifs tous à Turban :
Secours par mer du grand Portugalois,
Premier d'esté le jour du sacre Urban.

Le mot Tharse vient du grec *Thrassa* (Θρασσα), la Thrace, dont la grande ville est Istanbul.

Istanbul sera détruite par les Français, à cause des prisonniers de l'Islam. Le secours d'un grand chef portugais arrivera par la mer entre la Saint-Urbain (25 mai) et le premier jour de l'été (21 juin).

V, 86

Par les deux testes, & trois bras séparés,
La grand cité sera par eaux vexée :
Des Grands d'entre eux par exil esgarés,
Par teste Perse Byzance fort pressée.

L'eau est utilisée par Nostradamus pour désigner soit une inondation, soit des troubles populaires. La *grand cité* désigne toujours Paris, capitale du pays du prophète, sauf lorsque cette expression est suivie d'une précision de lieu, comme dans le quatrain précédent (*de Thasse*). En ancien français, *esgarer* signifie éloigner, écarter. *Presser* au sens figuré signifie tourmenter, accabler.

À cause de deux chefs d'État et de trois ministres qui s'en seront séparés, Paris sera atteinte par une inondation (ou par des troubles). Certains d'entre les hommes de pouvoir seront écartés dans l'exil. Le chef d'État iranien tourmentera la Turquie.

III, 78

Le chef d'Escosse avec six d'Allemagne,
Par gens de mer Orientaux captifs :
Traverseront le Calpre & Espagne,
Présent en Perse au nouveau roy craintif.

On peut se demander si Nostradamus ne désigne pas par Écosse les États-Unis, la Nouvelle-Écosse étant un État canadien limitrophe des États-Unis. Calpé est l'ancien nom de Gibraltar.

Le chef d'État américain avec six hommes politiques ou militaires allemands, après que des Orientaux auront été faits prisonniers par la marine, traverseront l'Espagne et le détroit de Gibraltar pour faire une proposition au nouveau chef d'État iranien craintif.

II, 96

Flambeau ardent au ciel soir sera veu,
Près de la fin et principe du Rosne,
Famine, glaive, tard le secours pourveu,
La Perse tourne envahir Macédoine.

Il était courant au XVIe siècle d'utiliser les mots de flambeau, épée, lance, étoile chevelue, astre crinite pour désigner les comètes.

On verra une comète dans le ciel, le soir, depuis la source jusqu'à l'embouchure du Rhône. On connaîtra la famine, le glaive (de la guerre) ; le secours sera fourni tard. L'Iran reviendra envahir la Macédoine.

Une comète

II, 43

Durant l'estoille chevelue apparente,
Les trois grands princes seront faits ennemis :
Frappez du ciel paix terre trémulent,
Pau, Timbre undans, serpent sus le bort mis.

Pendant que la comète sera apparente, les trois Grands seront faits ennemis. En paix, ils seront frappés par le ciel et par des tremblements de terre, le Pô et le Tibre en crue, le démon (ou le dragon) s'installera sur leurs rives.

Nostradamus a donné les coordonnées astronomiques de cette comète ainsi que l'axe sur lequel elle sera le plus visible. Rappelons ici que les astronomes découvrent chaque année plusieurs comètes, dont on n'entend pas parler, parce qu'elles ne sont pas visibles à l'œil nu ou même observables avec des instruments d'amateur.

Les trois Grands seraient-ils les trois chefs chinois, russe et arabe ?

VI, 6

Apparoistra vers le Septention,
Non l'oing de Cancer l'estoille chevelue :
Suze, Sienne, Boëce, Eretrion,
Mourra de Rome grand, la nuict disparue.

Suze est une ville italienne à l'ouest de Turin ; Sienne est en Toscane. Boëce est une francisation du mot grec *Boiotia* (Βοιωτία), la Béotie, région de Grèce au nord-est d'Athènes ; *eretrion* en grec ('Ερέτρια) est la ville d'Érétrie dans l'île d'Eubée, en face de la Béotie. Il suffit donc de réunir ces quatre lieux par une ligne pour avoir l'axe de visibilité de cette prochaine comète. Il faut ajouter à ces territoires la France, puisque dans le quatrain 96 de la IIe centurie, Nostradamus dit que cette comète sera visible de la source à l'embouchure du Rhône.

La comète apparaîtra vers le Nord, non loin de la constellation du Cancer, selon un axe Suze, Sienne, Béotie et Érétrie ; alors un grand personnage de Rome (le pape ou le chef de l'État ?) mourra quand la comète ne sera plus visible la nuit.

II, 41

La grande estoille par sept jour bruslera,
Nuee fera deux soleils apparoir,
Le gros matin toute nuict hurlera,
Quand grand pontife changera de terroir.

En ancien français, le mot *mastin* signifie gros chien. Nostradamus a ainsi désigné Churchill (V, 4). Il pourrait donc s'agir d'un Anglais.

La comète brillera pendant sept jours au point que le ciel montrera deux soleils. Le gros chien hurlera toute la nuit, quand le grand pape changera de territoire.

II, 15

Un peu devant monarque trucidé,
Castor & Pollux en nef, astre crinite
L'érain public par terre & mer vuidé,
Pise, Ast, Ferrare, Turin terre interdite.

À cause du contexte le mot nef ne peut être pris dans le sens d'avion ; en ancien français *nef* signifie coupe et désigne donc probablement ici la constellation de la Coupe qui est située près du Lion ion. Castor et Pollux se trouvent dans les Gémeaux et le Cancer est situé entre le Lion et ces deux étoiles. *Crinite*, en ancien français, signifie garni d'une crinière.

Un peu avant qu'un chef d'État soit assassiné, la comète venant de la Coupe vers Castor et Pollux, l'argent public sera épuisé par terre et par mer (armées ?). Pise, Asti, Ferrare et Turin seront territoires interdits.

Présage 12, octobre

Vénus, Neptune poursuivra l'entreprinse,
Serrez pensifs troublez les opposans :
Classe en Adrie, citez sous la Tamise,
Le quart bruit blesse de nuict les reposans.

Vénus est le symbole de la corruption et de la débauche. En ancien français, *serrer* signifie tenir clos, enfermer et *sous* veut dire vers. *Citare* en latin signifie mettre en mouvement, faire sortir. Il est trop tôt pour comprendre ce que Nostradamus désigne par l'expression *quart* (quatrième) *bruit*.

La corruption poursuivra son entreprise en Angleterre. Les penseurs opposants seront enfermés à cause du trouble. La flotte de l'Adriatique sera mise en route vers la Tamise. Le bruit (de la guerre ?)

lésera de nuit, à quatre heures (au 4e coup de Big Ben ?), le peuple endormi.

Présage 13, novembre

Le grand du ciel soubs la Cape donra,
Secours Adrie à la porte faict offre :
Se sauvera des dangers qui pourra,
La nuict le Grand blessé poursuit le coffre.

Le mot ciel désigne ici la Chine dont l'empereur était appelé *fils du ciel. Sous* signifie vers en ancien français. La Cape désigne le pape à cause de la petite cape qu'il porte sur les épaules. Donner a ici le sens d'attaquer, comme dans l'expression *régiment prêt à donner*. La Porte est l'ancien nom de l'Empire ottoman, désigne la Turquie. En ancien français, *offre* signifie pillard et *coffre* veut dire cercueil. Poursuivre a ici le sens du verbe latin *prosequor*, accompagner, reconduire quelqu'un en cortège.

Le grand chef asiatique s'attaquera au pape ; du secours viendra en Adriatique contre le pillage de la Turquie. Se sauvera de ces dangers qui pourra. Le grand personnage blessé sera accompagné au tombeau (mourra).

V, 55

De la felice Arabie contrade,
Naistra puissant de loy Mahometique,
Vexer l'Espagne, conqueter la Grenade,
Et plus par mer à la gent Lygustique.

Un personnage puissant de la loi islamique naîtra dans l'heureuse Arabie, puis soumettra l'Espagne, conquerra la région de Grenade qui sera encore plus (vexée) par mer par les Turcs.

L'Espagne

Nostradamus a consacré à l'Espagne soixante-quinze quatrains couvrant la période de 1555 à 2050. Le nom même de l'Espagne est cité 31 fois ; les autres mots sont des villes, des montagnes ou des rivières.

Le roi Juan Carlos Ier était annoncé dans un texte qui lui promet un rôle éminent dans le conflit à venir :

X, 95

Dedans les Espagnes viendra roy tres puissant,
Par terre & mer subjugant or midy :
Ce mal fera, rabaissant le croissant,
Baisser les aeles à ceux du vendredy.

En ancien français, *or* signifie bord, côté. En art militaire, le mot aile désigne les parties latérales d'une armée de terre ou de mer en marche ou rangée en bataille ; Nostradamus désigne ici les armées. Le vendredi est le jour de repos des musulmans comme le samedi pour les juifs et le dimanche pour les chrétiens. On pourrait être tenté d'appliquer ce quatrain à Charles Quint, empereur d'Allemagne et roi d'Espagne, qui défit Barberousse en 1535 et prit Tunis, mais échoua devant Alger en 1541. Seulement la prophétie commence en 1555. Nostradamus ne pouvait donc pas annoncer l'arrivée d'un roi qui était déjà au pouvoir. D'autre part, à Lépante, en 1571, c'était don Juan d'Autriche qui combattait les Maures et en 1683, au siège de Vienne, c'était Jean Sobieski, roi de Pologne.

Un roi très puissant viendra en Espagne ; sur terre et sur mer il soumettra les pays du midi (le Maghreb au sud de l'Espagne) ; il fera ce mal pour rabaisser les gens du croissant (les islamiques) et réduire les armées de ceux qui observent le vendredi.

IV, 5

Croix paix, soubs un accompli divin verbe,
L'Espagne & Gaule seront unies ensemble :
Grand clade proche, & combat très acerbe,
Cœur si hardy ne sera qui ne tremble.

En latin, *clades* signifie désastre militaire, défaite.

Pour que les chrétiens vivent en paix, il faudra que la prophétie s'accomplisse. L'Espagne et la France seront alliées. Une grande défaite est proche ainsi qu'une très dure bataille ; même les plus courageux en trembleront.

V, 59

Au chef Anglois à Nismes trop séjour,
Devers l'Espagne au secours Aenobarb :
Plusieurs mourront par Mars ouvert ce jour,
Quand en Artois faillir estoille en barbe.

Aenobarb ou barbe d'airain est mis ici pour Barberousse en référence aux deux frères qui régnèrent à Alger de 1516 à 1546 ; il y a sans doute aussi une allusion aux intégristes barbus. Nostradamus pioche souvent dans son histoire contemporaine pour personnaliser des événements ou des personnages qu'il prophétise. Aenobarbe désigne donc un chef islamique.

Le chef anglo-(américain ?) qui sera resté trop longtemps à Nîmes, viendra au secours de l'Espagne contre le chef islamique, quand la comète ne sera plus visible en Artois.

Marseille

III, 86

Un chef d'Ausone aux Espagnes ira,
Par mer fera arrest dedans Marseille,
Avant sa mort un long temps languira,
Après sa mort on verra grand merveille.

Ausonia est en latin l'ancien nom de l'Italie.

Un chef italien se rendra en Espagne et par mer s'arrêtera à Marseille ; il languira longtemps avant de mourir et après sa mort on verra une grande merveille.

I, 72

Du tout Marseille des habitants changée,
Course & poursuite jusques aupres de Lyon,

Narbon, Toloze, par Bourdeaux outragée,
Tuez captifs presque d'un million.

Marseille sera changée de ses habitants ; il y aura une course et une poursuite jusque près de Lyon ; Narbonne et Toulouse seront outragées par les gens venus de Bordeaux et près d'un million de prisonniers seront tués.

Le quatrain suivant permet d'apporter une précision importante. Plusieurs auteurs, après 1981, ont produit des livres pour démontrer que Nostradamus avait, non pas fait des prophéties, mais raconté des événements du passé, c'est-à-dire antérieurs à 1555. Ainsi Marseille fut ravagée par les Sarrasins en 836. Le quatrain 88 de la IIIe centurie a donc été attribué à cet événement. Malheureusement pour ces exégètes peu soucieux des précisions de l'histoire, Louis le Débonnaire, roi d'Aquitaine qui avait passé les Pyrénées en 799, s'avança vers Barcelone, en 800, à la tête de trois corps d'armée, et, après un siège de sept mois, poussé avec vigueur par Rostaing, comte de Girone et d'Ampurias, le jeune roi vint en personne assister à la reddition de la ville qui capitula ; il y fit son entrée en grande pompe, précédé du clergé, qui marchait en procession et chantait des hymnes. L'année suivante, Barcelone redevenait chrétienne et le comte Bera, fils du comte de Toulouse saint Guillaume de Gellone, devenait gouverneur de la ville. En 836, les Arabes ne pouvaient donc pas partir de Barcelone pour venir piller Marseille. C'est ce type de recherche et de précisions qui permet de classer les quatrains dans l'avenir.

III, 88

De Barcelonne par mer si grand'armée,
Toute Marseille de frayeur tremblera :
Isles saisies de mer ayde fermée,
Ton traditeur en terre nagera.

Une si grande armée venue par mer de Barcelone fera trembler Marseille de frayeur ; les îles (de Méditerranée) ayant été saisies, le secours par mer sera fermé (Gibraltar ?). Ton traître débarquera.

Le quatrain suivant donne des précisions complémentaires.

X, 88

Pieds & cheval à la seconde veille,
Feront entrée vastient tout par la mer :
Dedans le poil entrera de Marseille,
Pleurs, crys, & sang, onc nul temps si amer.

En ancien français, *poil* signifie butin.

L'infanterie et l'arme blindée entreront, dans la deuxième partie de la nuit (entre 21 heures et minuit), et dévasteront tout par la mer dans Marseille pour du butin : pleurs, cris, sang, jamais il n'y eut un temps si amer.

III, 79

L'ordre fatal sempiternel par chaisnes,
Viendra tourner par ordre conséquent :
Du port Phocen sera rompue la chaisne,
La cité prinse, l'ennemy quant & quant.

En ancien français, *tourner* signifie revenir, ordre, position ou moyen, *quant et quant* aussitôt, sur-le-champ et *ordre* moyen, sacrement. Étant donné le contexte des quatrains précédents, *l'ordre fatal* représente fort probablement la loi islamique basée sur la fatalité, ce concept étant complété par l'expression *sempiternel par chaisnes*, toujours enchaîné par la fatalité.

La loi (islamique) toujours enchaînée par la fatalité, reviendra par une décision importante. La défense de Marseille sera rompue et la cité sera prise aussitôt.

IX, 85

Passer Guienne, Languedoc & le Rosne,
D'Agen tenans de Marmande & la Roole :
D'ouvrir par foy parroy Phocen tiendra son trosne,
Conflict aupres sainct pol de Manseole.

En ancien français, *parroy* signifie grève. Par analogie, le trône est le siège allégorique sur lequel les fidèles d'une religion supposent leur dieu assis. Saint-Pol-de-Mausole est un petit village à côté de Saint-Rémy-de-Provence, ville natale de Nostradamus.

Ceux qui tiendront Agen, Marmande et La Réole viendront passer en Guyenne, dans le Languedoc et au Rhône, pour ouvrir, à cause de leur foi (intégrisme islamique ?), les côtes de Marseille où se maintiendra le trône (d'Allah ?) malgré le conflit près de Saint-Pol-de-Mausole.

Attaque des frontières

Présage 29, juillet

Guerre, tonnerre, maints champs depopulez,
Frayeur & bruit, assault à la frontiere :
Grand Grand failli. pardon aux exilez,
Germains, Hispans. par mer Barba. banniere.

On connaîtra la guerre et le bruit de la guerre ; de nombreux endroits seront dépeuplés ; frayeur et bruit ; attaque à la frontière. Quand le grand personnage sera mort, les déportés seront réhabilités. Les Allemands et les Espagnols ayant été attaqués par mer par l'armée islamique.

Présage 125, juillet

Par pestilence et feu fruits d'arbres periront,
Signe d'huile abonder. Pere Denys non gueres :
Des grands mourir, mais peu d'estrangers failliront,
Insult, marin barbare, & dangers de frontières.

En ce qui concerne l'huile, on peut se demander s'il ne s'agit pas des produits toxiques de la guerre chimique ou de pétrole en flamme. L'expression *Pere Denys non gueres* n'a, à première vue, aucune signification. Seuls le contexte et le rapprochement avec d'autres quatrains peuvent permettre de trouver la signification de cette phrase. Comme on a vu que la côte méditerranéenne de l'Espagne jouait un rôle important vis-à-vis des forces islamiques et que Denys désigne probablement la petite ville de Denia près de

Barcelone, on peut supposer que le mot Pere est un nom géographique *raboté* par apocope ; il s'agirait donc de la petite ville de Perello située près d'Alicante. *Insultare* signifie en latin attaquer.

À cause de pestilence et par le feu (de la guerre) les fruits des arbres périront, à cause d'abondance d'huile (armes chimiques ?). Pere(llo) et Denia ne seront guère (épargnées). Des personnalités importantes mourront, mais peu d'étrangers feront défaut. La flotte islamique attaquera et il y aura danger sur les frontières.

Dans le quatrain suivant, Nostradamus précise que la France (l'hexagone) serait attaquée sur cinq côtés :

I, 73

France à cinq part par neglect assaillie
Tunys, Argal esmeuz par Persiens :
Leon, Seville, Barcelonne faillie,
N'aura la classe par les Venitiens.

En ancien français, *esmovoir* signifie exciter, soulever.

À cause de sa négligence, la France sera assaillie sur cinq frontières, après que la Tunisie et l'Algérie auront été soulevées par l'Iran ; le León, Séville et Barcelone ayant été pris ne seront pas (secourus) par la flotte de l'Adriatique. (Ce quatrain est à rapprocher de I, 18 : « Par la discorde, *négligence* gauloise », sera passage à Mahomet ouvert...)

À propos de l'intégrisme islamique en Algérie on lisait dans *Le Monde* du jeudi 16 janvier 1992, sous la plume de Jacques de Barrin, sous le titre « Nuances américaines et menaces iraniennes » : « Les autorités iraniennes ont continué, mardi par la voix de radio Téhéran, à fermement dénoncer l'annulation des élections en Algérie. Dans une menace à peine voilée, l'Iran estime que les partisans du Front Islamique du salut (FIS), sont contraints à recourir à la violence puisqu'ils ont été privés de leur victoire électorale. Téhéran souligne que l'attitude des dirigeants algériens va pousser *les forces islamiques à utiliser des moyens non pacifiques.* » Force est de constater que ces « moyens non pacifiques » ravagent l'Algérie !

VIII, 21

Au port de Agde trois fustes entreront,
Portant l'infect non foy et pestilence :
Passant le pont mille milles embleront,
Et le pont rompre à tierce résistance.

En ancien français, *infect* signifie empoisonné, *embler* veut dire s'enfuir et *tierce* est la troisième heure de la journée. *Pont* en grec (πόντος), c'est la mer.

Trois bateaux de guerre entreront dans le port d'Agde, portant le poison, une foi (non chrétienne) et la pestilence. Des milliers et des milliers de gens s'enfuiront par la mer, après que la résistance sur la mer aura été rompue à 3 heures du matin.

IV, 94

Deux grands frères seront chassez d'Espagne,
L'aisné vaincu sous les monts Pyrénées :
Rougir mer, Rosne, sang Leman d'Allemagne
Narbon, Blyterre, d'Agath contaminées.

On peut se demander si ces deux frères ne sont pas des chefs islamiques : voir V, 59 traduit plus loin. Blyterre est mis ici pour Biterre et se rapporte aux habitants de Béziers, c'est-à-dire les Biterrois. Agathe vient du grec *agathos* (ἀγαθός) qui a donné le nom de la ville d'Agde.

Deux grands frères (d'armes ?) seront chassés d'Espagne, après que l'aîné aura été vaincu sous les Pyrénées. La mer rougira ainsi que le Rhône, le sang coulera sur le lac Léman et en Allemagne. Narbonne et Béziers seront contaminées par ceux (qui seront arrivés) à Agde.

VIII, 49

Satur au boeuf iove en l'eau, Mars en fleiche,
Six de fevrier mortalité donra :
Ceux de Tardaigne à Bruges si grand breche,
Qu'à Ponterose chef Barbarin mourra.

Iove est pour *Jovis*, Jupiter en latin. Tardaigne est mis pour Tardenois, aujourd'hui région à cheval sur l'Aisne et la Marne. Ponterose est un mot composé de *pont* qui, en grec, signifie mer et rose pour rouge ; il s'agit donc très probablement de la mer Rouge. Les Tardenois sont les habitants de l'Aisne.

Lorsque Saturne sera en Taureau, Jupiter en Scorpion, la guerre augmentera et le 6 février sera particulièrement mortel. Ceux qui seront dans l'Aisne feront une très grande percée ; pendant que le chef islamique mourra en mer Rouge.

Le dernier roi et la défaite de l'Islam

Nostradamus indique dans plusieurs quatrains et sixains qu'un roi de la branche aînée des Bourbons (comme Juan Carlos Ier) apparaîtrait, durant cette guerre, au moment où l'on croirait tout perdu, et se lancerait dans une guerre de reconquête.

Il donne à ce personnage « providentiel », comme l'histoire de France en est émaillée (sainte Geneviève, Jeanne d'Arc, Henri IV, Charles de Gaulle, etc.) différents qualificatifs, afin de préciser une légitimité incontestable vis-à-vis des nombreux prétendants au trône de France :

– Bourbon (descendance d'Henri IV).

– Hercule et Ogmion (Ogmion était l'équivalent d'Hercule chez les Gaulois) pour la légitimité des Valois. En effet, le quatrième fils de Catherine de Médicis et d'Henri II, le duc d'Anjou, était prénommé *Hercule*-François ; il est mort en 1584 avant son frère Henri III (†1589), et n'a donc pas régné.

– Le roi de Blois pour la légitimité des Capétiens ; en effet, les comtes de Blois étaient issus de la famille d'Hugues Capet ; Blois fut aussi le séjour favori des Valois.

– Le Lorrain qu'on trouve sous forme d'anagrammes : le LORVARIN pour le Lorrain V (pour Ve République) ou le Norlaris. Ce qualificatif donne à ce futur roi également la légitimité des Carolingiens, à cause de Louis le Débonnaire, roi de France et empereur d'Occident, qui était le fils de Charlemagne et roi de Lorraine.

– CHYREN, anagramme de Henryc. Il faut noter ici que, si Nostradamus a dédié sa *Lettre à Henry, roy de France second* et non au roy Henri II, c'est parce qu'en réalité il adresse cette missive au futur roi de France, nommé *le grand CHYREN* (HENRYC). D'autre part, le mot second, du latin *secundus*, signifie secourable et donne donc à ce roi le rôle de sauveur que les quatrains lui attribuent. Enfin, dans une énumération, second suppose qu'il n'y a pas de troisième ; or, Henri III et Henri IV ont succédé à Henri II !

– Troyen, parce que dans *La Franciade*, poème épique inachevé de Ronsard, Francus, fils d'Hector, prince troyen, a échappé à la fureur des Grecs, après le sac de Troie. Le destin l'appelle à fonder un nouvel empire. Hyanthe qui est prophétesse, dévoile l'avenir à Francus et fait défiler devant lui tous les rois de France qui doivent descendre de lui, depuis Pharamond jusqu'à Charlemagne. Nostradamus reprend donc cette légende pour désigner le dernier roi de France, puisque Francus les a tous vus défiler.

– Le Royal ou le grand Royal ou le grand roy.

X, 87

Grand roy viendra prendre port près de Nisse,
Le grand empire de la mort si en fera :
Aux Antipolles posera son genisse,
Par mer la pille tout esvanouyra.

L'empire de la mort fait référence à la huitième maison qui est celle de la mort en astrologie et dont le seigneur est la planète Pluton, dieu de la mort. Antipolle est la francisation du nom grec *Antipolis* (Άντίπολισ). *Génisse* est mis pour génie pour les besoins de la rime avec Nisse. En moyen français, *esvanouir* signifie disparaître.

Le grand chef (islamique) débarquera près de Nice et fera régner l'empire de la mort ; à Antibes il installera son état-major et le butin disparaîtra par mer.

V, 19

Le grand Royal d'or, d'airain augmenté,
Rompu la pache, par jeune ouverte guerre,
Peuple affligé par un chef lamenté,
De sang barbare sera couverte terre.

L'airain, alliage à base de cuivre, servait à faire des monnaies, le mot désigne donc ici l'argent en général. *Pache* en ancien français signifie pacte, accord, convention.

(La puissance) du grand roi sera augmentée d'or et d'argent, un traité ayant été rompu et la guerre déclenchée par un jeune chef. Le peuple sera affligé par un chef pour lequel on se lamentera et la terre sera couverte de sang musulman.

V, 80

Logmion grande Bisance approchera,
Chassée sera la barbarique ligue :
Des deux lois l'une l'estinique lachera,
Barbare et franche en perpetuelle brigue.

Grande, pris comme substantif, signifie en ancien français grand danger. *L'estinique* est un mot fabriqué à partir de la troisième personne du présent de l'indicatif de verbe grec être *estin* (εστιν), ce qui se traduit littéralement par *celui qui est.* En ancien français, *brigue* signifie tumulte.

Hercule (roi de France) approchera d'Istanbul dans un grand danger ; la Ligue arabe sera chassée. Des deux lois (chrétienne et islamique), l'une, celle de celui qui est (Allah), cédera ; l'Islam et la France étant en tumulte perpétuel.

VI, 42

A Logmyon sera laissé le regne,
Du grand Selyn qui plus sera defaict :
Par les Itales estendra son enseigne,
Regy sera par prudent contrefaict.

Selyn ou Selin est la francisation du mot grec *Selênê* (Σελῆνη) qui signifie la lune et désigne donc l'Islam (le Croissant). En ancien français, *contrefait* signifie imitation.

Le pouvoir du grand chef islamique sera abandonné au roi, qui étendra son enseigne en Italie, pays gouverné par un homme sage qui le prendra comme modèle.

IV, 23

La légion dans la marine classe,
Calcine Magnes soulphre, & poix bruslera
Le long repos de l'asseurée place,
Port Selyn, Hercle feu les consummera.

Calcine est une francisation du mot grec *Chalcis* (Ξαλκίς), nom que portaient trois villes : une en Grèce sur l'île d'Eubée, une en Macédoine et une en Syrie. Magne est une ville du Péloponnèse. Le soufre était utilisé dans plusieurs produits incendiaires et la poix désigne les produits pétroliers (napalm ?). Selin signifie la lune et désigne donc l'Islam (le Croissant). Le port d'un pays islamique le plus proche de la Grèce est Istanbul.

Par l'armée de terre et la marine la Grèce brûlera après avoir été en paix et en sécurité. Dans le port islamique, le feu du roi les incendiera.

IX, 33

Hercules Roy de Rome & d'Annemarc,
De Gaule trois Guion surnommé :
Trembler l'Itale & l'unde de Saint-Marc,
Premier sur tous Monarque renommé.

En ancien français, *guion* signifie guide.

Hercule roi (de France), de Rome et du Danemark sera surnommé le troisième Guide de la France ; il fera trembler l'Italie (occupée ?) et la mer Adriatique et il sera un monarque renommé plus que tout autre.

X, 27

Par le cinquiesme, & un grand Hercules,
Viendront le temple ouvrir de main bellique :
Un Clement, Iule & Ascans reculés,
L'Espagne, clef, aigle, n'eurent onc si grande picque.

Par en ancien français signifie pendant. *Temple,* poétiquement l'Église. *Manus* en latin, au sens figuré, signifie force. San Clemente, ville espagnole de Castille, désigne l'Espagne. Ascanius ou Julius, fils d'Énée, accompagna son père en Italie, la famille Julia à Rome faisait remonter son origine à ce personnage, désigne l'Italie. Clef (de Saint-Pierre) désigne le Vatican et *l'aigle* les États-Unis (Nostradamus utilise cette image pour désigner de grandes puissances militaires : Napoléon, Hitler, les États-Unis). Au sens figuré, *pique* signifie brouillerie, tourment.

Pendant le Ve (État républicain) un grand roi viendra libérer l'Église avec des forces armées, l'Espagne et l'Italie ayant reculé. Jamais l'Espagne, le Vatican et les États-Unis ne connurent de si grands tourments.

Dans la *Lettre à Henry, roy de France second*, voici ce qui est dit au sujet de ce roi : « Ensuite un personnage sortira de la tige restée si longtemps stérile (les Bourbons), et qui croîtra pendant le cinquième degré (la Ve République), pour renouveler toute l'Église chrétienne... »

X, 79

Les vieux chemins seront tous embellis.
Lon passera à Memphis somentrées :
Le grand Mercure d'Hercules fleur de lys,
Faisant trembler terre, mer & contrées.

Quand Thèbes fut tombée, Memphis devint capitale de l'Égypte, aujourd'hui à une quinzaine de kilomètres du Caire ; désigne fort probablement la capitale égyptienne. En ancien français, *somentir* signifie manquer. Mercure était le dieu de l'éloquence et était réputé pour sa beauté.

Les vieilles routes seront refaites ; on passera au Caire les choses qui avaient manqué. L'éloquent roi à la fleur de lis (des Bourbons) aura fait trembler la terre, la mer et les nations.

IX, 93

Les ennemis du fort bien esloignez,
Par chariots conduict le bastion :
Par sur les murs de Bourges esgrongnez,
Quand Hercules battra l'Haematien.

En ancien français, *esgrogner* signifie attaquer. Émathie est l'ancien nom de la Macédoine qui faisait partie de l'ex-Yougoslavie. On sait qu'aujourd'hui la Grèce revendique le rattachement de ce pays. Les quatrains concernant le Macédonien sont à rapprocher du quatrain contenant la phrase *la Perse tourne envahir Macédoine* (II, 96), car l'Émathien désignerait peut-être le chef iranien.

Les ennemis seront éloignés du fort et les fortifications seront protégées par l'arme blindée, pendant ce temps la ville de Bourges sera attaquée, quand le roi battra le chef macédonien (ou iranien).

X, 58

Au temps du dueil que le selin monarque,
Guerroyera le jeune Aematien,
Gaule bransler pericliter la barque,
Tenter Phossens au Ponant entretien.

Au temps du décès du chef islamique, le jeune Macédonien (ou iranien) guerroiera. La France sera ébranlée et l'Église périclitera ; il attaquera les Marseillais, l'Occident se maintiendra.

IV, 77

SELIN Monarque l'Italie pacifique
Regnes unis, roy chrestien du monde,
Mourant voudra coucher en terre blesique,
Après pyrates avoir chassé de l'onde.

Blésique est une modification de Blésois, habitants de Blois.

Après la mort du chef islamique, l'Italie sera en paix et les pays en union ; le roi chrétien du monde voudra être enterré à Blois, après avoir chassé des mers les pirates (barbaresques).

Comme c'est fréquemment le cas, Nostradamus utilise le terme précis que l'histoire va retenir. En effet, il utilise pour l'Islam le terme de pirates qui était en usage au XVIe siècle. Mais qui aurait pu prévoir que le gouvernement français appellerait son plan pour lutter contre le terrorisme de l'intégrisme islamique l'expression VIGIPIRATE, quatre siècles et demi plus tard ? On trouvera un peu plus loin le même mot dans le quatrain 44 de la Ve Centurie. Ceci fait partie des voyants qui s'allument les uns après les autres dans la mise en place du déroulement dans le temps du schéma prophétique.

I, 94

Au port Selin le tyran mis à mort,
La liberté non pourtant recouvrée :
Le nouveau Mars par vindicte et remort,
Dame par force de frayeur honorée.

Remort en ancien français signifie, guerre, querelle, et *honorée* veut dire renommée.

Dans le port islamique (Istanbul ?) le tyran sera mis à mort, bien que la liberté ne soit pas encore recouvrée à cause d'une nouvelle guerre par vengeance et esprit guerrier. Un personnage féminin (de gouvernement) fera sa renommée par sa force et la frayeur qu'elle aura suscitée.

VI, 78

Crier victoire du grand Selin croissant,
Par les Romains sera l'Aigle clamé,
Ticcin, Milan, & Gennes n'y consent,
Puis par eux mesme Basil grand réclamé.

Il s'agit ici de l'aigle du drapeau américain. *Ticinus* est le Tessin en latin. Basil vient du grec *basileus* (βασιλεύς) qui veut dire roi.

Après avoir crié la victoire du grand croissant islamique, les Romains acclameront ou réclameront les Américains. Le Tessin, Milan et Gênes n'en voudront pas, puis eux-mêmes réclameront le grand roi.

II, 1

Vers Aquitaine par insuls Britanniques,
De par eux mesmes grandes incursions :
Pluyes, gelees feront terroirs iniques,
Port Selyn fortes fera invasion.

De l'Aquitaine jusqu'aux îles Britanniques, il y aura de grandes incursions ; ces territoires seront défavorables (aux attaquants) à cause de la pluie et du froid. Puissante sera l'invasion venue du port islamique (Istanbul ?).

V, 35

Par cité franche de la grand mer Seline,
Qui porte encore à l'estomach la pierre :
Anglaise classe viendra sous la bruine,
Prendre un rameau, de grand ouverte guerre.

Par l'expression *cité franche*, Nostradamus désigne La Mecque qui reçoit, chaque année, des milliers de pèlerins venus des quatre coins du monde. D'autre part, La Mecque est à 46 kilomètres de la mer Rouge, mer islamique entre l'Arabie et l'Égypte. *Stomachos* (στόμαχος) signifie en grec orifice. Au centre de la cour de la mosquée dite Beith Allah (la maison de Dieu) se trouve, dans un *orifice* de la Kaaba, *la pierre* noire que viennent adorer les pèlerins. En ancien français, *bruine* signifie lutte, trouble et *ouvert* signifie manifeste, évident.

À La Mecque près de la mer Rouge, où se trouve encore la pierre dans un orifice, la flotte anglaise viendra en combattant faire une proposition de paix, au moment où l'importance de la guerre sera manifeste.

VI, 27

Dedans les isles de cinq fleuves à un,
Par le croissant du grand Chyren Selin :
Par les bruynes fureur de l'un,
Six eschappez, cachez fardeaux de lyn.

En ancien français, un *lin* était une frégate légère.

Dans les îles Britanniques, depuis cinq fleuves (la France : Rhin, Seine, Loire, Garonne et Rhône ?) jusqu'à un fleuve (la Tamise), le grand Henri viendra à cause du croissant de l'Islam, sa fureur étant provoquée par les combats, six personnes s'étant échappées, cachées dans un bateau.

II, 79

La barbe crespe & noire par engin,
Subjuguera la gent cruelle & fiere :
Le grand CHIREN ostera du longin,
Tous les captifs par Seline baniere.

Engin en ancien français signifie ruse, fraude, tromperie. *Longin* est mis, par épenthèse, pour *longinquo*, de loin.

Le grand Henri soumettra le personnage à la barbe crépue et noire (ayatollah ?) du peuple cruel et fier et ôtera (des prisons) lointaines tous les prisonniers de la bannière islamique.

VIII, 54

Soubs la couleur du traicté marriage,
Fait magnanime par grand Chyren selin :
Quintin, Arras recouvrez au voyage,
D'Espagnols fait second banc macelin.

Sub, en latin signifie sous, mais aussi tout de suite après, à la suite de. En ancien français, *couleur* signifie faveur, amitié. Quintin est une petite ville des Côtes-d'Armor et pourrait désigner la Bretagne, à moins qu'il ne s'agisse de Saint-Quentin. Le contexte permet de dire que voyage fait allusion au voyage d'outre-mer, voyage que les chrétiens entreprenaient autrefois pour faire la guerre aux musulmans. Autrefois, le banc était la cour ou le conseil d'un souverain et *secundus* en latin signifie favorable, propice. En ancien français, *macel* ou *maisel* signifie carnage, massacre ; Nostradamus a ajouté le suffixe in pour les besoins de la rime avec selin.

À la suite de la faveur d'un traité d'alliance, le grand Henri fera un acte magnanime envers l'Islam ; l'Artois et la Picardie (ou la Bretagne) ayant été libérés grâce à l'expédition contre l'Islam ; un conseil (d'État) sera propice aux Espagnols après le massacre.

IX, 53

Les trois pellices de loing s'entrebattront,
La plus grand moindre demeurera à l'escoute :

Le grand Selin n'en sera plus patron,
Le nommera feu pelte blanche route.

Les pelisses étaient des robes d'honneur, dont le sultan faisait cadeau à ses fonctionnaires, ainsi qu'à des grands personnages étrangers ; Nostradamus désigne probablement ici trois chefs d'État islamiques. En ancien français, *route* veut dire troupe, compagnie, flotte. Pelte est mis pour *pellitus*, en latin de peau.

Les trois chefs d'État islamiques s'entre-battront ; le plus important sera dans l'expectative. Le grand chef islamique ne le commandera plus et il nommera (celui qui était resté en réserve) pour mettre à feu la flotte occidentale (à la peau blanche : les Blancs).

VI, 70

Un chef du monde le grand CHYREN sera,
Plus outre après aymé, craint, redouté :
Son bruit & los les cieux surpassera,
Et du seul titre Victeur fort contenté.

En ancien français, les mots *bruit* et *los* signifient tous les deux réputation ; cette redite est emphatique. *Victeur* veut dire vainqueur.

Le grand Henri sera un chef du monde. Après il sera encore plus aimé, craint et redouté ; sa réputation surpassera les cieux et il se contentera fort bien du seul titre de vainqueur.

IV, 34

Le grand mené captif d'estrange terre,
D'or enchainé au Roy CHIREN offert :
Qui dans Ausone, Milan perdra la guerre,
Et tout son ost mis a feu & à fer.

En ancien français, *ost* signifie armée.

Le chef d'État étranger (islamique ?) prisonnier sera offert enchaîné d'or au roi Henri ; car il aura perdu la guerre en Italie, à Milan, et toute son armée sera anéantie.

Avignon capitale – Le roi de Blois

IX, 41

Le grand CHYREN soy saisir d'Avignon,
De Rome lettre en miel plein d'amertume :
Lettre ambassade partir de Chanignon,
Carpentras pris par duc noir rouge plume.

Miel pour *miels* qui signifie en ancien français plus. *Chanignon* est mis pour Canino, ville de la province de Rome à 26 km au N.-O. de Viterbe.

Le grand Henri se saisira d'Avignon après avoir reçu de Rome plus de nouvelles pleines d'amertume. Un message d'ambassade partira de Canino, car Carpentras aura été prise par un général au drapeau rouge et noir.

Les pays islamiques qui ont le rouge et noir dans leur drapeau sont : l'Irak, la Syrie, la Libye, l'Égypte, le Soudan, le Yémen. On ne saura de quel pays il s'agit que le moment venu.

VIII, 38

Le roi de Blois dans Avignon regner,
Une autre fois le peuple en monopole,
Dedans le Rosne par murs fera baigner,
Jusques à cinq le dernier près de Nole.

En ancien français, *monopole* signifie conspiration, conjuration. Cinq est probablement pour Ve République. Nole est une petite ville d'Italie près de Naples.

Le roi de Blois (le grand Henri) régnera à Avignon, car une nouvelle fois le peuple (français) conspirera ; il verra le Rhône baigner les murs de la ville, jusqu'à la fin de la Ve République, le dernier (pape ? – cf. la prophétie de Malachie : *de gloria olivae* ou un autre personnage) étant près de Nole.

VIII, 52

Le roy de Blois dans Avignon regner,
D'Amboise & seme viendra le long de Lyndre :
Ongle à Poitiers sainctes aisles ruyner,
Devant Boni.

Seme est probablement mis pour Semnon, affluent de la Vilaine au sud de Rennes. En ancien français, *ongle* désigne une bête à fourrure (l'ours symbole de la Russie et le mot *sainctes* feraient également référence à ce pays pour l'expression « la sainte Russie » ? Les Romains appelaient *ailes* les troupes de cavalerie. Boni est peut-être mis pour *Bononia*, ancien nom de Boulogne. Seul le moment venu permettra d'apporter les précisions sur ce quatrain. La traduction en est donc très hypothétique.

Le roi de Blois (le grand Henri) régnera dans Avignon. D'Amboise et de Rennes il longera l'Indre. Les Russes étant à Poitiers, il ruinera leur arme blindée, devant Boulogne.

X, 44

Par lors qu'un Roy sera contre les siens,
Natif de Bloye subjuguera Ligures :
Mammel, cordube & les Dalmatiens,
Des sept puis l'ombre à Roy estrennes & lemures.

En ancien français, *contre* signifie pour, en l'honneur de ; *natif* naturel ; *etrene* combat, choc. Le Memmel est l'ancien nom du Niemen, fleuve qui traverse la Biélorussie. Dans la mythologie, les Lémures sont les spectres ou l'esprit de la mort.

Lorsqu'un roi se battra pour les siens, l'héritier de Blois soumettra les Ligures (l'Italie), la Russie, l'Espagne et la Dalmatie ; puis avec l'aide des sept pays (G7) le roi fera cesser (mettra à l'ombre) les combats et les morts cesseront.

Voici les quatrains qui complètent cette campagne militaire :

I, 20

Tours, d'Orléans, Blois, Angers, Reims, & Nantes,
Citez vexées par subit changement,

Par langues estranges seront tendues tentes,
Fleuves, dars, Renes, terre & mer tremblement.

Le mot *dard* fait penser aux fusées. En ancien français, *renes* signifie pays.

Tours depuis Orléans, Blois, Angers, Reims et Nantes, ces villes seront vexées par un changement subit ; des gens parlant une langue étrangère viendront les occuper. À cause des fusées, les fleuves, les pays, la terre et la mer trembleront.

IV, 46

Bien défendu le faict par excellence,
Garde toy Tours de ta proche ruine,
Londres & Nantes, par Reims fera défense,
Ne passe outre au temps de la bruine.

Comme dans le quatrain 35 de la Centurie V, traduit précédemment, le mot *bruine* signifie lutte, trouble.

Les mouvements de résistance seront excellents, cependant, garde-toi Tours de ta prochaine ruine ; malgré les armées à Londres et à Nantes, on résistera à Reims, et tu ne pourras pas échapper à ces troubles.

V, 74

De sang Troyen naistra cœur germanique,
Qui deviendra en si haute puissance :
Hors chassera gent estrange arabique.
Tournant l'Église en pristine prééminence.

De sang royal français, le roi naîtra avec des sentiments germanophiles et atteindra une très grande puissance. Il chassera hors de France les étrangers islamiques et rendra à l'Église sa prééminence originelle (retour au christianisme primitif, dont le mouvement œcuménique est, sans doute, le signe précurseur).

La Suisse dans le conflit

Certains quatrains montrent que, cette fois, la Suisse n'échappera pas au conflit. Elle a, à cause des nombreux tunnels, une position stratégique au cœur de l'Europe. D'autre part, aucun autre massif montagneux au monde n'est percé d'autant de tunnels : *les montagnes cavées*, disait Nostradamus au XVIe siècle, alors qu'il n'y avait pas un seul tunnel dans les Alpes !

X, 49

Jardin du monde auprès de cité neuve,
Dans le chemin de montagnes cavées :
Sera saisi & plongé dans la cuve,
Buvant par force eaux soulphre envenimées.

Jardin au sens figuré signifie pays riche. La *cité neuve* est Genève, dont le nom signifie nouvelle terre. *Cavé* vient du verbe latin *cavere* qui signifie creuser.

Le pays riche de la planète (la Suisse), près de Genève (qui est enserrée) dans le chemin des montagnes creusées, sera occupé et entraîné dans le conflit ; et on sera forcé de boire l'eau chimiquement polluée.

II, 64

Seicher de faim, de soif, gent Genevoise,
Espoir prochain viendra au défaillir,
Sur point tremblant sera loy Gebenoise,
Classe au grand port ne se peut accueillir.

Les Gébanites étaient un peuple d'Arabie. En ancien français, *point* signifie moment, instant, occasion.

Les Genevois sécheront de faim et de soif. Un espoir prochain viendra après la chute ; pendant un moment on tremblera sous la loi islamique. Le grand port (cf. *port selin*, Istanbul) ne peut accueillir la flotte.

IX, 44

Migrés, migrés de Genesve trestous
Saturne d'or en fer se changera :
Le contre RAYPOZ exterminera tous,
Avant l'advent le ciel signes fera.

Saturne est le dieu du temps. Raypoz est l'anagramme de Zopyra, Zopyre. Pendant que Darius assiégeait Babylone, défendue par Nabuchodonosor III, Zopyre se dévoua pour assurer à son maître la prise de la cité. Il se mutila et s'introduisit dans la place comme transfuge, et, quand il eut réussi à gagner la confiance des assiégés, il livra aux Perses les deux portes dont on lui avait accordé la garde (519 av. J.-C.). Nostradamus désigne ici l'Iran et fait probablement, par cette astuce, allusion à la guerre Irak-Iran. *Adventus* en latin signifie arrivée, venue.

Émigrez, émigrez tous habitants de Genève, votre âge d'or se changera en âge de fer (guerre) ; celui qui était contre l'Irak vous exterminera. Avant que cela arrive, il y aura des signes dans le ciel (comète ou autre).

IV, 9

Le chef du camp au milieu de la presse,
D'un coup de flèche sera blessé aux cuisses,
Lorsque Genève en larmes & détresse,
Sera trahie par Lozan et par Souysses.

Presse en ancien français signifie rude besogne. *Cuisses* est mis ici pour cuissels, partie de l'armure qui protégeait les cuisses, et *flèche* représente, sans doute, les munitions à cause de leurs têtes pointues.

Le chef de l'armée aura une rude besogne ; son armement sera atteint par des fusées, lorsque Genève sera en larmes et dans la détresse et trahie par (les occupants) de Lausanne et de la Suisse.

X, 92

Devant le père l'enfant sera tué,
Le père après entre cordes de jonc :

Genevois peuple sera esvertué,
Gisant le chef au milieu comme un tronc.

En ancien français, *esvertuer* signifie fortifier, donner de la force à.

L'enfant sera tué devant son père qui sera ensuite enchaîné. Puis les Genevois reprendront force quand le chef (militaire) sera gisant comme un tronc d'arbre au milieu (de la ville).

VIII, 6

Clarté fulgure à Lyon apparente,
Luysant, print Malte, subit sera estainte,
Sardon, Mauris traitera décevante,
Genève à Londes à Coq trahison fainte.

En ancien français, *fulgure* signifie foudre, éclair et *luire* signifie faire des éclairs. Les Sardons étaient un peuple du Languedoc (Narbonne).

La clarté des éclairs (bombardements ?) qui aura apparu à Lyon, illuminant le ciel, sera subitement éteinte, Malte étant occupée ; les islamiques traiteront par tromperie les habitants du Languedoc. De Genève jusqu'à Londres, une trahison sera faite à la France.

VIII, 10

Puanteur grande sortira de Lausanne,
Qu'on ne sçaura l'origine du fait,
L'on mettre hors toute la gent loingtaine,
Feu vu au ciel, peuple estranger deffait.

Une grande puanteur sortira de Lausanne et on ne connaîtra pas son origine. On expulsera les étrangers. On verra du feu dans le ciel (fusées ?), et le peuple étranger (ennemi) connaîtra la défaite.

V, 85

Par les Suèves et lieux circonvoisins,
Seront en guerre pour cause de nuées :
Camp marins locustes & cousins,
Du Léman fautes seront bien desnuées.

Les Suèves étaient le nom donné par les Romains, depuis César, aux peuples de la grande Germanie. En ancien français, le verbe *nuer* signifie dépouiller, et *desnué*, abandonné. En latin *campae* signifie chevaux marins, il s'agit donc ici de chars amphibies. *Locustae* veut dire sauterelles, symbolisant l'aviation et l'infanterie, car ce sont des insectes terrestres et aériens, et les cousins sont des insectes d'abord aquatiques et désignent ici les bateaux ou des barges de débarquement.

L'Allemagne et les pays voisins seront en guerre parce qu'ils auront été dépouillés, avec des engins blindés amphibies, des avions et des bateaux. Les erreurs du lac Léman (inutiles conférences de la paix de Genève) seront abandonnées.

VI, 81

Pleurs, cris & plaincts, hurlemens, effrayeur,
Cœur inhumain, cruel, noir & transy :
Leman les Isles, de Gennes les maieurs,
Sang espancher, frofaim, à nul mercy.

En ancien français, *transi* signifie mort ; *maieur* est l'ancien nom des maires et *frofaim* est un mot fabriqué avec froid et faim.

Pleurs, cris et plaintes, hurlements, frayeur à cause d'un personnage sans cœur, cruel, noir et froid comme la mort, du lac Léman jusqu'aux îles Britanniques et pour les élus de Gênes. Il fera couler le sang sans pitié pour personne pendant l'hiver et la famine.

Présage 4, février

Près du Léman la frayeur sera grande,
Par le conseil, cela ne peut faillir :
Le nouveau roy fait apprester sa bande,
Le jeune meurt faim, pœur fera faillir.

En ancien français, *conseil* signifie décision, délibération et *faillir* signifie finir, s'arrêter.

La frayeur sera grande près du lac Léman ; malgré une délibération cela ne pourra s'arrêter. Le nouveau chef fait préparer son armée ; les jeunes mourront de faim, on échouera à cause de la peur.

II, 73

Au lac Fucin de Benac le rivage,
Prins du Léman au port de l'Orguion,
Nay de trois bras predict bellique image,
Par trois couronnes au grand endymion.

Le lac Fucin se trouve à l'est de Rome. *Lacus Benacus* est l'ancien nom du lac de Garde dans la haute Italie. *Orguion* (en grec 'Οργών) est l'île d'Orgon au large de la Toscane (aujourd'hui Gorgona). *Bras* était une sorte de mesure. Endymion, fils de Jupiter, comme il dormait sur le mont Latmus, en Carie (ancien royaume de l'Asie Mineure, aujourd'hui la Turquie), sa beauté surprenante enflamma le cœur froid de Séléné (la Lune), qui descendit, l'embrassa et reposa près de lui. Nostradamus désigne fort probablement par ce mot le grand chef islamique, à cause des références à la lune (le Croissant), et à la Turquie.

Du lac Fucin jusqu'au lac de Garde, le lac Léman sera occupé à partir de l'île d'Orgon. Le grand chef islamique sera « né de trois bras » (de mer ou de rivière ?) (cette expression ne sera compréhensible que le moment venu, à moins qu'elle n'ait la même signification que « de l'aquatique triplicité naîtra » (I, 50) ; il s'agirait alors de l'Irak) auquel on aura prédit une vie guerrière, sera allié à trois pays.

Les deux quatrains suivants donnent à la ville de Hébron, qui ne devait pas être particulièrement connue au XVIe siècle, un rôle important dans le conflit israélo-palestinien. La liste des événements graves qui se déroulent dans cette cité des Patriarches, depuis cinq ans, est éloquente :

24 février 1994	Baruch Goldstein tire sur des Palestiniens à l'intérieur du tombeau des Patriarches. La tuerie provoque la mort d'une trentaine de personnes et entraîne des affrontements.
27 février 1994	En réponse, les négociations sont suspendues par Damas.
24 septembre 1996	Violents affrontements consécutifs au percement par Israël d'un tunnel le long de la mosquée Al-Aqsa.

1er janvier 1997	Un jeune soldat israélien ouvre le feu sur la foule, blessant six Palestiniens.
15 janvier 1997	Redéploiement de l'armée israélienne.
13 juin 1997	Affrontements entre Palestiniens et l'armée israélienne.
4 juillet 1997	Nouveaux affrontements : dix-huit Palestiniens blessés.
10 mars 1998	Affrontements.
26 octobre 1998	Un colon juif abattu par un militant du Hamas et un Palestinien abattu par un colon juif.

III, 12

Par la tumeur de Heb, Po, Tag, Timbre, & Rome,
Et par l'estang Léman & Arétin :
Les deux grands chefs & citez de Garonne,
Prins, morts, noyez. Partir butin humain.

Tumeur signifie agitation en ancien français. Les Arétains sont les habitants d'Arezzo, ville d'Italie près du lac Trasimène.

À cause de l'agitation de Hébron (Israël), du Pô, du Tage, du Tibre et de Rome et par le lac Léman et Arezzo, les deux grands dirigeants des cités de la Garonne (Bordeaux et Toulouse) seront pris, noyés et morts. Des hommes partiront comme butin.

VI, 88

Un règne grand demourra désolé,
Auprès de l'Hebro se seront assemblées.
Monts Pyrénées le rendront consolé,
Lorsque dans May seront terres tremblées.

Un grand pays demeurera désolé, quand il y aura eu un rassemblement près d'Hébron (Israël) ; les Pyrénées (Espagne ?) le réconforteront, lorsqu'il y aura des tremblements de terre (ou troubles) en mai.

Les Palestiniens ont l'intention de proclamer leur État indépendant le 4 mai 1999…

IV, 74

Du lac Léman & ceux de Brannonices,
Tous assemblez contre ceux d'Aquitaine,
Germains, beaucoup, encor plus Souisses,
Seront defaicts avec ceux d'humaine.

Brannovices était une ville des Aulerques, peuple de la région de Lyon. Ceux d'humaine désigne probablement l'Italie où est né l'humanisme.

Ceux du lac Léman et du Lyonnais se rassembleront tous contre ceux d'Aquitaine ; les Allemands surtout et encore plus les Suisses seront battus avec les Italiens.

Ce quatrain pose un problème de compréhension comme d'autres que seuls les événements permettront de comprendre complètement, lorsqu'ils se produiront. Il n'est pas impossible que Suisses, Français et Allemands se rassemblent contre les envahisseurs de l'Aquitaine.

CHAPITRE V

Nostradamus et l'Asie
– Chine et Japon –

L'Europe deviendra-t-elle, c'est-à-dire ce qu'elle est en réalité : un petit cap du continent asiatique.

Paul VALÉRY,
Variétés, La Crise de l'esprit.

Il semble, au vu des écrits des prophètes et des poètes, que l'on soit en train de mettre la charrue devant les bœufs, en faisant l'Europe de « l'euro » (c'est-à-dire du veau d'or), au lieu de faire celle de sa civilisation chrétienne qui en fut le ciment pendant des siècles...

Dans la *Préface à son fils César*, Nostradamus précise, comme nous l'avons vu précédemment, que ses prophéties concernent « l'Europe, l'Afrique et une partie de l'Asie ».

Les pays asiatiques qui ont retenu particulièrement l'attention du prophète sont, au premier chef, ceux du Moyen-Orient (Turquie, Palestine, Israël, Iran, Irak) et pour l'Extrême-Orient, ce sont essentiellement le Japon et la Chine.

Bien des gens qui s'intéressent à Nostradamus, se demandent pourquoi il n'a rien prévu pour le continent américain. La réponse à cette question découle, sans doute, de l'histoire de ce jeune continent, dont les territoires ont échappé aux ravages des deux Premières Guerres mondiales. On peut donc supposer que, si, par malheur, un troisième conflit éclatait prochainement, l'Amérique, dans son ensemble, serait épargnée une nouvelle fois par la guerre ; ce qui ne signifie pas qu'elle n'y serait pas impliquée, comme elle le fut en 1917 et en 1941.

Le monde serait alors partagé et pacifié par les peuples jaunes d'Asie et l'Amérique ; ces deux continents entourent l'océan Pacifique dont on peut se demander si le nom relève seulement du hasard... La civilisation atlantique est vieillie et usée. Le centre économique du monde s'est déplacé, petit à petit, au XXe siècle, autour du Pacifique.

Les deux Premières Guerres mondiales déclenchées par des pays européens en sont la cause essentielle. En effet, elles provoquèrent une terrible ponction dans leurs démographies : les armées de la France comptaient 1 383 000 morts et près de 3 millions de blessés dont 740 000 étaient mutilés ; l'Allemagne perdit 1 800 000 hommes ;

la Russie 1 700 000 ; l'Autriche-Hongrie 1 200 000 ; la Grande-Bretagne 947 000 ; l'Italie 460 000 ! Si l'on ajoute la guerre de 1870, les trois guerres franco-allemandes ont constitué une véritable autodestruction dont la France, l'Allemagne et l'Europe entière ne se sont pas relevées malgré des apparences trompeuses, car la véritable richesse d'un pays n'est pas l'économie mais les hommes. À ce phénomène de dépopulation, est venu s'ajouter l'effondrement de la démographie et, partant, le vieillissement de l'Europe.

L'histoire de la Chine et du Japon antérieure au XXe siècle n'a pas intéressé Nostradamus. La raison en est que l'objet essentiel de sa prophétie est centré sur la fin de la civilisation européenne et sur les événements qui la concernent. Or, les peuples jaunes d'Asie ne commencèrent à être vraiment entraînés dans les guerres européennes par les Occidentaux qu'à la fin du XIXe siècle, avec la colonisation de l'Indochine et la pénétration en Chine.

À l'aube du XXe siècle, l'Extrême-Orient était en grande partie sous domination de l'Europe : les Indes, la Birmanie, la Malaisie, Ceylan reviennent à la Grande-Bretagne, le Viêt-nam, le Laos, le Cambodge à la France, l'actuelle Indonésie aux Pays-Bas. L'Espagne, l'Allemagne et le Portugal occupent de nombreux comptoirs. Après ce mouvement de flux expansionniste européen, est arrivé au XXe siècle le reflux de la décolonisation. Partout, les nations européennes conquérantes sont rentrées dans leurs frontières, pendant qu'Amérique et peuples jaunes d'Asie prenaient la relève de l'expansion économique.

Les mots utilisés par Nostradamus pour désigner la Chine et le Japon sont : Asie, asiatique, Orient, les Orients, l'Oriental, les Orientaux, les Jaunes ; Sol ou le soleil levant ou Levant, les portes et les solaires pour le Japon et les Japonais ; le ciel pour la Chine, le « céleste empire ».

Hiroshima et Nagasaki

Le premier événement prédit en 1555, concernant l'Extrême-Orient, est la destruction d'Hiroshima le 6 août 1945 et celle de Nagasaki trois jours plus tard. Cette catastrophe provoquée par le génie destructeur de l'homme est si importante que deux quatrains lui ont été consacrés. Les descriptions sont si saisissantes que

Nostradamus, installé dans son bloc espace-temps, a probablement assisté à ces deux destructions qui étaient alors présentes pour lui, mais à venir pour ses contemporains.

II, 91

Soleil levant un grand feu on verra,
Bruit et clarté vers Aquilon tendans ;
Dedans le rond mort & cris l'on orra,
Par glaive feu, faim, mort les attendans.

Le mot *Aquilon* désigne toujours la Russie dont le territoire occupe une grande partie de l'hémisphère Nord depuis la mer Baltique jusqu'au détroit de Béring. *Tendant* est mis pour attendant par apocope (suppression d'une syllabe au début du mot pour gagner un pied au vers). En ancien français, *orra* est le futur du verbe orer qui veut dire souhaiter et *glaive* signifie calamité.

Au Japon (l'Empire du Soleil-Levant), on verra un grand feu qui provoquera du bruit et de la clarté, la Russie attendant cela (pour entrer en guerre). Dans le cercle de l'explosion atomique, au milieu des cris, on souhaitera la mort. Par la calamité du feu les hommes attendront la mort.

Il est probable que, lorsque Nostradamus dit que des gens souhaiteront mourir, il fait allusion aux survivants horriblement brûlés, irradiés ou atteints sur le plan génétique pour leur descendance. Deux jours après la destruction d'Hiroshima, le 8 août 1945, la Russie déclarait la guerre au Japon. Elle profitera de l'occasion pour recouvrer le sud de l'île de Sakhaline et annexer de fait les Kouriles.

Le second quatrain précise la nouveauté du fléau atomique :

II, 6

Auprès des portes et dedans deux cités,
Seront deux fléaux et onc n'aperçu un tel :
Faim, dedans peste, de fer hors gens boutés,
Crier secours au grand Dieu immortel.

Près de *Portes* (« Les Portes de l'Orient » : le Japon) et dans deux villes (Hiroshima et Nagasaki) il y aura deux fléaux que l'on n'avait encore jamais vus ; ils provoqueront la famine et la maladie. Les gens seront frappés par autre chose que le fer de la guerre (allusion à l'uranium qui sert à fabriquer les armes atomiques, métal inconnu au XVIe siècle) et ils appelleront Dieu au secours par le biais de son représentant sur terre, c'est-à-dire l'empereur, garant de la pérennité du Japon.

Effectivement, le 15 août 1945, l'empereur Hirohito annonçait la capitulation du Japon dans une allocution radiodiffusée.

L'Antéchrist

On trouvera dans le chapitre VI des précisions complémentaires concernant ce personnage appelé Antéchrist et son origine asiatique. Il est important de préciser que le mot *ante* signifie en latin avant et que la déformation en anti, c'est-à-dire contre, est due aux prophéties catastrophiques et calamiteuses attachées à ce personnage. L'Antéchrist serait peut-être ce personnage venu d'Asie pour persécuter les chrétiens avant l'avènement véritable du christianisme. En effet, les premiers chrétiens furent persécutés en christianisant l'Europe et une partie de l'Asie pacifiquement, sans coup férir. Après les persécutions de l'Empire romain, vinrent, au Ve siècle, les persécutions des *barbares* avec Attila et ses hordes asiatiques, puis celles des Sarrasins à partir du VIIe siècle, et enfin celles des Mongols au XIIIe siècle.

À partir du VIIIe siècle, et surtout au XIe, les peuples chrétiens, pour lutter contre les invasions arabes, ont manié l'épée, trahissant ainsi l'avertissement donné par Jésus à Pierre au Jardin des Oliviers.

Rappelons ici ce que rapportent les Évangiles : les soldats romains venaient arrêter Jésus. Pierre saisit son épée et voulut frapper les soldats. Jésus lui demanda de la rengainer et lui dit : « *Celui qui manie l'épée périra par l'épée.* » Le christianisme et son éthique non violente seront fort probablement la base qui régira les rapports entre les hommes au moment de l'établissement de la paix universelle annoncée par l'Apocalypse comme par Nostradamus. Ceci expliquerait la phrase du Christ : « *Mon royaume n'est pas de ce monde* », c'est-à-dire de l'ère chrétienne qu'il était en train d'ouvrir. Le christianisme recommencerait pratiquement à zéro dans une immense persécution semblable à celle qui vit sa naissance. Monseigneur Lustiger ne dit pas autre chose quand il déclare : « Le christianisme est à venir. »

Voici comment Nostradamus annonce ce personnage Antéchristique dans le quatrain suivant :

X, 75

Tant attendu ne reviendra jamais,
Dedans l'Europe, en Asie apparoistra :
Un de la ligue issu du grand Hermés,
Et sur tous Roys des Orients croistra.

Dans la mythologie grecque Hermès, appelé Mercure par les Romains, est le messager des dieux, c'est-à-dire du ciel. Ceci est probablement une allusion à l'origine de l'Antéchrist dans le « Céleste Empire » (*Du ciel viendra un grand roi d'effrayeur*). Il était le dieu de la ruse, soit en paroles et en actions, soit même par fraude, parjure et larcin. À cause de cela, il est considéré comme le dieu des voleurs (allusion aux pillages auxquels se livrèrent les deux premiers conquérants asiatiques, Attila et Gengis Khan). Enfin, Hermès était le dieu de l'éloquence et l'on sait que l'Antéchrist sera un tribun qui enflammera de nombreux pays contre l'Occident. Le mot *ligue*, pris en mauvaise part, signifie coalition ou complot. Par le pluriel *les Orients*, Nostradamus désigne le Moyen-Orient et l'Extrême-Orient.

Celui (l'Antéchrist) qui aura été tant attendu (dans tous les textes prophétiques de la tradition occidentale) sera chassé définitivement. Il apparaîtra en Asie pour venir en Europe. Il sera issu d'une coalition de pillards et croîtra en pouvoir sur plusieurs chefs d'État du Moyen-Orient et de l'Extrême-Orient (peuples jaunes et islamiques d'Asie).

Cette dernière invasion antichrétienne en Europe, venue d'Asie, est précisée dans la *Lettre à Henry, roy de France second* : « La persécution des gens d'Église prendra son origine dans la puissance de la Russie unie avec les Orientaux (Chinois). Et cette persécution durera un peu moins de onze ans, et c'est alors que s'effondrera le principal État, à savoir la Russie. Ces onze années révolues, surgira son allié méridional (pays islamiques du Moyen-Orient) qui persécutera avec encore plus de violence, pendant trois ans, les gens d'Église, par le moyen d'une séduction apostatique d'un personnage qui tiendra sa toute-puissance de l'Église militante (intégrisme islamique), et le saint peuple de Dieu, observateur de sa loi et tous ordres religieux seront grandement persécutés et affligés, tellement que le sang des ecclésiastiques nagera partout, et un des horribles chefs d'État temporels (l'Iran ?) recevra de telles louanges qu'il en profitera pour répandre plus de sang humain d'innocents hommes d'Église que nul ne saurait avoir autant de vin ! Et ce chef-là commettra d'incroyables forfaits contre l'Église, au point que le sang humain coulera dans les rues et dans les églises comme l'eau par forte pluie ; et les fleuves qui nous sont proches (le Tibre, la Seine, le Pô, etc.) rougiront de sang, et, en outre, la mer rougira à cause d'une grande guerre navale, si bien que les rapports qui en seront faits d'un chef d'État à l'autre pourront dire : les guerres navales ont rougi la surface de la mer. Puis, dans cette même année et durant les suivantes, cela entraînera la plus horrible pestilence qui s'ajoutera à la famine précédente et l'on connaîtra de si grandes tribulations qu'il n'en était jamais arrivé de telles depuis la fondation de l'Église du Christ, et cela par toutes les régions d'Italie. Cela laissera des traces dans toutes les régions d'Espagne. C'est alors que le troisième chef de la Russie, entendant la plainte du peuple et sa principale revendication, dressera une très grande armée et franchira les Détroits (mer Baltique, Bosphore, détroit d'Ormuz, golfe d'Aden) qui avaient été convoités par ses aïeuls et bisaïeuls, pour le remettre en son état. Puis le grand Capétien (le futur roi de France, appelé grand CHYREN) sera remis en son état primitif ; mais, à la fin, son règne sera désolé et tout sera abandonné, pour en arriver à la destruction du Saint des Saints (Rome) par le paganisme. L'Ancien et le Nouveau Testaments seront interdits et brûlés, après quoi l'Antéchrist sera le prince infernal ; et pour la dernière fois, tous les pays chrétiens trembleront, et aussi à cause des infidèles (islamiques) pendant vingt-cinq ans (cf. chapitre V, VIII, 77), il y aura des guerres et des batailles encore plus ruineuses, et les villes, les villages, les châteaux et autres édifices seront brûlés, désolés ou détruits avec une grande effusion de sang de jeunes filles, de femmes mariées, de veuves violées, les nourrissons jetés contre les murs des villes qui seront ainsi heurtés et brisés (bombardements) ; et tant de malheurs seront provoqués par Satan, prince des Enfers, et presque toute la planète sera désorganisée et désolée. Après ce temps que les hommes auront trouvé long, la face de la terre sera renouvelée par l'avènement de l'âge d'or. Dieu le Créateur ordonnera, entendant l'affliction de son peuple, que Satan soit enchaîné et jeté dans l'abîme de l'enfer, dans la profonde fosse : commencera alors entre Dieu et les hommes une paix universelle, et Satan demeurera lié pendant environ mille ans, ce qui apportera une plus grande force à la puissance de l'Église ; et puis il sera à nouveau délié. »

Plusieurs qualificatifs sont donnés à l'Antéchrist, personnage hors du commun ; ils sont indiqués et expliqués dans le chapitre VI. Entre autres noms, Nostradamus fait référence pour ce personnage à la Hongrie, parce qu'au ve siècle, Attila avait installé son quartier général en Hongrie (alors la Pannonie) sur la rive gauche du Danube. Étymologiquement, le mot Hongrie signifie pays des Huns.

Sixain 47

Le grand d'Hongrie, ira dans la nacelle,
Le nouveau né fera guerre nouvelle
À son voisin qu'il tiendra assiégé,
Et le noireau avec son altesse,
Ne souffrira que par trop on le presse,
Durant trois ans ses gens tiendra rangé.

Le mot *nacelle* désigne fort probablement une machine volante ; en effet, le mot fut utilisé au début du siècle pour les dirigeables. *Noireau* se dit d'une personne qui a les cheveux très noirs et le teint brun ; comme le mot noir, ce terme désigne probablement le chef d'État irakien ou iranien.

Le grand chef des Huns (l'Antéchrist) viendra en avion. Ce nouveau venu fera une nouvelle guerre à son voisin (l'Europe de l'Ouest ?) qu'il assiégera, et le chef d'État irakien ou iranien avec son orgueilleuse autorité ne supportera pas qu'on l'opprime (embargo ?) et tiendra en réserve ses soldats (gens d'armes) pendant trois ans.

V, 47

Le grand Arabe marchera bien avant,
Trahy sera par le Bisantinois :

L'antique Rodes lui viendra au devant,
Et plus grand mal par austre Pannonois.

Bisance, ancienne capitale de l'Asie Mineure, désigne la Turquie. En ancien français, *venir au-devant* signifie empêcher.

Le grand chef arabe se mettra en guerre (Saddam Hussein et la guerre du Golfe ?) bien avant (l'Antéchrist) ; il sera trahi par le chef turc ; l'antique Rhodes (la Grèce) lui fera obstacle et l'autre Hun (l'Antéchrist) provoquera encore plus de malheur.

V, 48

Après la grande affliction du sceptre,
Deux ennemis par eux seront défaicts :
Classes d'Affrique aux Pannons viendra naistre,
Par mer & terre seront horribles faicts.

Ce quatrain se rapporte au précédent. Il est à noter qu'il est fort rare que Nostradamus mette à la suite deux quatrains concernant les mêmes événements. En ancien français, *naistre* signifie poindre.

Après la grande oppression du pouvoir, deux ennemis seront battus par eux (les Pannonois, c'est-à-dire ceux de l'Antéchrist). Les armées venues d'Afrique (probablement du Maghreb) viendront poindre vers (les armées de) l'Antéchrist (avec probablement également la signification géographique de la Hongrie) et elles feront d'horribles actes sur terre et sur mer.

III, 60

Par toute Asie grande proscription,
Mesme en Mysie, Lysie & Panphilie :
Sang versera par absolution,
D'un jeune noir remply de felonnie.

« Depuis l'Antiquité, on trouve bien des exemples de sanglantes proscriptions, ayant presque toujours pour objet de frapper non des coupables, mais des adversaires politiques. » *Dictionnaire Larousse*. La Mysie, la Lycie et la Pamphylie sont des régions d'Asie Mineure, aujourd'hui la Turquie. L'*absolution* est l'action d'absoudre juridiquement un accusé. *Noirs* est le nom donné à la dynastie musulmane des Abbassides dont la capitale fut Bagdad, parce qu'elle avait adopté la couleur noir pour ses vêtements et ses drapeaux. Ce terme et l'expression *plein de félonie* dépeignent Saddam Hussein, chef d'État de l'Irak. Dans le numéro 5 du journal *Libération*, numéro spécial de septembre 1990, consacré à la guerre du Golfe, Marc Kravetz écrivait, sous le titre « Saddam, le nouveau calife de Bagdad » : « Le président irakien s'est donné des biographes assez zélés pour lui tailler une ascendance à la mesure de son pouvoir sans limite. Nabuchodonosor, Saladin, le calife abbasside... » Le contexte permet de dire que le mot *par* est mis pour para avec une élision due a devant absolution, et signifie donc contre. Quant à *jeune*, il a ici le sens d'héritier.

À travers toute l'Asie, il y aura de sanglantes condamnations pour raisons politiques, et même en Turquie. Le sang sera versé sans pitié par un héritier des Abbassides plein de félonie.

Les condamnations et exécutions d'opposants politiques en Chine qui durent depuis des années (voir la place Tien An Men), sont indiquées dans ce quatrain. En ce qui concerne la Turquie, il s'agit de la répression contre les Kurdes, outre que de nombreux opposants au régime sont en prison. Quant à Saddam Hussein, Marc Kravetz écrit dans le même article : « Ce ne sont pas seulement des adversaires déclarés que l'on pourchasse en Irak. Une justice sommaire, au mieux, règle le sort d'éventuels opposants, mais on y assassine sans formalité des assimilés comploteurs (*proscriptions*) qui n'ont pas eu le temps de comploter, ou des rivaux potentiels qui n'oseraient pas même afficher un centième des ambitions qu'on leur prête, sans oublier les suspects par définition, politiques, comme autrefois les communistes, les nassériens, confessionnels, s'agissant des chiites ou Kurdes parce que Kurdes. » Nostradamus relie entre elles ici les proscriptions dans les pays d'Extrême-Orient et du Moyen-Orient.

En ce qui concerne l'époque de ces événements la *Lettre à Henry, roy de France second* donne de précieuses indications : « Toutefois, espérant avoir laissé par écrit les événements qui toucheront les ans, les villes, les cités, les régions ; et même les années 1585 et 1606, à partir d'aujourd'hui, le quatorze mars 1557. Et allant bien au-delà de ces dates jusqu'à l'avènement du début du septième millénaire (l'an 2000), par une mûre réflexion, jusqu'à mon calcul astronomique et autre connaissance m'ont permis d'aller ; époque à laquelle les adversaires de Jésus-Christ et de son Église (communistes et islamistes) commenceront à pulluler... »

L'alliance entre la Russie et la Chine est précisée un peu plus loin dans cette lettre : « Ô quelle calamiteuse affliction connaîtront alors les femmes enceintes (allusion aux effets de la radioactivité) et le principal chef oriental (la Chine) sera soulevé par la Russie, les Occidentaux ayant été vaincus... »

Un autre passage de cette lettre donne la même indication et annonce, en outre, l'établissement d'une paix universelle : « Cela sera du côté de l'Aquilon (la Russie) par la volonté divine et cela aura lieu une fois que Satan aura été enchaîné ! c'est alors que sera faite une paix universelle entre les hommes et que l'Église de Jésus-Christ sera délivrée de toute tribulation, après que les habitants de Gaza (les Palestiniens) auront voulu mêler du fiel au miel (image de perfidie) par leur infâme séduction, et cela sera proche du septième millénaire (1999-2000), de telle sorte que le sanctuaire de Jésus-Christ (le Saint-Sépulcre à Jérusalem) ne sera plus foulé au pied par les infidèles (les musulmans) (allusion au saccage opéré par le roi des Perses Khosroés II en 614) qui viendront de la Russie (Républiques islamiques de la Communauté des États Indépendants), le monde approchant d'une grande conflagration (près du VIIe millénaire), bien que mes supputations dans mes prophéties ne couvrent pas tout le cours du temps qui va beaucoup plus loin. » Cette dernière phrase signifie bien qu'il s'agit de la fin d'« un » monde et non de la fin du monde.

IV, 68

En l'an bien proche non esloigné de Vénus,
Les deux plus grands de l'Asie & d'Affrique,
Du Ryn et Hister qu'on dira sont venus,
Cris, pleurs à Malte & costé ligustique.

Vénus symbolise l'ouest dans la Kabbale. D'autre part les populations qui peuplaient l'Amérique avant l'arrivée des Européens fondaient leur calendrier sur le cycle de Vénus. Enfin la statue de la liberté est une belle femme comme Vénus dans la mythologie. Vénus est utilisée par Nostradamus, symboliquement, pour désigner les républiques. C'est pourquoi il est fort probable qu'ici Vénus désigne les États-Unis. Les deux plus grands pays d'Asie et d'Afrique sont respectivement la Chine avec 9 561 000 km² et le Soudan avec 2 505 813 km². *Hister* est l'ancien nom du Danube. Les côtes ligustiques concernent la Ligurie en Italie.

L'année s'approche où l'Amérique dominera, on dira alors que Chinois et Soudanais sont venus du Rhin et du Danube (après les batailles dans la mer Adriatique). Il y aura alors des cris et des pleurs à Malte et sur la côte ligure.

La capitale du Soudan, Khartoum, est le siège de la Conférence panislamique, où sont régulièrement tenus des propos violemment anti-occidentaux. Ce quatrain est à rapprocher des quatrains concernant le ravage des côtes méditerranéennes par les troupes islamiques au chapitre IV.

V, 11

Mer par solaires seure passera,
Ceux de Vénus tiendront toute l'Affrique :
Leur règne plus Saturne n'occupera,
Et changera la part Asiatique

Nostradamus désigne pas *solaires* les habitants du Soleil-Levant, c'est-à-dire le Japon. En ancien français, *seure* signifie sécurité. Saturne symbolise l'âge d'or (2025).

On franchira la mer en sécurité grâce aux Japonais. Les Américains tiendront toute l'Afrique, leur puissance ne tiendra que jusqu'à l'âge d'or (2025) et la partie de l'Asie (Japon ?) subira des changements.

V, 53

La loy du Sol, & Vénus contendans,
Appropriant l'esprit de prophétie :
Ne l'un ne l'autre ne seront entendus
Par Sol tiendra la loy du grand messie.

Contendre signifie en ancien français combattre et *approprier* veut dire acquérir. Pour Nostradamus qui est catholique, le *grand messie* ne peut être que le Christ.

Américains et Japonais, combattant sous la même loi, s'approprieront la diffusion du message prophétique (du Christ). Ni l'un ni l'autre ne seront écoutés. La loi du grand messie (le Christ) se maintiendra grâce au Japon.

Ce quatrain laisse supposer que, lors de l'avènement de la paix universelle, aux environs de 2025, les États-Unis et le Japon joueront ensemble un rôle capital dans l'instauration de l'éthique chrétienne non violente. Voir à ce sujet dans le chapitre V, L'Antéchrist venu d'Asie, le quatrain 62 de la centurie V.

En juillet 1995, la 6e chaîne de télévision japonaise m'a rendu visite pour m'apprendre que le gourou de la secte Aum utilisait des quatrains de Nostradamus ainsi que mon premier livre de 1980 pour se présenter comme le vrai messie. Il avait même affirmé qu'il avait pris contact avec moi, mais que j'avais refusé de le recevoir. De tels mensonges sont courants de la part des gourous de toutes les sectes qui pullulent actuellement sur la planète. Cette même chaîne de télévision m'a également appris qu'il y avait en Corée une secte qui avait pris le nom de Nostradamus. Quelle honte !

En outre, plusieurs interprètes des centuries se prennent soit pour la réincarnation de Nostradamus ou celle de son fils César, ou encore se présentent comme ayant reçu une mission divine ou non. Pauvre Nostradamus utilisé à des fins mercantiles ou par des cerveaux dérangés ! Son œuvre a attiré des gens intellectuellement et psychologiquement fragiles, des névrosés qui ont construit de véritables délires ou des mystificateurs, des imposteurs et des charlatans qui ne voient dans ses prophéties qu'une source de revenus.

Le quatrain suivant indique, une fois encore, l'union entre les États-Unis et le Japon contre l'Islam, appelé *selin*, du mot grec *selênê* qui signifie la lune. Plusieurs autres quatrains où l'on trouve ce mot ont été commentés dans le chapitre IV.

VI, 58

Entre les deux monarques eslongnez,
Lorsque le Sol par selin clair perdue :
Simulté grande entre deux indignez,
Qu'aux isles & Sienne la liberté rendue.

Les deux chefs d'État éloignés sont les États-Unis et le Japon séparés par l'océan Pacifique. En ancien français, *simulté* signifie haine, inimitié et *indigner* haïr, mépriser. Les *îles* désignent toujours les îles Britanniques.

Entre les deux chefs d'État des États-Unis et du Japon, lorsque le Japon aura fait perdre son éclat au croissant (de l'Islam), la haine sera grande (contre l'Islam) entre les deux États haïs (par les islamistes), jusqu'à ce que l'Angleterre et l'Italie soient délivrées.

Voici d'autres précisions concernant ces événements :

VI, 98

Ruyne aux Volsques de peur si fort terribles,
Leur grand cité taincte, faict pestilent :
Piller Sol, Lune, & violer leurs temples
Et les deux fleuves rougir de sang coulant.

Les *Volsques* était une ancienne nation de l'Italie, dont le territoire était séparé du pays des Étrusques par le Tibre. Les *deux fleuves* dont il est question sont fort probablement le Tibre et le Pô, qui sont les deux principaux fleuves d'Italie.

Les Italiens connaîtront une ruine si forte et si terrible qu'elle entraînera la panique. Leur grande cité (Rome) sera teinte (de sang). L'Islam pillera (les biens) japonais et les églises (ou les banques *temples* de l'argent) ; le Tibre et le Pô rougiront du sang qui coulera.

Présage 124

Les bleds trop n'abonder. de toutes autres fruits force,
L'esté, printemps humides. hiver long, neige, glace :
En armes l'Orient. la France se renforce,
Mort de bestail prou miel. aux assiegez la place.

Il y aura une pénurie de céréales et une grande quantité d'autres denrées. Après un été et un printemps humides, il y aura un hiver long avec neige et glace. L'Orient sera en armes et la France se renforcera. Le bétail mourra (épidémie ? La maladie de la vache folle entraîne la destruction de milliers de bêtes), il y aura peu de miel (ou de douceur) ; les assiégés résisteront.

L'adversaire principal de l'Antéchrist sera le futur roi de France.

Sixain 15

Nouveau esleu patron du grand vaisseau,
Verra longtemps briller le cler flambeau
Qui sert de lampe à ce grand territoire,
Et auquel temps armez sous son nom,
Joinctes à celles de l'heureux de Bourbon
Levant, Ponant, & couchant sa mémoire.

Comme le mot *nef*, le grand vaisseau désigne l'Église catholique et particulièrement le Vatican. *Cler* signifie illustre en ancien français. Le mot *lampe*, au figuré, désigne une source de vie ou de clarté. Le mot *couchant* se rapporte à l'Amérique et le mot *Ponant*, utilisé jadis dans la Méditerranée pour désigner l'Océan, indique ici l'Europe de l'Ouest.

Le nouvel élu de l'Église (le pape) verra briller longtemps l'illustre flambeau (la torche enflammée de la statue de la Liberté à New York) qui sert de symbole de vie à ce grand territoire (États-Unis) ; et dans les temps où ils seront en armes au nom (de la liberté), joints aux armées de l'heureux Bourbon (le grand Henri), sa mémoire se conservera du Japon à l'Amérique en passant par l'Europe.

« La IIIe République française offrit aux États-Unis une statue gigantesque de Bartholdi, la Liberté éclairant le monde, comme gage de fraternité. Elle fut élevée en 1886 dans l'île Bedloe, dans la rade de New York. Haute de 46 mètres, faite de cuivre repoussé, elle est placée sur un piédestal qui a lui-même plus de 25 mètres. Son bras droit soulève une torche enflammée (cler flambeau). » (*Dictionnaire Larousse*).

I, 56

Vous verrez tost & tard faire grand change,
Horreurs extremes & vindications.
Que si la Lune conduite par son ange,
Le ciel s'approche des inclinations.

L'expression *tôt et tard* désigne les deux dates clés indiquées par Nostradamus, 1792 qui représente le commencement de la fin de la civilisation européenne et 1999 la fin. En ancien français, *vendica-*

tion signifie vengeance. Le mot *ange* désigne ici l'Antéchrist, appelé l'ange exterminateur. *Inclination* vient du latin *inclinatio* qui signifie changement.

Vous verrez tôt (1792) et tard (1999) faire de grands changements qui se traduiront par des horreurs extrêmes et des vengeances, pendant que l'Islam sera ainsi conduit par son ange (exterminateur, l'Antéchrist), au moment où le ciel (la Chine) sera proche des changements (fin du communisme).

I, 25

Perdu, trouvé, caché de si long siècle,
Sera pasteur demy Dieu honoré :
Ains que la Lune acheve son grand siècle,
Par autres vents sera déshonoré.

Au figuré, un *pasteur* est un homme qui exerce une autorité. En ancien français, *ains* signifie avant. Le mot *vent* au figuré signifie orgueil, vanité. Le premier vers fait allusion à la descendance de la branche aînée des Bourbons, officiellement éteinte depuis la disparition du dauphin Louis XVII au Temple en 1795.

(La lignée des Bourbons) qui avait été perdue et cachée pendant de si longs siècles (de 1795 à nos jours) réapparaîtra dans un chef qui sera honoré comme un demi-dieu : avant que l'Islam achève son grand siècle (le XXe ?), car il sera déshonoré par d'autres vanités.

L'avènement du septième millénaire marque, non seulement le troisième et dernier grand conflit, mais aussi l'accomplissement de la prophétie de Nostradamus :

I, 48

Vingt ans du règne de la Lune passée,
Sept mille ans autre tiendra sa monarchie,
Quand le soleil prendra ses jours lassez,
Lors accomplir et mine ma prophétie.

Les Romains avaient mis sur la croix du Christ l'inscription *Jésus de Nazareth, roi des Juifs*. En ancien français, *lassé* signifie malheureux. Mine est mis pour termine par aphérèse.

Après vingt ans de puissance islamique (1998-2018 ?), le Christ-Roi tiendra sa monarchie jusque en l'an 7000 (an 3000 de l'ère chrétienne), après que le Japon aura connu des jours de malheur (Hiroshima et Nagasaki), alors ma prophétie sera terminée et accomplie.

Ce quatrain fait référence au chapitre XX de l'*Apocalypse* :

« 1. Après cela, je vis descendre du ciel un ange, qui avait la clé de l'abîme, et une grande chaîne à la main ;

2. Et il saisit le dragon (allusion à l'origine asiatique de l'Antéchrist), l'ancien serpent qui est le diable et Satan et le lia pour mille ans (2025 à 3000).

3. Et il le jeta dans l'abîme et l'y enferma, et le scella sur lui, afin qu'il ne séduise plus les nations, jusqu'à ce que les mille ans fussent accomplis ; après quoi il faut qu'il soit délié pour un peu de temps.

4. Alors je vis des trônes, sur lesquels s'assirent des gens à qui le pouvoir de juger fut donné (organisations internationales, ONU) ; je vis aussi les âmes de ceux qui avaient été décapités pour le témoignage de Jésus et pour la parole de Dieu (persécutions annoncées par Nostradamus), qui n'avaient point adoré la bête, ni son image, et qui n'avaient point pris sa marque sur leur front, ou à leurs mains, et qui devaient vivre et régner avec le Christ pendant ces mille ans... »

CHAPITRE VI

L'Antéchrist venu d'Asie

Nostradamus, outre les deux Premières Guerres mondiales, a annoncé un troisième grand conflit qui débuterait avant la fin du XXe siècle, puisqu'il indique la date de 1999 dans le quatrain suivant :

X, 72

L'an mil neuf cens nonante neuf sept mois,
Du ciel viendra un grand Roi d'effrayeur :
Resusciter le grand Roy d'Angolmois,
Avant après Mars régner par bon heur.

En juillet 1999 un grand chef effrayant viendra d'Asie et ressuscitera le grand roi de l'Angoumois ou des Mongols. Avant et après 1999 la guerre (Mars, dieu de la guerre) régnera par bonheur.

L'expression *viendra du ciel* ne signifie certainement pas qu'il s'agisse d'une invasion d'extraterrestres, comme on a pu le lire dans différents ouvrages. Nostradamus peut vouloir dire deux choses : une allusion à une invasion aérienne (avions ou fusées) et la Chine, l'Empire du Ciel ou le Céleste Empire.

Le *grand roy d'Angolmois* désigne probablement deux personnages : l'Antéchrist venu d'Asie, d'une part (le mot Mongols est contenu par anagramme dans Angolmois), et le futur roi de France, son adversaire, appelé dans le texte suivant *le Royal* ; ce dernier ferait revivre l'image du grand roi d'Angoumois, c'est-à-dire François Ier, né à Cognac, fils de Charles d'Orléans, comte d'Angoulême, et qui fut, avant de monter sur le trône, comte d'Angoulême.

Quant à l'expression *la guerre régner par bon heur*, elle ne peut se comprendre qu'en sachant que ce dernier grand conflit débouche sur la paix universelle ; ce que l'Apocalypse de Jean traduit par Satan enchaîné pour mille ans. Un quatrain fait peut-être allusion à François Ier, dans lequel la France pourrait, sous peu, redécouvrir l'un des plus grands de ses rois. La construction de la pyramide du

Louvre et la modernisation de ce musée constituent un bel hommage à son fondateur.

Dans *Le Monde* du 27 septembre 1995, Francis Deron, sous le titre « La Chine cherche à contrer l'hégémonie de l'Occident », écrit : « Pékin entend cultiver une nouvelle relation sino-russe tout en jouant la carte tiers-mondiste. Le ministre chinois des Affaires étrangères, Qian Qichen, et son homologue américain, Warren Christopher, doivent se rencontrer cette semaine à New York, en marge de l'assemblée générale des Nations unies... Cette reprise des contacts diplomatiques n'empêche pas Pékin de vouloir jouer le tiers-monde contre l'Occident... »

Depuis l'effondrement de l'Empire soviétique, un nouveau bloc est en cours de formation contre l'Occident. Il est constitué de la Chine, de la Russie et du tiers-monde, dont l'Islam. La prise de position commune de la Chine et de la Russie contre les bombardements de l'Irak par les États-Unis et la Grande-Bretagne en décembre 1998, en sont un prémice.

III, 94

De cinq cens ans plus compte l'on tiendra,
Celuy qu'estoit l'ornement de son temps,
Puis à un coup grande clarté donra.
Que par le ciel les rendra très contens.

En ancien français, *contens* signifie défenseur.

Pendant cinq cents ans, on ne tiendra plus compte de celui qui fut l'ornement de son temps. Puis, tout d'un coup, on le remettra en lumière et il aura de nombreux défenseurs sur les ondes (les médias).

François Ier naquit il y a cinq cents ans, en 1494. Il releva en France les lettres et les beaux-arts, protégea les savants et mérita par là le titre de Père des lettres ; il fonda le Collège de France et l'imprimerie royale, commença le Louvre, bâtit ou embellit les châteaux de Fontainebleau et de Chambord ; il encouragea les explorations de Verrazano et de Jacques Cartier en Amérique, etc.

Dans la *Lettre à Henry, roy de France second*, Nostradamus donne des précisions sur l'origine géographique de l'Antéchrist : « Puis le grand empire de l'Antéchrist commencera dans la Atila et zerfes, descendre en nombre grand et innumérable, tellement que la venue du Saint-Esprit procédant du 48° degré, fera transmigration, deschassant à l'abomination de l'Antéchrist, faisant guerre contre le Royal qui sera le grand Vicaire de Jésus-Christ, en temps utile et au moment choisi (1999 ?), et précédera devant une éclipse solaire, le plus obscur et le plus ténébreux que soit été depuis la création du monde jusqu'à la mort et passion de Jésus-Christ, et ce sera au mois d'octobre que quelque grande translation sera faite, et telle que l'on croira la terre avoir perdu son naturel mouvement et être abîmée en perpétuelles ténèbres, seront précédant au temps vernal (printemps). »

Toutes les éditions anciennes mentionnent Atila avec un seul *t*. Il ne s'agit pas ici d'une faute d'orthographe, mais d'un de ces jeux de mots dont Nostradamus est coutumier. En effet, le fait de ne mettre qu'un seul *t* à Atila lui permet de donner, là encore, deux significations : Attila le roi des Huns et, par anagramme, l'origine géographique de cet Antéchrist, à savoir les monts Altaï en Mongolie. En outre, le mot Zerfes ressemble étrangement à la petite ville du Petit Altaï nommée Sevrej. Enfin, la capitale de la Mongolie, Oulan-Bator, est située, comme Paris !, sur le 48° parallèle. Ainsi serait indiqué l'axe de l'invasion. Rappelons ici que l'éclipse solaire dont il est question sera totale à Paris, sur le 48° parallèle, le 12 août 1999. En ce qui concerne « la grande translation » annoncée, on ne peut encore savoir si elle aura lieu en octobre 1999 ou une autre année entre 1999 et 2025.

Dans cette même *Lettre à Henry, roy de France second*, Nostradamus donne d'autres précisions sur l'arrivée de cet Antéchrist : « Le grand pape (Pierre le Romain de la prophétie de saint Malachie) sera remis dans ses prérogatives ; mais à la fin (de la prophétie de Nostradamus) son règne sera désolé et tout sera abandonné et les événements tourneront à la destruction du Saint des Saints (Rome) par le paganisme. L'Ancien et le Nouveau Testament seront chassés et brûlés, après quoi l'Antéchrist sera le prince infernal ; et pour la dernière fois, tous les pays chrétiens trembleront, et *aussi* à cause des infidèles (musulmans ?) pendant vingt-cinq ans (1999-2025 ?) ; il y aura des guerres et des batailles encore plus ruineuses, et les villes, les villages, les châteaux et autres édifices seront brûlés, désolés ou détruits avec une grande effusion de sang de jeunes filles, de femmes mariées, de veuves violées, les nourrissons jetés contre les murs des villes, heurtés et brisés ; et tant de malheurs seront provoqués par Satan, prince des Enfers, et que presque toute la planète sera désorganisée et désolée. Après ce temps que les hommes auront trouvé long (vingt-cinq ans !), la face de la terre sera renouvelée par l'avènement de l'âge d'or... »

Il est curieux de noter qu'entre le premier Antéchrist, Attila et le deuxième, Gengis Khan, venus tous deux de Mongolie, il y a huit siècles d'écart (Attila, parti de Pannonie, la Hongrie, ravage la Gaule en 451. Les Mongols atteignent la Hongrie en 1241. Il y aurait également environ huit siècles entre le deuxième et le troisième).

Ce troisième conflit est précisé géographiquement et chronologiquement. En effet, il débute entre le Sud (pays islamiques) et l'Occident, puis s'étend jusqu'au Japon (l'Empire du Soleil-Levant).

Sixain 27

Céleste feu du costé d'Occident,
Et du Midy, courir jusqu'au Levant,
Vers demy morts sans point trouver racine,
Troisiesme aage à Mars le Belliqueux,
Des Escarboucles on verra briller feux,
Aage Escarboucle, & à la fin famine.

Nostradamus dépeint ici le communisme et les ravages guerriers qu'il a engendrés sur toute la planète. Les deux Premières Guerres mondiales ont eu pour épicentre l'Europe de l'Ouest. La troisième aurait, comme centre principal, l'Afrique du Nord (le *Midy* de l'Europe) et le Japon (le soleil *Levant*), en passant par le Moyen-Orient (l'ancien *Levant*), point chaud du monde. Il fait mention d'une troisième période de guerre pendant l'âge du communisme, c'est-à-dire le XXe siècle ; communisme que les puissances occidentales ont peut-être enterré un peu rapidement. Elles semblent avoir oublié que la Chine, la plus grande nation du monde par sa population, est toujours communiste. L'*escarboucle* est un grenat rouge de sang qui viendrait d'un dragon, nous dit le dictionnaire de Furetière ; belle image pour désigner le communisme chinois.

En Occident on verra donc briller les feux de la guerre, depuis les pays du sud jusqu'au Japon. La vie animale et végétale sera à demi morte ; ce sera à la troisième époque de guerre. On verra briller les feux du communisme et cet âge du communisme apportera la famine (c'est-à-dire à partir de la fin du XXe siècle).

Comme pour le roi de France, Nostradamus donne plusieurs qualificatifs à l'Antéchrist :
- l'Antéchrist.
- le grand d'Asie.
- L'Oriental.
- Mendosus : le taré ou le menteur.

Les Jaunes feraient alliance avec les pays islamiques, comme Attila et Gengis Khan entraînèrent dans leurs conquêtes guerrières les peuples turcophones : Ouzbeks, Tadjiks, Afghans, Kirghiz, etc.

VI, 10

Un peu de temps les temples des couleurs,
De blanc & noir les deux entremeslée :
Rouges & jaunes leurs embleront les leurs,
Sang, terre, peste, faim, feu d'eau affollée.

En ancien français, *couleur* signifie faveur, amitié et *embler* dérober, voler et *afoler* tuer.

Pendant un peu de temps il y aura de l'amitié dans les lieux de culte entre les musulmans et les noirs qui seront mélangés entre eux ; puis les rouges (communistes) et les Jaunes (Chinois) les pilleront ; on sera tué par le sang, l'épidémie, la famine, le feu et l'eau sur la terre.

VI, 80

De Fez le regne parviendra à ceux d'Europe,
Feu leur cité, & lame trenchera :
Le grand d'Asie terre & mer à grand troupe,
Que bleux, pers, croix à mort dechassera.

Les qualificatifs de *bleu* et *pers* se complètent pour désigner les Jaunes ; le premier a le sens de livide et le deuxième signifie blême en ancien français.

Depuis Fès (Maroc) le pouvoir parviendra en Europe pour mettre en feu leur cité (Bruxelles ou Strasbourg, capitales européennes ?) et la lame tranchera (des têtes). Le grand chef d'Asie (Chine ?) amènera une grande armée par terre et par mer, au point que les

Jaunes poursuivront ceux de la croix (les chrétiens) pour les mettre à mort.

Ce texte nous amène directement aux quatrains concernant l'Antéchrist.

II, 29

L'Oriental sortira de son siege,
Passer les monts Apennins voir la Gaule :
Transpercera le Ciel, les eaux & neige,
Et un chacun frappera de sa gaule.

L'Oriental quittera son territoire, passera par les monts Apennins (Italie) pour voir la France. Il traversera la Chine, l'eau (mer et fleuves) et la neige (pôle nord ?) et frappera de ses armes tout un chacun.

Ce quatrain est complété par le suivant :

V, 54

Du pont Euxine, & la grand Tartarie,
Un roy sera qui viendra voir la Gaule :
Transpercera Alane et l'Arménie,
Et dans Bisance lairra sanglante gaule.

Le Pont-Euxin est la mer Noire. Sous le nom de Tartarie, on comprenait naguère une grande partie de l'Asie, correspondant à peu près à la Mongolie, à la Mandchourie, au Turkestan, à l'Afghanistan et au Béloutchistan. Alani signifie en latin les Alains, peuple scythe, que l'on croit sorti de l'Altaï, et qui occupait les vastes steppes entre la Volga et le Don ; il n'est pas impossible que Nostradamus ait choisi ce terme pour la Mongolie en raison de l'allusion aux monts Altaï, origine de l'Antéchrist. En moyen français, *laier en* ou *dedans*, signifie laisser entrer.

De la mer Noire et de la Mongolie (ou de Chine), il y aura un chef qui viendra voir la France ; il passera de la Chine à l'Arménie et laissera entrer une armée sanguinaire dans Istanbul.

IX, 45

Ne sera soul jamais de demander,
Grand MENDOSUS obtiendra son empire :
Loing de la cour fera contremander,
Piedmont, Picard, Paris, Thyren le pire.

En latin, *mendosus* signifie plein de défauts, de tares. En ancien français, *contremander* signifie refuser de comparaître devant un tribunal.

Ses demandes ne seront jamais suffisamment satisfaites, le grand taré obtiendra son empire. Loin de la cour (de justice), il empêchera de comparaître (sentences sans jugements). Le Piémont, la Picardie, Paris et la mer Tyrrhénienne connaîtront le pire.

IX, 50

MENDOSUS tost viendra à son haut regne,
Mettant arrière un peu le Norlaris :
Le rouge blesme le masle à l'interregne,
Le jeune crainte & frayeur Barbaris.

Le mot *blême* est utilisé pour la couleur de peau des Jaunes.

Le taré parviendra rapidement au sommet de son pouvoir, et mettra en arrière un peu le Lorrain (le roi de France). L'Asiatique rouge et mâle (puissant) gouvernera pendant l'interrègne, alors qu'il y aura une nouvelle crainte et frayeur islamique.

Présage 76, octobre

Par le légat du terrestre & marin,
La grande Cape à tout s'accomoder :
Estre à l'escoute tacite LORVARIN,
Qu'à son advis ne pourra accorder.

LORVARIN est l'anagramme de LORRAIN V.

Le pape s'accommodera des propositions de l'envoyé des armées de terre et de mer. Il sera à l'écoute du Lorrain (le roi découvert sous la Ve République), mais il ne pourra se ranger à son point de vue.

VIII, 77

L'Antéchrist trois bientost annichilez,
Vingt & sept ans durera sa guerre :
Les heretiques morts : captifs exilez,
Sang corps humain eau rougie gresler terre.

Le troisième Antéchrist sera bientôt réduit à néant. Sa guerre aura duré vingt-sept ans. Ses opposants auront été mis à mort et les prisonniers exilés. Le sang humain rougira la mer et la terre sera bombardée.

Présage 40, juin

De maison sept par mortelle suite,
Gresle, tempeste. pestilent mal, fureurs :
Roy d'Orient d'Occident tous en fuite,
Subjuguera ses jadis conquéreurs.

Les sept représentent fort probablement le G7, c'est-à-dire les sept pays les plus industrialisés (Allemagne, Canada, États-Unis, France, Italie, Japon et Royaume-Uni).

Les sept (pays) de la même maison à cause d'une poursuite mortelle, connaîtront la grêle (bombardements ?), la tempête (bouleversement), l'épidémie et la fureur. Les chefs d'État d'Orient et d'Occident (G7 ?) seront tous en fuite, parce que (la Chine) soumettra ses anciens conquérants (France, Allemagne, Angleterre, Japon et Russie).

Déjà, Hongkong a été restitué à la Chine par l'Angleterre, un début...

Le rôle de l'Amérique

Dans la *Lettre à Henry, roy de France second*, Nostradamus évoque un débarquement sur les côtes espagnoles : « Il y aura alors un débarquement sur les plages pour délivrer l'Espagne de l'occupation islamique. Et toutes ces attaques seront bien réelles et l'endroit où s'établit Abraham (la Palestine) sera attaqué par les Occidentaux... »

X, 66

Le chef de Londres par regne l'Americh,
L'isle d'Escosse t'empiera par gelée :
Roy Reb auront un si faux antechrist,
Que les mettra trestous dans la meslée.

On peut se demander si l'Écosse qui n'est pas une île ne désigne pas le Canada. La Nouvelle-Écosse ou Acadie est formée d'une presqu'*île*. Elle fut découverte par Sébastien Cabot vers 1497.

Le mot *tempiera* est fabriqué à partir de *tempier* qui signifie en ancien français tempête, tumulte, vacarme, confusion, désarroi. *Reb* est l'abréviation de *rebrichier* qui signifie teindre en rouge en ancien français.

Le chef du gouvernement anglais grâce à la puissance américaine provoquera la confusion en Écosse ou au Canada pendant l'hiver (débarquement des Américains en Écosse ?). Les chefs rouges (chinois) auront (à leur tête) un Antéchrist si fourbe qu'il les entraînera tous dans la mêlée.

Rappelons que le premier satellite chinois lançait au monde ce message : « L'Orient est rouge. »

V, 93

Soubs le terroir du rond globe lunaire,
Lorsque sera dominateur Mercure :
L'isle d'Escosse fera un luminaire,
Qui les Anglais mettra à desconfiture.

Le *rond globe lunaire* est mis pour l'Islam. En effet, la devise de Mahomet était *Donec impleatur*, c'est-à-dire « que le croissant devienne pleine lune », donc couvre le monde. L'utilisation par Nostradamus de Mercure n'a pas ici de signification astronomique, mais symbolique ; Mercure, messager des dieux, était le dieu du commerce mais aussi des voleurs. En ancien français, *desconfiture* signifie déroute. Le *luminaire* serait-il le flambeau que tient la statue de la Liberté dans la baie de New York ?

Sous le territoire islamique de la terre, lorsque le pillage dominera, le Canada ou les États-Unis apporteront la lumière, parce que les Anglais seront en déroute.

Nostradamus désigne les États-Unis d'Amérique par l'aigle, comme les grandes forces militaires, symbole qui figure sur son drapeau.

V, 62

Sur les rochers sang on verra pleuvoir,
Sol Orient, Saturne Occidental :
Près d'Orgon guerre, à Rome grand mal voir,
Nefs parfondrées & prins le Tridental.

Comme on l'a vu précédemment, Orgon est l'île de Gorgona au large de la Toscane. Le Tridental fait allusion au trident de Neptune qui désigne toujours l'Angleterre.

On verra le sang pleuvoir sur les rochers, avant que l'âge d'or (Saturne) arrive du Soleil Levant (Japon) en Orient jusqu'à l'Occident. La guerre sera près de la Toscane ; on verra un grand malheur à Rome, une flotte aura été coulée et l'Angleterre prise.

I, 90

Bourdeaux, Poitiers au son de la campagne,
À grande classe ira jusqu'à l'Angon,
Contre Gaulois sera leur tramontane,
Quand monstre hideux naistra près de Orgon.

Angon ('Αγχῶν) en grec est l'ancien nom de la ville italienne d'Ancône sur la mer Adriatique. Tramontane en ancien français signifie de delà les montagnes, c'est-à-dire du Nord, par rapport à l'Espagne ou à l'Italie. En moyen français, *monstre* signifie action monstrueuse, criminelle.

Bordeaux et Poitiers entendront le bruit de l'armée en campagne, parce qu'une grande armée ira jusqu'à Ancône et passera au-delà des montagnes contre la France, quand une horrible action criminelle commencera près de l'île de Gorgona.

VIII, 9

Pendant que l'Aigle & le Coq à Savone,
Seront unis, Mer, Levant & Ongrie :

L'armée à Naples, Palerme, Marque d'Ancone,
Rome, Venise par Barbe horrible crie.

Pendant que les armées américaine et française seront réunies à Savone, sur mer, au Japon et en Hongrie, il y aura une armée à Naples, en Sicile, à Ancône, à Rome et à Venise où on entendra d'horribles cris à cause du chef islamique.

I, 31

Tant d'ans en Gaule les guerres dureront,
Outre la course du Castulon monarque :
Victoire incerte trois grands couronneront,
Aigle, Coq, Lune, Lyon, Soleil en marque.

Castulon est une petite ville d'Espagne qui porte aujourd'hui le nom de Cazorla dans la province de Grenade. Ce monarque est donc le roi d'Espagne, précisé dans le dernier vers par le soleil des Bourbons. Dans le contexte de ce quatrain, le mot *couronner* signifie accomplir, terminer. En provençal le mot *marque* signifie représailles.

Les guerres dureront tant d'années en France au-delà même du règne du roi d'Espagne (Juan Carlos Ier). Trois chefs d'État termineront une victoire qui était incertaine. On aura l'attention attirée par l'Amérique, la France, l'Islam, l'Angleterre (le Lion britannique) et l'Espagne.

I, 93

Terre Italique près des monts tremblera,
Lyon et Coq non trop confederez,
En lieu de peur l'un l'autre s'aidera,
Seul Catulon et Celtes moderez.

En moyen français, *modérer* signifie gouverner.

L'Italie tremblera près des montagnes (Alpes et Apennins). Le Lion britannique et la France ne seront pas trop alliés, mais à cause de leur peur ils s'entraideront. Le roi d'Espagne et les Français gouverneront seuls.

On trouvera au paragraphe *Hypothèses de chronologie* un autre quatrain concernant Castulon (VIII, 48).

Présage 83, avril

En debats Princes et Chrestienté esmeuë,
Gentils estranges, siège à CHRIST molesté :
Venu tres mal. prou bien mortelle veuë.
Mort Orient peste, faim, mal traité.

Gentils est le nom sous lequel les païens sont désignés dans l'Écriture sainte. Saint Paul est appelé l'*Apôtre des Gentils*. Le *siège du Christ* est probablement Rome ou Jérusalem, d'où est parti le christianisme, mais pourrait désigner aussi le Vatican. *Prou* signifie beaucoup et vient renforcer bien.

Les chefs d'État débattront et la Chrétienté sera troublée. À cause de non-chrétiens étrangers, le siège du Christ (Rome) sera lésé. Cela sera très mal venu et ce sera un bien mortel spectacle. L'épidémie venue d'Orient sèmera la mort, on connaîtra la famine et on sera mal traité.

Destruction de Paris

La perspective de la disparition de la capitale de la France annoncée dans *Nostradamus historien et prophète*, avait soulevé en 1981 une incroyable polémique. Certes, il n'est pas facile d'admettre une telle catastrophe ; et pourtant on ne peut changer les termes de la prophétie, trop claire pour la comprendre ou l'interpréter d'une autre façon.

Comme on l'a vu précédemment, un quatrain annonce qu'Avignon serait choisi comme capitale parce que Paris serait désolé. D'autres textes apportent, hélas ! des précisions complémentaires sur cet événement dramatique. Comme on l'a vu, l'expression la « grande cité » est toujours utilisée pour désigner Paris.

III, 84

La grand cité sera bien désolée,
Des habitants un seul n'y demourra :
Mur, sexe, temple, & vierge violée,
Par fer, feu, peste, canon peuple mourra.

La grande ville (Paris) sera bien désolée ; pas un seul de ses habitants n'y demeurera, après avoir été violée dans ses murs, dans ses habitants de tous sexes, dans ses églises et ses jeunes filles. Par le fer, le feu, l'épidémie et le bombardement le peuple mourra.

Nostradamus précise dans le quatrain suivant la géographie du lieu : le confluent de la Seine et de la Marne.

VI, 43

Long temps sera sans estre habitée,
Où Signe & Marne autour vient arrouser,
De la Tamise & martiaux tentée,
Deceus les gardes en cuidant repousser.

En latin *temptare* signifie attaquer. *Deceus* est mis, par syncope, pour *deceveus* qui signifie en ancien français trompeur et *repousser* chasser, expulser.

La région que la Seine et la Marne arrose sera longtemps inhabitée, après que l'Angleterre et ses guerriers auront été attaqués, en croyant chasser les gardes trompeurs.

On peut se demander quelle serait la cause d'une impossibilité d'habiter la région parisienne (pollution atomique, chimique ou bactériologique ?).

V, 30

Tout à l'entour de la grande cité,
Seront soldats logez par champs & ville :
Donner l'assaut Paris, Rome incité,
Sur le pont lors sera faicte grande pille.

En latin *incitare* signifie pousser de l'avant, lancer. *Pont* est utilisé dans son sens grec de mer et, peut-être, de mer Noire (Pont-Euxin).

Les soldats seront logés dans la campagne et dans la ville, car on aura donné l'assaut à Paris et on se sera lancé sur Rome. Alors un grand pillage sera fait sur la mer (ou la mer Noire).

Destruction de Rome et mort du dernier roi de France

Saint Malachie, évêque d'Irlande (1095-1148), dans sa célèbre prophétie des papes [1], a donné les 111 papes qui devaient occuper le trône de saint Pierre de 1143 jusqu'à nos jours. Après le pape Jean-Paul II (le 110e de la prophétie, il reste un pape auquel Malachie a donné la devise de la gloire de l'olivier (symbole d'Israël – Monseigneur Lustiger ?). Outre ce 111e pape, la prophétie se termine par l'annonce d'un personnage non numéroté et précisé par le commentaire suivant : « Dans la dernière persécution de la sainte Église romaine, siégera Pierre le Romain qui fera paître ses brebis au milieu de nombreuses tribulations ; après quoi la ville aux sept collines sera détruite et le juge terrible jugera le peuple. » Ce texte est parfaitement clair et annonce la destruction de la ville aux sept collines, Rome. Comme il ne reste qu'un pape et Pierre le Romain après Jean-Paul II, cet événement se situe donc dans la fourchette de temps indiquée par Nostradamus, c'est-à-dire, au plus tard en 2025.

I, 69

La grand montagne ronde de sept stades,
Après paix, guerre, faim, inondation,
Roulera loin abismant grans contrades,
Mesmes antiques, & grand fondation.

En ancien français, *loin* signifie longuement et *abismer* jeter dans un abîme.

La grande ville aux sept collines, après une période de paix,

1. Voir du même auteur : *Prophétie des papes de saint Malachie*, éditions du Rocher, 1984.

de guerre, de famine et d'inondation, s'effondrera, entraînant dans l'abîme de grands pays, même les monuments antiques et la grande fondation (de l'Église : le Vatican).

II, 93

Bien près de Tymbre presse la Lybitine,
Un peu devant grande inondation :
Le chef du nef, prins mis à la sentine.
Chasteau, palais en conflagration.

Libitine était la déesse des morts. *Presse* signifie rude besogne en ancien français et *sentine*, rebut.

Près du Tibre il y aura rude besogne pour enterrer les gens ; un peu avant il y aura eu une grande inondation. Le chef de l'Église (le pape, Pierre le Romain ?) capturé et mis au rebut. Le château (Saint-Ange, qui se trouve au bord du Tibre) et le palais (du Vatican) seront dans la conflagration.

X, 20

Tous les amis qu'auront tenu party,
Pour rude en lettres mis mort et saccagé :
Biens publiez par fixe grand néanty,
Onc Romain peuple ne fut tant outragé.

En ancien français, *fixion* signifie action de ficher et *néanti* est le participe passé de *noiantir* qui signifie anéantir.

Tous les amis des partis politiques, à cause de la dureté de la presse, seront mis à mal et à mort, les biens des grands (personnages) ayant été mis en fiches et anéantis. Jamais le peuple romain ne fut tant outragé.

II, 65

Le parc enclin grande calamité,
Par l'Hespérie & Insubre fera,
Le feu en nef peste et captivité,
Mercure en l'Arc Saturne fenera.

En ancien français, *parc* signifie camp fortifié, *enclin* renversé par terre, et *fener* couper, faucher. *Insubre* est l'ancien nom du Milanais. Saturne est le dieu du temps.

Le renversement du camp fortifié (quartier général ? Le Pentagone ?) provoquera une grande calamité pour les Occidentaux et les Italiens du Nord. L'Église (le Vatican ?) sera en feu au moment de l'épidémie et de la captivité (du pape ?), Mercure étant dans le Sagittaire, ce sera une époque de mort.

III, 17

Mont Aventin brusler nuict sera veu,
Le ciel obscur tout à un coup en Flandres,
Quand le monarque chassera son neveu,
Leurs gens d'Église commettront les esclandres.

En ancien français *neveu* signifie petit-fils et *esclandre* outrager.

Le mont Aventin brûlera de nuit, et le ciel sera tout à coup obscurci en Belgique, quand le roi chassera son petit-fils et que les ecclésiastiques commettront des outrages.

VII, 37

Dix envoyez, chef de nef mettre à mort,
D'un adverty, en classe guerre ouverte :
Confusion chef, l'un se picque & mord,
Leryn, Stecades nefs, cap dedans la nerte.

En ancien français, *mordre* signifie meurtrier. Les îles Staechades sont les îles d'Or en face d'Hyères. *Nerto* en provençal est le nom d'un lieu-dit près de Marseille (le tunnel de la Nerthe).

Dix personnes seront envoyées pour assassiner le chef de l'Église (le pape) qui en aura été prévenu, lorsqu'on sera en pleine guerre, que la tête (de l'Église) sera dans la confusion ; un individu se pique (drogue ?) et commet son meurtre, quand des bateaux (de guerre) seront dans le secteur des îles de Lérins et des îles d'Or, et mettront le cap vers Marseille.

VIII, 73

Soldat barbare le grand Roy frappera,
Injustement non esloigné de mort,
L'avare mere du faict cause sera,
Conjurateur et regne en grand remort.

Les Avares, peuple barbare originaire de Tartarie, de la famille des Huns, étaient établis dans les environs de l'Altaï. *Mere* signifie en ancien français bateau à fort tirant d'eau (ce que sont les bateaux de guerre) et *remort* déchirement, blessure. Un *conjurateur* est une personne qui s'attribue le pouvoir surnaturel de conjurer ce qui est capable de nuire.

Quand il sera près de mourir d'une façon injuste, le grand roi (Henric) frappera les troupes islamiques. La flotte asiatique sera cause de l'événement (sa mort) et celui qui tentera de conjurer le mauvais sort et son pouvoir seront atteints.

V, 44

Par mer le rouge sera pris de pyrates,
La paix sera par son moyen troublée :
L'ire & l'avare commettra par sainct acte
Au grand pontife sera l'armée doublée.

Ire est mis pour Iris, fleuve d'Asie Mineure (la Turquie) qui se jette dans la mer Noire ; désigne la Turquie. *Doubler* signifie en ancien français, plier, rouler en renversant.

Le rouge (la Chine communiste ?) fera du piratage par mer et par ce moyen-là troublera la paix ; la Turquie et la Chine feront la guerre sainte. L'armée du grand pontife sera battue.

IV, 15

D'où pensera faire venir famine,
De là viendra le rassasiement :
L'œil de la mer par avare canine,
Pour de l'un l'autre donra huyle, froment.

L'œil au sens figuré signifie pouvoir, comme on dit l'œil du maître. *Caninus* en latin signifie agressif.

C'est de l'endroit d'où l'on pouvait penser que la famine arriverait, que viendra le rassasiement ; l'agression asiatique (ayant perdu) son pouvoir sur la mer, les vivres seront procurés à tous.

VI, 93

Prélat avare, d'ambition trompé,
Rien ne fera que trop cuider viendra :
Ses messagers, & luy bien attrapé,
Tout au rebours voir qui le bois fendroit.

En ancien français, *prélat* signifie supérieur, chef en général ; *cuidier* : croire, imaginer ; *rebours* : refus.

Le chef asiatique sera trompé par son ambition, et rien ne changera au fait qu'il ait trop confiance en lui ; ses ambassadeurs et lui-même seront bien attrapés, tout lui étant refusé malgré tous ses efforts.

Sixain 34

Princes & Seigneurs tous se feront la guerre,
Cousin germain le frère avec le frère,
Fini l'Arby de l'heureux de Bourbon,
De Hiérusalem les Princes tant aimables,
Du fait commis énorme & exécrable,
Se ressentiront sur la bourse sans fond.

Arby est mis pour arbitrie par épenthèse, et signifie en ancien français arbitrage.

Les chefs d'État et les chefs militaires se feront la guerre, entre cousins germains et entre frères ; ce sera la fin de l'arbitrage de l'heureux Bourbon. Les chefs tant aimables de Jérusalem, à cause d'un acte énorme et exécrable qui sera commis, se ressentiront de l'effondrement de la Bourse (chute du système capitaliste).

Ce sixain est une sorte de synopsis des événements qui couvrent la période 2000-2025.

La victoire de l'Occident et la paix universelle

Comme dans l'Apocalypse de Jean (« Satan enchaîné pour mille ans »), Nostradamus annonce la paix universelle et le renouveau spirituel.

IV, 39

Les Rhodiens demanderont secours,
Par le neglect de ses hoirs délaissée,
L'Empire Arabe ravalera son cours,
Par Hespéries la cause redressée.

En ancien français, *ravaler* signifie, faire descendre, diminuer.

Les habitants de Rhodes demanderont du secours, délaissés par la négligence de ses héritiers. L'empire arabe réduira sa course. La situation sera redressée par les Occidentaux (États-Unis).

X, 74

Au revole du grand nombre septiesme,
Apparoistra au temps jeux d'Hécatombe :
Non esloigné du grand eage milliesme,
Que les entrez sortiront de leur tombe.

En ancien français, *revoler* signifie retourner. *Hécatombe* (Ἑκατόμβη) en grec représentait le sacrifice de cent bœufs et par la suite de cent victimes quelconques.

À l'approche du grand nombre septième (septième millénaire : l'an 2000) apparaîtra une période de massacres qui ne sera pas éloignée du début des mille ans (de paix universelle) (2026-3000 – le nombre mille n'est pas à prendre au pied de la lettre). C'est alors que ceux qui étaient entrés dans la tombe (ou dans des abris) en sortiront (renouveau spirituel).

VII, 41

Les os des pieds & les mains enserrez,
Par bruit maison longtemps inabitée,

Seront par songes concavant deterrez,
Maison salubre & sans bruit habités.

Songe signifie sommeil en vieux français et *concaver* creuser. Ceux qui avaient les os des pieds et des mains serrés (ceux qui étaient enchaînés – les prisonniers), et dont la maison aura été longtemps inhabitée à cause de la guerre (les réfugiés), sortiront des grottes ou des abris (où ils s'étaient réfugiés), comme dans un rêve, pour habiter dans des maisons sûres et sans bruit (de guerre).

HYPOTHÈSES DE CHRONOLOGIE

Quelques quatrains et sixains qui mentionnent des données d'astronomie, sont regroupés ici et expliqués grâce à l'aide précieuse d'un ami astrologue. Certaines configurations célestes sont rares, d'autres fréquentes ; ces dernières ne permettent pas de dater les événements avec précision et les textes qui les portent ont donc été écartés. Nostradamus ayant donné fort peu de dates en clair, ces données astronomiques sont particulièrement précieuses. Les recherches ont été arrêtées à 2026, fin de la prophétie.

Nostradamus utilise l'astronomie pour noter une concomitance entre une configuration du ciel et des événements, sans pour autant établir un rapport de cause à effet entre les astres et l'histoire de l'homme ; ce biais lui permet de donner des indications de temps. C'est sans doute la raison pour laquelle il écrit dans la *Lettre à Henry, roy de France second* qu'il aurait pu mettre une date à chaque quatrain. Il utilise également l'astrologie pour les symboles qu'elle attribue aux planètes ou aux constellations : Mars pour la guerre, Vénus pour la République à cause du symbole féminin de Marianne, Neptune et son trident, dieu des mers pour l'Angleterre, Saturne pour l'âge d'or, etc. De temps en temps, il complique encore les choses en mettant dans un même texte une donnée astronomique de temps et un symbole astrologique.

10 AOÛT 2002 OU 27 JUILLET 2017

VIII, 2

Condon & Aux & autour de Mirande,
Je voy du ciel feu qui les environne :
Sol Mars conjoinct au Lyon, puis Marmande,
Foudre grand gresle, mur tombe dans Garonne.

Je vois le feu du ciel qui environne Condom, Auch, Mirande et alentours, au moment d'une conjonction Soleil-Mars dans la constellation du Lion. La foudre et la grêle (bombardements ?) feront tomber les murs dans la Garonne.

Les deux quatrains suivants concernent probablement les mêmes événements que le précédent et se situent donc à la même époque.

I, 79

Bazaz, Lestore, Condom, Ausch, Agine,
Esmeus par loix, querelle & monopole :
Car, Bourd, Tholose Bay mettra en ruine,
Renouveler voulant leur tauropole.

En ancien français, *esmoveor* signifie exciter, soulever ; *monopole* conspiration, conjuration ; *renouveler* ranimer. Bourd désigne peut-être Bordeaux, cependant, il existe une petite ville du nom de Bourdeaux à l'est de Montélimar. Dans la mythologie, *Tauropole* (Ταυροπολοσ) est le surnom de Diane, considérée comme Séléné ou la Lune ; désigne probablement l'Islam. On organisait des fêtes en l'honneur de Diane.

Les habitants de Basas (ville de Gironde), Lectoure, Condom, Auch (villes du Gers), Agen se soulèveront contre les lois par des querelles et par une conjuration. Ils voudront renouveler les fêtes musulmanes et mettront en ruine Car(cassonne), Bourdeaux ou Bord(eaux), Toulouse et Bay(onne).

I, 6

Tout aupres d'Aux, de Lestore & Mirande,
Grand feu du ciel en trois nuits tombera :

Cause adviendra bien stupende & mirande,
Bien peu après la terre tremblera.

En latin, *stupendus* et *mirandus* signifient étonnant.

Tout près d'Auch, de Lectoure et Mirande (villes du Gers), un grand feu tombera du ciel pendant trois nuits ; la cause en sera bien étonnante et peu de temps après la terre tremblera (débarquement ?).

Le feu du ciel signifie-t-il bombardements avant débarquement ?

SEPTEMBRE 2004

VIII, 48

Saturne en Cancer, Jupiter avec Mars,
Dedans Février Chaldondon salvaterre :
Sault Castallon assailly de trois parts,
Près de Verbiesque conflit mortelle guerre.

Chaldondon est la francisation du mot grec *Chaldaioi* (Ξαλδαῖοι) qui signifie Chaldéens ou Babyloniens, aujourd'hui l'Irak. Nostradamus a doublé la terminaison don pour ajouter un pied à son vers. *Salvaterra* est une petite ville du Portugal près du Tage. En ancien français, *sault* signifie détroit, défilé et *Castulon* est l'ancien nom de Cazorla, ville d'Espagne dans la province de Grenade ; désigne probablement le détroit de Gibraltar. *Verbiesque* est un latinisme qui consiste à ajouter *que* pour la conjonction *et* et Verbier, ville du Valais suisse non loin du tunnel du mont Blanc et du Tessin.

Lorsque Saturne sera dans la constellation du Cancer et qu'il y aura une conjonction Jupiter-Mars (en septembre 2004), alors qu'en février il y aura un sauveur en Irak, le détroit de Gibraltar sera attaqué de trois côtés et le conflit dans le Valais (Suisse) constituera une guerre mortelle.

18 JUIN 2006

V, 14

Saturne & Mars en Leo Espagne captisve,
Par chef Lybique au conflict attrapé,

Proche de Malte heredde prinse vive,
Et Romain sceptre sera par Coq frappé.

Leo est le Lion en latin. En ancien français, *herede* est un héritier (voir dans le chapitre III les hoirs Romulides I, 9).

Lorsqu'il y aura une conjonction Saturne-Mars dans le Lion (18 juin 2006), l'Espagne sera prise pendant que le chef libyen sera entraîné dans le conflit, les héritiers (de Romulus, les Italiens) ayant été pris vivants, le pouvoir (politique ou religieux ?) à Rome sera frappé par les Français.

27-29 SEPTEMBRE 2004 OU 10-11 DÉCEMBRE 2006

III, 3

Mars & Mercure, et l'argent joint ensemble,
Vers le Midy extreme siccité :
Au fond d'Asie on dira terre tremble,
Corinthe, Éphèse lors en perplexité.

L'argent fait allusion à l'âge d'Argent qui est sous l'influence de Jupiter. En ancien français, *perplexité* signifie entrelacement confus.

Au moment d'une conjonction Mars-Mercure-Jupiter, il y aura une grande sécheresse vers le midi (les pays islamiques). Au fond de l'Asie (le Japon), on dira que la terre a tremblé ; alors la Grèce (Corinthe) et la Turquie (Éphèse) seront dans la confusion.

Le quatrain suivant concerne probablement la même période.

II, 52

Dans plusieurs nuits la terre tremblera,
Sur le printemps deux efforts suite,
Corinthe, Éphèse aux deux mers nagera,
Guerre s'esmeut par deux vaillants de luite.

En ancien français, *vaillant* signifie de grande valeur et *luite* lutte.

La terre tremblera pendant plusieurs nuits (Japon comme dans le quatrain précédent ?). Au printemps (2003, 2005 ou 2007), il y aura deux tentatives de poursuite (débarquement ?) ; (une flotte) naviguera vers la Grèce et la Turquie entre deux mers (mer Noire et mer Égée ?) ; deux personnages de grande valeur au combat (chefs militaires) entreront dans la guerre.

DU 30 OCTOBRE 2009 À OCTOBRE 2012

Sixain 4

D'un rond, d'un lis, naistra un si grand Prince,
Bien tost, & tard venu dans sa Province,
Saturne en Libra en exaltation :
Maison de Vénus en décroissante force,
Dame en après masculin sous l'escorce,
Pour maintenir l'heureux sang de Bourbon.

Ce sixain est un exemple de l'utilisation d'une donnée astronomique et d'un symbole astrologique.

Rond vient du latin *rota* qui signifie le disque du soleil. Avec une majuscule la *Province* par excellence est la Provence (*Provincia romana*). En latin *Libra* est la Balance. *La maison de Vénus* représente la République. Dame représente la reine. En ancien français, *escorce* signifie peau.

Du soleil et du lis (des Bourbons) naîtra un très grand prince, venu bien tôt (en France – avant 2009), mais tard en Provence (entre 2009 et 2012), quand Saturne sera en exaltation dans la Balance ; la maison République ayant perdu sa force. Après, la reine sera enceinte d'un garçon pour perpétuer l'heureux sang de Bourbon.

JUIN 2015

I, 16

Faux à l'Estang, joinct vers le Sagittaire,
En son haut auge et exaltation :
Peste, famine, mort de main militaire,
Le siècle approche de rénovation.

La *faux* est avec le sablier un des attributs de Saturne ; l'hiéroglyphe de la planète Saturne est une faux surmontée d'une croix.

Le mot *étang* désigne la constellation du Scorpion. En effet, ce signe d'Eau-fixe représente l'eau immobile. En ancien français, le mot *auge* était synonyme d'apside qui constitue les extrémités du grand axe de l'ellipse décrite par une planète autour du soleil. L'apside la plus éloignée du soleil se nomme aphélie ou apside supérieure ; la plus rapprochée se nomme apside inférieure ou périhélie.

Quant au mot exaltation, en astrologie, il désigne une dignité planétaire qui accentue en bien ou en mal, selon sa nature, les présages fournis par une planète dans l'interprétation d'un horoscope. Cette configuration céleste se situera en 2015 ; en outre, il y aura en juin de cette même année un phénomène rarissime, Saturne en Scorpion occultera l'étoile fixe Haleka.

Lorsque Saturne, à l'aphélie et en exaltation, sera dans la constellation du Scorpion en conjonction avec le Sagittaire, on connaîtra l'épidémie, la famine, la mort par la guerre ; mais le siècle de rénovation (l'ère du verseau, l'âge d'or) approche.

Ce quatrain peut faire supposer que Nostradamus situe le début de l'ère du Verseau en 2026.

15 AOÛT 2015

V, 25

Le Prince Arabe Mars, Sol, Vénus, Lyon,
Regne d'Église par mer succombera :
Devers la Perse bien près d'un million,
Bisance, Égypte ver. serp. invadera.

L'expression *ver. serp.* est mise pour *verus serpens*, le vrai serpent qui désigne peut-être le dragon asiatique. En ancien français, *succomber* signifie détruire, ruiner et *invadir* assaillir, attaquer.

Au moment d'une conjonction Mars-Soleil-Vénus dans le Lion le chef arabe ruinera le pouvoir de l'Église par la mer, quand bien près d'un million (de soldats) se réuniront en Iran, le Serpent (Chine ?) attaquera la Turquie et l'Égypte.

4 JUIN 2024

Sixain 49

Venus & Sol, Jupiter & Mercure,
Augmenteront le genre de nature
Grande alliance en France se fera,
Et du Midy la sangsue de mesme,
Le feu esteint par ce remède extrême,
En terre ferme Oliver plantera.

Terre ferme signifie continent. L'*olivier* est symbole de paix, mais aussi de l'État hébreu.

Lorsqu'il y aura une conjonction Vénus-Soleil et Jupiter-Mercure, le genre de la nature (rénovation de l'environnement ?) augmentera. Une grande alliance se fera en France, de même que dans les pays islamiques et capitalistes (États-Unis ?), la guerre ayant été arrêtée par ce dernier recours. La paix s'établira sur le continent (européen ?) et en Israël.

ÉPILOGUE

La paix universelle ?

> *... Qu'on n'aille pas demander à l'histoire de nous dire si les hommes sont au total devenus d'une plus haute moralité ! Ils sont parvenus à une grande liberté d'appréciation, ample et puissante, mais leur situation veut en quelque sorte nécessairement qu'ils n'utilisent cette liberté que pour le mal...*
>
> Johann Gottlieb FICHTE,
> *La Destination de l'homme.*

Tu n'as pas eu le choix entre l'âge d'or et l'âge de pierre.

ARAGON, *Le Roman inachevé.*

Il faut espérer que le scénario catastrophe annoncé par Nostradamus et exposé ici, n'est pas inéluctable. En 1555, après son voyage dans une partie du bloc espace-temps, Nostradamus livra l'ensemble de ses « visions » à la postérité. Malgré le « rabotage », selon son propre terme, dans la rédaction de ses prophéties, tant pour la chronologie que pour certains événements, on doit se demander quelle pouvait bien être sa motivation première. Il semble difficile de supposer que, par quelque sadisme foncier, il ait pris un malin plaisir à terroriser des générations entières après lui.

Dans la *Lettre à César*, préface de son œuvre prophétique, Nostradamus écrit : « Ton arrivée tardive, César Nostredame mon fils, m'a fait passer un long temps par continuelles veilles nocturnes pour te rapporter par écrit et te laisser ce mémoire, après la mort de ton progéniteur, *pour le commun profit des hommes...* » Voilà bien une phrase qui ouvre quelque fenêtre d'espérance sur un ciel où s'amoncellent les nuages.

Dans la *Lettre à Henry, roy de France second*, Nostradamus annonce, après les tribulations, la paix et le renouveau de la terre : « Après ce temps que les hommes auront trouvé long (25 ans), la face de la terre sera renouvelée par l'avènement de l'âge d'or. Dieu le Créateur ordonnera, entendant l'affliction de son peuple, que Satan soit enchaîné et jeté dans l'abîme de l'Enfer, dans la profonde fosse : commencera alors entre Dieu et les hommes une paix universelle, et Satan demeurera lié pendant environ mille ans, ce qui apportera une plus grande force à la puissance de l'Église ; et puis il sera à nouveau délié... » Ce texte de Nostradamus est en parfait accord avec le chapitre XX de l'Apocalypse de Jean : « Je vis encore descendre du ciel un ange qui avait la clef de l'abîme et une grande chaîne à la main. Il prit le dragon, l'ancien serpent, qui est le diable et Satan et l'enchaîna pour mille ans. Et l'ayant jeté dans l'abîme, il le ferma sur lui et le scella, afin qu'il ne séduisît plus les nations jusqu'à ce que ces mille ans soient accomplis, après quoi il doit être délié pour un peu de temps. »

Depuis 1980, année d'édition de *Nostradamus historien et prophète*, un certain nombre de voyants sont passés au rouge. La montée de l'intégrisme islamique dans tous les pays musulmans risque de déstabiliser plusieurs États. La révolution en Iran, en 1978, a conduit à l'instauration d'une République islamique anti-occidentale. Qu'en serait-il de pays « dits » modérés, si ceux-ci étaient entraînés dans pareille aventure ? Le Maghreb est miné par ce phénomène. En Égypte et particulièrement au Soudan des chrétiens sont assassinés et des églises brûlées et la menace islamique se fait de plus en plus pressante.

Du côté de l'Europe, les Balkans sont en éruption. Un génocide qui porte le nom d'*épuration ethnique* a été perpétré dans l'ex-Yougoslavie ; les musulmans ont été pourchassés et tués par les Serbes. La grande Serbie est en marche et les instances européennes ou internationales sont incapables d'empêcher quoi que ce soit. Le conflit a gagné le Kosovo et risque de continuer sa course.

Le Caucase est secoué par des mouvements nationalistes et indépendantistes qui se sont réveillés dès l'éclatement de l'Empire soviétique : Tchétchénie, Ossétie, Azerbaïdjan (Nagorno-Karabakh). La Communauté des États Indépendants n'a pas réglé plusieurs problèmes cruciaux. Ainsi les pays Baltes ne voudraient plus avoir de troupes russes sur leur sol ; la Russie voudrait garder un contrôle militaire sur cette partie stratégique de l'Ukraine qu'est la Crimée sur la mer Noire, sans compter les îles Kouriles, pomme de discorde entre Russes et Japonais. L'Occident s'est peut-être réjoui précipitamment de la chute de l'Empire, alors que communistes ou ex-communistes sont toujours au pouvoir ou dans ses coulisses, prêts à y revenir. Sous le titre évocateur « Le retour impérial de la Russie », dans *Le Monde* du 20 avril 1995, Jean-Baptiste Naudet écrivait : « Sur la scène internationale, Moscou n'hésite plus à défier l'Occident... Au Proche-Orient ou en Afrique, le Kremlin a renoué avec "les parias" : l'Iran – à qui elle vend un programme nucléaire, contre l'avis de Washington – l'Irak – qu'elle veut aider à obtenir la levée de l'embargo pétrolier de l'ONU... le Soudan avec lequel elle serait sur le point de passer des accords de coopération économique, commerciale et technique (rappelons ici que c'est à Khartoum au Soudan que s'est tenue la Conférence islamique où des propos violemment anti-occidentaux ont été proférés)... Malgré le reflux, la Russie n'a pas complètement abandonné ses têtes de pont en Amérique (Cuba) et en Asie... Au Viêt-nam, la Russie veut continuer à utiliser la *base* aéronavale de Cam Ranh pour sa flotte du Pacifique, alors que les Américains évacuent les Philippines... Mais là où la Russie fait preuve du plus grand activisme, c'est en Europe et au-delà dans les Balkans. Elle prend de plus en plus ouvertement la défense des Serbes... Elle milite pour une levée des sanctions contre Belgrade... Au moment de l'ultimatum à Sarajevo, la diplomatie russe agitait même le spectre d'une "troisième guerre mondiale" si l'Organisation atlantique entrait en action... » Cette analyse est tout à fait « nostradamique » en regard du schéma prophétique exposé dans cet ouvrage. On préférerait, sans doute, qu'il n'en soit rien.

Il y a malheureusement d'autres zones de conflit et de massacres. La tentative de liquidation du peuple kurde sur les marches de la Turquie, de l'Iran et de l'Irak est également un génocide qui ne veut pas avouer son nom. En Palestine et dans l'État hébreu, la violence et l'intolérance font peser une lourde hypothèque sur un processus de paix de plus en plus fragilisé. Nostradamus a vu dans cet endroit du monde un risque d'explosion capable de mettre le feu à la planète tout entière. Hypothèse assez logique quand on constate l'engagement de la Russie derrière les pays arabes les plus anti-israéliens tels que l'Iran, l'Irak ou le Soudan.

Quelles sont l'utilité et l'efficacité des organisations internationales (ONU) ? Malgré leurs interventions, on avance les chiffres de 500 000 à 1 million de morts au Rwanda dans la guerre tribale qui continue à ensanglanter cette terre ainsi que celle de la République Démocratique du Congo. Cette incapacité des conférences de paix dont la plupart se sont tenues et continuent à se tenir à Genève, a été vue par Nostradamus : « Du lac Léman les sermons fâcheront... » et : « Les fautes du Léman seront bien dénuées... »

En observant avec un œil froid l'état du monde depuis le début du siècle, on est conduit à conclure que jamais auparavant dans leur histoire, les hommes ne s'étaient entre-tués avec une telle férocité, les armes modernes permettant de tuer à distance et non plus l'épée à la main ! En août 1945, presser sur un bouton a entraîné, en quelques secondes, la mort de 180 000 Japonais à Hiroshima...

Il règne actuellement dans l'inconscient collectif une sensation de catastrophe imminente. L'homme, s'il le veut, a les moyens d'enrayer le processus engagé. Certes, il n'a jamais écouté les avertissements des prophètes et des prophéties, c'est pourquoi il participe à l'accomplissement des catastrophes avec d'autant plus de *libre arbitre* qu'il en était averti.

Les « esprits forts » de notre société matérialiste et rationaliste prennent leur part de responsabilité dans la réalisation du schéma prophétique « apocalyptique ». En effet, ils attaquent, toujours avec virulence, les textes prophétiques, sous prétexte qu'il est, selon eux, impossible de voir l'avenir ; mais ils n'apportent pas le moindre commencement de preuve à cette affirmation gratuite. Au lieu de soutenir que les écrits de Nostradamus ne sont que galimatias, sornettes et billevesées, ils utiliseraient mieux leur énergie à tenter de faire mentir le prophète afin que l'homme n'ait pas à attendre jusqu'à 2026 pour voir s'établir la paix universelle, après une catastrophe qui, si par malheur elle se produisait, ferait disparaître les deux tiers de l'humanité. On aimerait pouvoir, à l'aube du XXIe siècle dire le contraire de ce qu'écrivait Georges Clemenceau en 1919 dans son *Discours de paix* : « Il est plus facile de faire la guerre que la paix. » Cette remarque reste malheureusement juste aujourd'hui.

Le poète et le prophète se rejoignent souvent. Ainsi, Charles Baudelaire écrivait dans *Fusées* en 1851 : « Le monde va finir. La seule raison pour laquelle il pourrait durer, c'est qu'il existe. Que cette raison est faible, comparée à toutes celles qui annoncent le contraire, particulièrement à celle-ci : qu'est-ce que le monde a désormais à faire sous le ciel ? – Car en supposant qu'il continuât à exister matériellement, serait-ce une existence digne de ce nom et du dictionnaire historique ? Je ne dis pas que le monde sera réduit aux expédients et au désordre bouffon des républiques du Sud-Amérique, – que peut-être même nous retournerons à l'état sauvage, et que nous irons, à travers les ruines herbues de notre civilisation, chercher notre pâture, un fusil à la main. Non – car ce sort et ces aventures supposeraient encore une certaine énergie vitale, écho des premiers âges. Nouvel exemple et nouvelles victimes des inexorables lois morales, nous périrons par où nous avons cru vivre. La mécanique nous aura tellement américanisés, le progrès aura si bien atrophié en nous toute la partie spirituelle, que rien parmi les rêveries sanguinaires, sacrilèges, ou antinaturelles des utopistes ne pourra être comparé à ses résultats positifs. Je demande à tout homme qui pense de me montrer ce qui subsiste de la vie. De la religion, je crois inutile d'en parler et d'en chercher les restes, puisque se donner encore la peine de nier Dieu est le seul scandale en pareilles matières. La propriété avait disparu virtuellement avec la suppression du droit d'aînesse ; mais le temps viendra où l'humanité, comme un ogre vengeur, arrachera leur dernier morceau à ceux qui croiront avoir hérité légitimement des révolutions. Encore, là ne serait pas le mal suprême.

L'imagination humaine peut concevoir, sans trop de peine, des républiques ou autres états communautaires, dignes de quelque gloire, s'ils sont dirigés par des hommes sacrés, par de certains aristocrates. Mais ce n'est pas particulièrement par des institutions politiques que se manifestera la ruine universelle, ou le progrès universel ; car peu m'importe le nom. Ce sera par l'avilissement des cœurs. Ai-je besoin de dire que le peu qui restera de politique se débattra péniblement dans les étreintes de l'animalité générale, et que les gouvernants seront forcés, pour se maintenir et pour créer un fantôme d'ordre, de recourir à des moyens qui feraient frissonner notre humanité actuelle, pourtant si endurcie ? – Alors, le fils fuira la famille, non pas à dix-huit ans, mais à douze, émancipé par sa précocité gloutonne ; il la fuira, non pas pour chercher des aventures héroïques, non pas pour délivrer une beauté prisonnière dans une tour, non pas pour immortaliser un galetas par de sublimes pensées, mais pour fonder un commerce, pour s'enrichir, et pour faire concurrence à son infâme papa, – fondateur et actionnaire d'un journal qui répandra les lumières et qui ferait considérer *Le Siècle* d'alors comme un suppôt de la superstition. Alors, les errantes, les déclassées, celles qui ont eu quelques amants, et qu'on appelle parfois des anges, en raison et en remerciement de l'étourderie qui brille, lumière de hasard, dans leur existence logique comme le mal, – alors celles-là, dis-je, ne seront plus qu'impitoyable sagesse, sagesse qui condamnera tout, fors l'argent, tout, même *les erreurs des sens* ! – Alors, ce qui ressemblera à la vertu, – que dis-je, tout ce qui ne sera pas l'ardeur vers *Plutus*[1] sera réputé un immense ridicule. La justice, si, à cette époque fortunée, il peut encore exister une justice, fera interdire les citoyens qui ne sauront pas faire fortune. Ton épouse, ô Bourgeois ! ta chaste moitié dont la légitimité fait pour toi la poésie, introduisant désormais dans la légalité une infamie irréprochable, gardienne vigilante et amoureuse de ton coffre-fort, ne sera plus que l'idéal parfait de la femme entretenue. Ta fille, avec une nubilité enfantine, rêvera dans son berceau, qu'elle se vend un million. Et toi-même, ô Bourgeois, – moins poète encore que tu n'es aujourd'hui, – tu n'y trouveras rien à redire ; tu ne regretteras rien. Car il y a des choses dans l'homme, qui se fortifient et prospèrent à mesure que d'autres se délicatisent et s'amoindrissent, et, grâce au progrès de ces temps, il ne te restera de tes entrailles, que des viscères ! Ces temps sont peut-être bien proches ; qui sait même s'ils ne sont pas venus, et si l'épaississement de notre nature n'est pas le seul obstacle qui nous empêche d'apprécier le milieu dans lequel nous respirons ! »

Baudelaire a écrit ce texte « prophétique », il y a cent cinquante ans, sous la IIe République. Que de chemin parcouru dans le sens de cette « vision », depuis lors !

L'âge d'or ou ère du Verseau, avec sa corne d'abondance, est proche. Le sauvetage de l'humanité passe, avant tout, par un renouveau spirituel ; André Malraux a écrit : « Le XXIe siècle sera spirituel ou ne sera pas. » Fasse l'homme qu'il le soit...

---

1. Baudelaire a transformé le mot grec ploutos (πλοῦτος) « richesse » en Plutus.

ÉVÉNEMENTS PRÉVUS PAR NOSTRADAMUS DE 1555 À 2026

(extraits de *Nostradamus historien et prophète*)
(Tome I et tome II)

L'Ancien Régime

1557	Guerre entre le duc d'Albe et le duc de Guise VII, 29.
1559	Mort du roi Henri II dans un tournoi I, 35.
1560	La conjuration d'Amboise, le *tumulte* et la guerre des Guise IV, 62 et XII, 52.
1562	La guerre de Condé XII, 52.
1565	Siège de Malte par les Turcs IX, 61.
1566	Nostradamus prédit sa propre mort le 2 juillet Présage 141.
1571	Prise de Chypre par les Turcs. La bataille de Lépante XII, 36 – III, 64 – VI, 75.
1572	Le massacre de la Saint-Barthélemy. L'assassinat de Coligny Sixain 52 et IV, 8.
1574-1575	Guerre des *Politiques* entre Henri III et le duc d'Alençon VI, 11.
1574-1576	Cinquième guerre de Religion III, 98.
1588	Assassinat du duc de Guise III, 51.
1589	Assassinat d'Henri III. L'avènement d'Henri IV sur le trône de France IV, 60.
	Siège de Paris par Henri de Navarre IX, 86.
1594	Sacre d'Henri IV à Chartres, son entrée dans Paris IX, 86.
1600	Persécutions contre les astronomes : Galilée, Copernic, Giordano Bruno IV, 18.

1599-1602	Henri IV trahi par son ami Biron. L'exécution de ce dernier Sixain 6.
1610	Expulsion des mahométans d'Espagne III, 20.
1625-1628	Siège de La Rochelle par les Anglais VI, 60 et IX, 18.
1632	Exécution du duc de Montmorency IX, 18.
1634	Occupation de la Lorraine IX, 18.
1636	Guerre contre la Maison d'Autriche IX, 18.
1640	Les troupes de Louis XIII assiègent Barcelone. Occupation du duché de Montferrat VIII, 26.
1642	Mort de Marie de Médicis, son exil aux Pays-Bas espagnols IX, 78.
1618-1648	Guerre de Trente Ans. Gaston d'Orléans en Lorraine, son mariage secret avec Marguerite de Lorraine VII, 9.
1646	La flotte française coulée au large de la Corse III, 87. Le siècle de Louis XIV X, 89.
1649	Exécution de Charles Ier d'Angleterre. Cromwell « Protecteur » X, 22.
1658-1714	Occupation de la Belgique par la France IX, 49.
1683	Siège de Vienne par les Ottomans X, 61.
1688	Révolution en Angleterre. Conspiration contre Jacques II. Débarquement de Guillaume d'Orange IV, 89.
1689	Guillaume d'Orange roi d'Angleterre IV, 89.
1699	Guerre russo-turque I, 49.
1700	Le duc d'Anjou, roi d'Espagne. Guerre de succession d'Espagne V, 49.
1702-1707	Guerre de la Ligue d'Augsbourg. Le duc de Savoie libère la Provence. La révolte des Camisards et le maréchal de Villars Présage 2 et IV, 99.
1715	La Régence III, 15.
1720	La Peste de Marseille. La République des Lettres. Les philosophes II, 53 – IV, 28.
1732	Succession des Farnèse en Italie VIII, 66.
1769	Naissance de Napoléon Bonaparte I, 60.

La Révolution française

1789	Prise de la Bastille. Serment du *Jeu de Paume* I, 65.
1791	La fuite de la famille royale à Varennes IX, 20.

1792 Fin de la monarchie. Proclamation de la Ire République II, 2 et *Lettre à Henri II*. Prise des Tuileries. La famille royale incarcérée au Temple. La bataille de Valmy IX, 34 – IX, 58 et Sixain 9.

1792-1799 Les sept ans de la Ire République VI, 63.

1793 Le procès de Louis XVI. L'affaire de l'armoire de fer. L'exécution de Louis XVI. La Terreur. Évasion de Louis XVII de la prison du Temple. L'exécution de Marie-Antoinette VIII, 23 et II, 58 et IX, 24.
Philippe Égalité et la Révolution. Son exécution. Les massacres de Nantes. Révolte des Chouans II, 98 – III, 66 et V, 33.

1794 Robespierre, la Terreur et la fête de l'Être suprême. Les Montagnards VIII, 80 et IV, 63.

1795 L'aide de William Pitt le Jeune aux Vendéens. Guerre entre la France, l'Allemagne et l'Espagne X, 40 et II, 39.

L'épopée napoléonienne

1796 La première campagne d'Italie. L'armée sarde se livre à Bonaparte. Crémone et Mantoue. Premier mariage de Bonaparte I, 24.

1797 Les armées autrichiennes vaincues. L'armée de Bonaparte de Vérone à Venise VIII, 11 et VIII, 33.

1795-1799 Les quatre ans de pontificat de Pie VI. Son enlèvement par l'armée de Bonaparte. La deuxième campagne d'Italie VI, 26 – VIII, 8.

1798-1802 Charles-Emmanuel II roi de Sardaigne VIII, 88.

1799 Chute de la Ire République. Le coup d'État du 18 Brumaire (novembre). La campagne d'Égypte VII, 13 – I, 8.

1799-1814 Les quatorze ans de règne de Napoléon Ier VII, 13.

1800 Masséna dans Gênes. La défaite de l'armée autrichienne. Napoléon dans Milan. Turin et le pape Pie VI VII, 39 – VII, 15 – VIII, 8.

1804 Sacre de Napoléon. Proclamation de l'Empire Sixain 57 et I, 74.

1805 Le duc de Brunswick et les divisions d'Orange, son

	accord secret avec Dumouriez. La bataille de Trafalgar. Les blessures de l'amiral Gravina X, 46 et VII, 26.
1806	Wurtzbourg, point de départ des conquêtes de Napoléon. Annexion de Naples et de la Sicile. L'invention des fusées. Le Blocus continental X, 13 – III, 25 – IV, 43 et I, 75.
1807	Les troupes françaises en Espagne. Négociation des États pontificaux, leur annexion IV, 36.
1808-1809	Siège de Saragosse. La famille royale espagnole en France III, 75 et IV, 2 et I, 33.
1809	Le second mariage de Napoléon avec Marie-Louise d'Autriche. Persécution des religieux en Italie et arrestation de prêtres Sixain 57 et VI, 9.
1810	Internement du pape Pie VII à Fontainebleau. Divorce de Napoléon VII, 73.
1812	Wellington dans les Basses-Pyrénées à Saint-Jean-de-Luz et le général Soult à Bayonne. La défaite de la Grande Armée. La retraite de Russie. La Bérézina IV, 70 – VII, 85 et VIII, 55.
1813-1814	Les défaites en Italie. La bataille de Toulouse II, 33.
1814	La bataille de Reims. La première abdication. La trahison de Marie-Louise I, 26 et III, 44.
1815	La campagne de France et la chute de Napoléon Ier I, 22.
1815	Le retour de l'île d'Elbe. La bataille de Waterloo. La deuxième abdication. Napoléon prisonnier des Anglais. Son exil à Sainte-Hélène. La Restauration des Bourbons X, 24 – II, 11 – I, 23 et IV, 75 – I, 58.
1815-1821	L'île d'Elbe et Sainte-Hélène I, 37.

Louis XVIII, Charles X et Louis-Philippe

1820	Assassinat du duc de Berry par Louvel VI, 32.
1821	L'agonie de Napoléon à Sainte-Hélène IV, 35.
1825-1833	Guerre d'indépendance de la Grèce. Bataille de Navarin. Massacres de Chio et de Tripolis IX, 75 – V, 95 et VI, 55.
1830	Chute des Bourbons. Le drapeau tricolore. L'assassinat du dernier des Condé. Les révolutions de 1830 et 1848 II, 69 et I, 39.

1830-1870 Quarante ans de guerre pour la France, puis quarante ans de paix I, 17 (1871-1911).
1832 La révolte de la rue Saint-Merri VIII, 42.
1840 Napoléon aux Invalides I, 43.
1840-1847 Les sept ans de conquête de l'Algérie IX, 89.
1842 Mort par accident du fils aîné de Louis-Philippe VII, 38.
1849 La guerre dans le Piémont. Défaite de Mortara IX, 31.

Napoléon III

1854-1856 Napoléon III. Guerre de Crimée. Siège de Sébastopol III, 68.
1858 L'attentat d'Orsini V, 10.
1859 Campagne d'Italie de Napoléon III. Napoléon III à Buffalora. Il entre dans Milan. Les Français à Turin et Novare. Réunion des Mille à Gênes VIII, 12 – I, 6 et IV, 16.
1860 Victor-Emmanuel roi d'Italie, Florence capitale. Rattachement de la Savoie à la France. Garibaldi de la Sicile jusqu'à Rome. Garibaldi et l'expédition des Mille V, 39 – V, 42 – I, 11 et VII, 31.
1870 La dépêche d'Ems. Bazaine à Metz. Garibaldi à Magnavacca et Ravenne. Fin du pouvoir temporel de la papauté, bombardement de la Porta Pia à Rome. Le concile Vatican I. La défaite de Sedan. La IIIe République X, 7 – IX, 3 – III, 63 – III, 37 – II, 44.

La IIIe République

1871 Débarquement de Garibaldi à Marseille. La défaite de Bourbaki au Mans et de Faidherbe à Cambrai. L'armée de l'est à Villersexel. Paix de Francfort. L'annexion de l'Alsace et de la Lorraine. Rome capitale de l'Italie. La Commune, guerre civile Sixain 1 – X, 51 – 1, 89 – VI, 87 – II, 77.
1883 Naissance de Mussolini entre Rimini et Prato IX, 2.

1889 Naissance de Hitler à la frontière austro-bavaroise III, 58.

Le XXe siècle
Le communisme. Le nazisme.
Les guerres mondiales

1900 La Belle Époque III, 18.
1900-2000 Le siècle de la gauche II, 10.
1908-1919 La guerre dans les Balkans II, 49.
1914 Attentat de Sarajevo. Mort de Pie X III, 11.
1914-918 Première Guerre mondiale. Reims centre de la guerre en France. Prise d'Anvers par les Allemands III, 18 – X, 52.
1916-1918 Bataille de la Somme VI, 5.
1917 La révolution bolchevique. Les interventions étrangères en Russie. Le mystère du massacre des Romanov. Le communisme et les chants révolutionnaires. Les prisons. Staline et la chute du tsar Présage 62 – Présage 89 – V, 26.
1920 Mustapha Kémal. La révolution turque. Le démembrement de l'Empire ottoman et la perte de l'Égypte II, 49 – I, 40.
1922 Proclamation de l'Union soviétique Présage 62.
1925 Genève centre de conférences internationales : Société des Nations et son héritière l'ONU. Le premier tome de *Mein Kampf* I, 47 – V, 5.
1931 Exil d'Alphonse XIII I, 19.
1933 Prise du pouvoir par Hitler, ses treize ans de pouvoir (1933-1945) VI, 84.
1934 Franco et la révolte des Asturies. Le nazisme et les camps de conception X, 48 – VIII, 27.
1936 Franco nommé chef du gouvernement à Burgos. Primo de Rivera fondateur du fascisme. La guerre d'Espagne, prise de Séville. Les massacres de prêtres IX, 16 – VI, 19.
1938 Les déclarations de paix de Hitler. Les accords de Munich I, 34 – VI, 90.

1939	Mort du pape Pie XI et pontificat de Pie XII. Pacte germano-soviétique. Annexion de la Slovaquie, de la Pologne. La ligne Maginot. La drôle de guerre et l'écrasement de la Pologne V, 56 – V, 4 – IX, 94 – IV, 80 – Sixain 14.
1940	L'invasion des Pays-Bas, de la Belgique et de la France. Paris occupé. La chute de la IIIe République et le gouvernement de Vichy. Le général de Gaulle : *le second Thrasybule*. La ligne de démarcation VI, 30. Sixain 54 – *Lettre à Henri II* – I, 78.
1941	Invasion de la Russie par les armées allemandes III, 33.
1942-1944	Les vingt mois d'occupation totale de la France par les Allemands. Les fours crématoires : Hitler le nouveau Néron VIII, 65 – IX, 17.
1943-1944	Libération de l'Italie par les Américains, les Anglais et les Français. Prise de Rome. Libération de la Corse. Conférence de Téhéran V, 99 – V, 63 – IX, 54 – IV, 59.
1944	L'attentat du 20 juillet contre Hitler. Débarquements de Normandie et de Provence. L'enlèvement de Pétain par les Allemands, sa trahison, son incarcération à l'île d'Yeu IX, 53 – I, 29 et X, 23 – IV, 32 et III, 47 – Débarquement de Normandie I, 29.
1945	La chute de Hitler. Fin de Mussolini et du fascisme Piazza Colonna à Rome. Transport de Mussolini dans un camion à Milan et son exécution. Jonction des armées américaine, française, anglaise et russe sur le Danube VIII, 81 – IX, 2 – I, 10 – II, 24.

1945-2025

1945	Destruction de Hiroshima et Nagasaki II, 6 et II, 91.
1945-1946	Le procès de Nuremberg. La guerre froide II, 38.
1948	Retour des Juifs en Palestine. L'État d'Israël II, 19.
1950	L'amitié franco-allemande VIII, 3bis.
1956	L'insurrection hongroise, son écrasement dans le sang II, 90.
1958	La chute de la IVe République et le retour au pouvoir du général de Gaulle III, 59.

1967	La guerre des Six-Jours III, 97.
1973	La guerre du Kippour. L'attaque surprise de l'Égypte Sixains 31 et 35.
1974	Démission de Golda Meir VIII, 96.
1978	Révolution en Iran. L'ayatollah Khomeiny à Neauphle-le-Château I, 70.
1979	Chute du shah. Prise du pouvoir par les religieux en Iran. République islamique X, 12. – 1981 La rose (socialisme) au pouvoir en France : II, 97. – Les étapes de la carrière politique de François Mitterrand : 1916, 1966, 1970 et 1981 sixain 44. – La prophétie de Nostradamus portée par les médias sur la terre entière. L'assassinat d'Anouar el Sadate. Le coup d'État du général Jaruzelski et les persécutions contre l'Église. Manifestations pacifistes II, 97 et V, 96 – III, 2 – II, 34 – V, 73 – I, 91.
1981-1984	Du 10 mai 1981 au 20 juillet 1984 : les trois ans et soixante-dix jours de présence des ministres communistes au gouvernement VI, 74.
1982	Guerre des Malouines. L'attentat contre Jean-Paul II à Fatima par un intégriste III, 1 – VIII, 94.
1985	Rupture des relations diplomatiques avec l'Iran Sixain 8.
1986	L'accident nucléaire de Tchernobyl pendant que la comète de Halley était à égale distance de Saturne et de Mars sur la carte du ciel IV, 67.
1988	Le schisme de Monseigneur Lefèvre V, 46.
1988	Inondations à Nîmes X, 6.
1989	Le retour de séminaristes d'Écone dans le giron de l'Église Présage 75.
1990	L'Irak contre l'Occident : attaque surprise du Koweït sept mois après la chute du mur de Berlin. L'éclatement du Pacte de Varsovie VII, 23 et V, 81 – II, 88 – I, 50.
1991	Guerre civile en Yougoslavie. Fin du communisme en Union Soviétique après soixante-dix ans : de la proclamation de l'URSS (30 décembre 1922) à août 1991 II, 32.
1991-2000	Continuation de la guerre dans les Balkans II, 32 – IX, 60 – II, 84 – IX, 30 – VIII, 83 – IV, 82.

- Hébron ville phare du conflit israélo-palestinien III, 12 – VI, 88.
- Rôle important de l'Irak, l'Iran, la Syrie et la Libye dans le soulèvement de l'Islam contre l'Occident III, 61 – III, 27 – I, 8.
- L'Iran soulève l'Algérie et la Tunisie contre l'Occident I, 73.
- Le roi du Maroc est arrêté par trahison et incarcéré par les intégristes VI, 54.
- Prise du pouvoir par les intégristes musulmans en Turquie.
- Une sécheresse exceptionnelle III, 3 – I, 17 – III, 4.
- Multiplication des sectes I, 45 – I, 55 – VII, 14 – présage 118 et 109.
- L'Afghanistan se joint au monde arabe contre l'Occident III, 90.
- Nouvelle guerre israélo-arabe qui provoque la brouille entre *les deux unis* (Union soviétique et États-Unis) V, 78.
- D'Israël la guerre s'étend à l'Europe, envahie par l'armée russe et des troupes arabes qui débarquent en Italie et sur la côte méditerranéenne de la France (Marseille, La Seyne-sur-Mer, Port-de-Bouc, Agde). Effondrement de la Bourse et hausse de l'or III, 12 – I, 18 – I, 28 – VIII, 21 – VII, 35.
- La France occupée pendant deux ans. Durée de la guerre pour la France : trois ans et sept mois X, 32. L'armée russe passe par l'Italie (le Tessin) et la Suisse, livrée au pillage. Destruction de Genève et Lausanne atteinte par une catastrophe écologique : pollution du lac Léman IV, 82 – VI, 79 – IX, 44 et II, 64 – VIII, 10.
- Paris et Tours détruits. Combats dans le Sud-Ouest III, 84 – VI, 43 – III, 92 – IV, 46.
- Débarquement anglo-américain sur les côtes de Guyenne et au Portugal. Rôle essentiel du roi d'Espagne dans la guerre contre l'Islam. Une armée française joue un rôle important avec à sa tête le grand CHYREN X, 11 – X, 95 – VI, 70 – IX, 41 – IV, 34.

– Une armée russe est battue dans la Maurienne X, 37.
– L'Angleterre occupée (tunnel sous la Manche) II, 68 – V, 93 – V, 62 – X, 66.
– Le pape fuit Rome, se réfugie à Lyon où il est assassiné (probablement un 13 décembre) V, 57 – IX, 68.
– 1998-1999 catastrophe économique et boursière.
– 1999 (juillet) la Chine et ses alliés entrent en guerre avec l'Antéchrist à leurs têtes : *Lettre à Henri second* et X, 72.
– 1999 Troisième Guerre mondiale sixain 27.
– L'Antéchrist et sa guerre de vingt-sept ans (1999-2025) VI, 10 – VI, 81 – II, 29 – V, 54 – IX, 45 – IX, 50 – VIII, 77 – X, 66.
– Destruction de Rome I, 69 – II, 93 – X, 20 – III, 17.

2026 L'âge d'or et la paix universelle IV, 39 – X, 74 – VII, 41.

BIBLIOGRAPHIE

Avertissement

Mais, mon fils, sache que les hommes de lettres feront une si grande et incomparable jactance sur la façon dont j'ai trouvé le monde.

NOSTRADAMUS, *Lettre à son fils César.*

La bibliographie qui suit comporte plus de trois cents titres de publications sur Nostradamus. Cette abondance de « jactance » avait été parfaitement prédite par Michel de Notre-Dame dans sa préface adressée à son fils. Cette bibliographie, bien que la plus complète à ce jour, à ma connaissance, n'a pas la prétention d'avoir inventorié tout ce qui a pu être écrit sur Nostradamus, en particulier dans les pays étrangers.

En se livrant à une analyse chiffrée, on s'aperçoit que les Fontbrune, père et fils, ont « inspiré » un grand nombre d'auteurs qui se sont amplement servi de leurs travaux (1934-1999, soit soixante-cinq ans de recherches) pour « produire » quelques écrits, soit commerciaux, soit plagiaires, soit dénigreurs, mais que le temps prend un malin plaisir à effacer de la mémoire collective.

Ainsi, de la date de la première publication des centuries en 1555 jusqu'à 1938, date de la parution du premier livre du Docteur de Fontbrune, on trouve quatre-vingt-dix-neuf titres pour trois cent quatre-vingt-trois ans, soit une moyenne de 0,25 titre par an. De 1938 à 1980, date de parution de *Nostradamus historien et prophète*, on trouve cent cinquante-sept titres pour quarante-deux ans, soit une moyenne d'environ quatre titres par an. Et de 1980 à 1999, il n'y a pas moins de deux cent cinquante titres consacrés à Nostradamus pour une durée de dix-huit ans, soit une moyenne de près de quatorze livres par an. Et l'inventaire n'est, sans doute, pas complet. Qu'en sera-t-il après cet ouvrage ?... Il est essentiel de rappeler que *Nostradamus historien et prophète* (Éditions du Rocher, 1980) est le deuxième best-seller sur le sujet, après *Les Prophéties de Maître Michel Nostradamus expliquées et commentées* (Éditions Michelet, Sarlat, 1938) du Docteur Max de Fontbrune qui se vendit, entre 1938 et 1940, à 60 000 exemplaires, score très important pour l'époque. Et la carrière de cet ouvrage eût été probablement encore plus brillante, si la police de Vichy ne l'avait interdit et saisi le 13 novembre 1940.

ALI Rachid et Édith, Nostradamus 1983 in n° 1, coll. « Noir et Blanc », Société française de revues, Paris, 1982.

ALLAINES Henri d', *Actualité de l'Apocalypse*, La Colombe, Paris, 1963.

ALLEAU René, *Nostradamus, le plus grand prophète de l'histoire* in Sallonensa, Salon-de-Provence, 1957.

ALLEMAND Jean-Marc, *Nostradamus et les tréteaux de l'Antéchrist*, éd. Guy Trédaniel, Paris, 1993.

ALLGEIER Kurt, *Die grossen Prophezeiungen des Nostradamus in moderner Weissagungen bis ins Jahr 2050*, Wilhelm Heyne Verlag, Munich, 1982.

ALLIAUME Maurice, *Magnus Rex de Nostradamus et son drapeau*, édité à compte d'auteur, à Chartres, 1948.

Prédictions vraies de Nostradamus et Mandragore, édité à compte d'auteur, à Chartres, 1949.

Tableau Miraculeux de Rubens cryptographiquement prévu par Nostradamus représentant au réel la naissance de Louis XIII, mais au figuré celle du masque de fer, à compte d'auteur, à Chartres, 1958.

AMADOU Robert, « Le Devin et son art », in *Le Crapouillot*, n° 18, 1952.

« Nostradamus, un poète ? », in *Question de*, n° 44, octobre-novembre 1981, Retz, 59930 La Chapelle-d'Armentières.

AMARIU Constantin, *Les Prophéties de l'an 2000*, éditions France-Empire, Paris, 1983.

AMIAUX, *Nostradamus*, Sorlot, Paris, 1939.

ANQUETIL Georges, *L'Anti-Nostradamus*, éd. de la Maison des Écrivains, Paris, 1940.

ANTIPAS, *À la rencontre des ordres de Dieu : le livret des temps*, polycopié inédit, Visé (Belgique), 1990.

ARTIGNY Abbé d', *Nouveaux Mémoires d'histoire, de critique et de littérature*, 1974.

ASTRUC Jean, *Mémoires pour servir à l'histoire de la faculté de Montpellier*, 1767.

AUCLAIR Raoul, *Les Centuries de Nostradamus*, Deux-Rives, Paris, 1958.

Le Crépuscule des Nations, La Colombe, Paris.

Les Centuries de Nostradamus ou le dixième livre sibyllin, Nouvelles Éditions Latines, Paris, 1957, 1975, 1981.

BALDUCCI Richard, *La Vie fabuleuse de Nostradamus*, éditions Filipacchi, Paris, 1991.
BARBARIN Georges, *Les Derniers Temps du monde, de l'Antéchrist au Jugement dernier*, coll. « Histoire et tradition », éd. Dervy, Paris, 1951.
BARESTE Eugène, *Éditions des Centuries*, Maillet, Paris, 1840-1842.
BARTOSHEK Norbert, *Nostradamus und Seine berhümte Prophezeiungen*, 1946.
BELLAND Docteur, *Napoléon, premier empereur des Français, prédit par Nostradamus*, Paris, 1806.
BELLECOUR Élisabeth, *Nostradamus trahi, suivi du texte original et complet des dix centuries*, édition de 1605, Robert Laffont, Paris, 1981.
BELTHIKINE G., « Un document chiffré : le secret des centuries » in revue *Inconnues*, n° 12, Lausanne, 1956.
BENEDETTI F.M., *Nostradamus, les nouvelles prophéties pour les cinquante dernières années*, éd. de Vecchi, Paris, 1997.
BERTRAND Michel, *Histoires secrètes de la Provence*, coll. « Histoire secrète des provinces françaises », Albin Michel, Paris, 1978.
BICHAT Félix, *Les Prédictions sensationnelles de Nostradamus, qui était Nostradamus ?*, éd. Administration, 14, rue Duphot, Paris, non daté (vers 1940).
BJORNDAHL-VEGGERBY Paul, *Nostradamus et les ruines gallo-romaines à Martres-Tolosane*, éd. Leisner, Copenhague, 1976.
BLANCHARD et REYNAUD-PLENSE, *La Vie et l'œuvre de Nostradamus*, Imp. Léon Guillaumichon, Salon-de-Provence, 1963.
Histoire de Salon, Salon-de-Provence, 1935.
BOESER Knut, *Nostradamus*, L'Archipel, Montréal, 1995.
BONIFACE A., *Buonaparte prédit par des prophètes et peint par des historiens, des orateurs et des poètes ou morceaux en prose et en vers sur les circonstances actuelles, recueillis par A. Boniface*, de l'imprimerie de d'Hautel, Paris, 1814.
BONNELIER Hippolyte, *Nostradamus, roman historico-cabalistique*, A. Ledoux, Paris, 1833, 2 volumes.
BONNET Jean, *Résumé des prophéties de Nostradamus. Les événements et les symboles, suivi de : commentaires de la Bible par Nostradamus et de détermination des dates dans Nostradamus*, Jean Bonnet, Paris, 1973.
BONNOT Jean de, *Les Oracles de Michel de Nostre-Dame dit Nostradamus. Commentaires d'Anatole Le Pelletier et Serge Hutin*, Paris, 1976, 2 volumes.

BORBONELLI DI PARMA Leonidas Antonio di, *Tesi Nostradamus*, 1989. Prétendant à la descendance de Louis XVII : démonstration à l'aide des quatrains de Nostradamus, inédit.
BOSCOLO Renuccio, *Les vraies centuries et prophéties de Maître Michel Nostradamus* (M.E.B.). Milan, 1972.
Nostradamus, Centurie et Présagi, Oscar Mondadori, Milan, 1979.
Key to the Future, Key Foundation, Abbot Press, Burlingame, California, 1984.
BOSWELL Rolfe, *Nostradamus Speaks*, 1941.
BOUCHÉ Honoré, *La Chorographie de l'Histoire de Provence*, Charles David, Aix-en-Provence, 1664.
BOUCHET Marguerite, *Les Oracles de Michel de Nostre-Dame*, Les Livres Nouveaux, Paris, 1939.
BOULENGER Jacques, *Nostradamus*, Excelsior, Paris, 1933.
BOUTIN André, *Michel de Nostre-Dame, astrologue et médecin*, thèse pour le doctorat en médecine, librairie Le François, Paris, 1941.
BOUYS Théodore, *Nouvelles considérations sur les Oracles et particulièrement sur Nostradamus*, chez Desenne, Deray, Paris, 1806.
BOYER Jean, « Deux peintres oubliés du XVIIe siècle, Étienne Martellange et César Nostradamus » in *Bulletin de la Société de l'Histoire de l'Art français*, pages 13 à 20, 1971.
BRICAUD Joanny, *La Guerre et les Prophéties célèbres*, Paris, 1916.
BRIND'AMOUR Pierre, *Nostradamus astrophile*, Les Presses de l'Université d'Ottawa, éditions Klincksieck, Canada, 1993.
BUGET P.F., « Étude sur Nostradamus » in *Bulletin du Bibliophile* de la Librairie Techner, Paris, 1860.
BUSET Claude, *Nostradamus et autres Prophètes du Père et de l'Esprit*, La Pensée Universelle, Paris, 1974.
BUSQUET Raoul, *Nostradamus, sa famille et son secret*, Fournier Valdes, Paris, 1950.
« La Maladie et la mort de Nostradamus » in *Aesculape*, novembre 1950.

CABERT, *Nostradamus profezie da domani al 2000*, Collezione « I Grandi misteri », Italie, 1983.
CADRES Geoffroy, *L'Étrange Auteur Nostradamus*, La Pensée Universelle, Paris, 1978.
CALDOLLE Comte de, *Armorial de César de Nostre-Dame*, Arles, 1899.
CAVANAGH John, *Michel de Nostradamus*, 1923.
CAVE Térence C., « Peinture et émotion dans la poésie religieuse de César de Nostre-Dame » in *Gazette des Beaux-Arts*, t. LXXV, janvier 1970.
CENTURIO N., *Nostradamus, der Prophet des Welgeschichte*, Richard Schiknvski, Berlin, 1955 et Turm Verlag, Bietighehl/Wurt., 1977.

Die grossen Weissagungen des Nostradamus, prophetische Weltgeschichte bis, zum Jahr 2050, Wilhelm Goldmann Verlag, 1981.

CHABAUTY Abbé E.A., *Lettres sur les Prophéties et concordances de toutes les prédictions jusqu'au règne de Henri V*, Henri Houdin, Poitiers, 1872.

CHARPENTIER Josiane, *Le Livre des prophéties, de l'énigme de la Grande Pyramide aux métamorphoses de l'an 2000*, Robert Morel, Forcalquier, 1971, et Bibliothèque Marabout, collection « Univers secret ».

CHATELAIN Maurice, *La Fin du monde*, Le Rocher, 1982.

CHAVIGNY A. de, *Les Pléiades du Sieur de Chavigny, Beaunois, divisées en VII livres, prises et tirées des anciennes prophéties et conférées avec les oracles du tant célèbre et renommé Michel de Nostradamus, jadis conseiller et médecin de trois rois très chrestiens. Où est traité du renouvellement des siècles, changement de l'Empire et advancement du nom Chrestien...* Lyon, Pierre Rigaud, 1604, 2 parties en un volume in-8 vélin.

CHAVIGNY J.A. de, *Commentaires du Sieur de Chavigny sur les Centuries et Prognostications du feu Michel de Nostre-Dame*, De Breuil, Paris, 1596.

La première Face du Janus français extraite et colligée des Centuries de Michel Nostradamus, par les Héritiers de Pierre Roussin, à Lyon, 1594.

Vie et Testament de Michel Nostradamus, Paris, 1789.

« Bref Discours sur la vie de Michel de Nostre-Dame » in *Revue de l'Agenois*, 1876.

CHEETHAM Erika, *The Prophecies of Nostradamus, Complete Works of the 16th Century Astrologer who Predicted Air Travel, the Second World War and the Assassination of President Kennedy*, Neville Spearman, 1973, Londres, et Gorgi Books, Londres, 1985, 1987, 1988, G.P. Putnam's Sons, New York, 1990.

The Further Prophecies of Nostradamus, 1985 and beyond, The Putnam Publishing Group, New York, 1985.

The Prophecies of Nostradamus, Perigee Books, G.P. Putnam's Sons, New York, 1989.

CHOLLIER Antoine, *Les Prophéties de Maistre Michel Nostradamus*, Imprimerie Allier, Grenoble, 1940 (conférence).

CHOMARAT Michel, *Nostradamus entre Rhône et Saône*, éd. Ger, Lyon, 1971.

Supplément à la bibliographie lyonnaise des Nostradamus, Centre Culturel de Buenc, Lyon, 1976.

« Nouvelles Recherches sur les "prophéties" de Michel Nostradamus », in *Revue française d'histoire du livre*, n° 22, Bordeaux, 1er trimestre 1979.

Bibliographie lyonnaise de Nostradamus, suivie d'un inventaire des manuscrits relatifs à la famille Nostradamus, Centre Culturel de Buenc, Lyon, 1973.

CHRISTIANI Chanoine, *Nostradamus, Malachie et Cie*, Le Centurion, Paris, 1955.

« Un curieux homme : Nostradamus » in *Ecclesia*, n° 73, 1955.

CLARK BELLEVILLOISE, *Nostradamus n° 3*, coll. « Self », Société Française de Revues, Paris, 1983.

CLAVIEZ Jacques, *Nostradamus, prophéties*, J.C.I. inc., Montréal, Canada, 1994.

CLÉBERT Jean-Paul, *Nostradamus, mode d'emploi, la clé des prophéties*, J.-C. Lattès, 1981.

Nostradamus, Édisud, 1993.

COLBERT Abel, *Nostradamus, profecias, centurias i testamento*, Editoriale A.T.E., Barcelone, 1982.

COLIN DE LARMOR, *La Guerre de 1914-1918 vue en 1555 par Nostradamus*, La Roche-sur-Yon, 1922.

Merveilleux quatrains de Nostradamus, Nantes, 1925.

Appendice des merveilleux quatrains de Nostradamus, Nantes, 15 août 1929.

COLIN-SIMARD, « Rois et reines au rendez-vous des astrologues », in *Historia*, n° 157, 1959.

COMTE Alain, sans titre. Commentaire du livre de Jean-Charles de Fontbrune, inédit.

CORVAJA Mireille, *Les Prophéties de Nostradamus*, éditions de Vecchi, Paris, 1975. Rééditions à partir de 1981.

Les Prophéties de Nostradamus, avec le texte intégral des centuries commenté, éditions de Vecchi poche, Paris, 1994.

COUILLARD Antoine, *Les Contredits aux prophéties de Nostradamus*, Charles d'Angelier, Paris, 1560.

CRESCIMBENI Giovanni-Mario, *Istoria della volgar poesia*, t. II : *le vite de piu celebri poeti provenzali, scritte in lingue francese da G.M. Crescimbeni* (voir à Jean de Nostre-Dame).

CROCKETT Artur, *L'Histoire prodigieuse, les prophéties inédites de Nostradamus*, Polycopié diffusé par Les Livres Indispensables de Jacques Sanglier, Cannes, 1984.

CROUZET François, *Nostradamus, poète français*, coll. « Idée fixe », Julliard, Paris, 1976.

DAUDET L., « Nostradamus », in *Revue Universelle*, tome I, 1925.

DAVID-MARESCOT Yves et Yvonne, *Prédictions et prophéties*, Idégraf et Vernoy, Genève, 1979

D.D., *The Prophecies of Nostradamus Concerning the Kings and Queens of Great Britain*, Londres, 1715.

DE ANDREIS J.R. & SALAZAR J.P., *Nostradamus : Astrologo y Propheta*, Ediciones Obelisco, Barcelone, 1981.

DECAUX Alain, « Les Prodiges de Nostradamus », in *Histoire pour tous*, n° 105, janvier 1969.

DELANGE Christian, *Les Nouvelles Révélations de Nostradamus*, éditions SPAL, 1994. Plusieurs opuscules.

DELCOURT Marie, *L'Oracle de Delphes*, 1954.

DEMAR-LATOUR, *Nostradamus et les événements de 1914-1916*, Paris, 1916.

DEMARIA Michel, sans titre : document sur le livre de Jean-Charles de Fontbrune, inédit.

DEPERLAS Félix, *L'Avenir ou les Grands Personnages et les Grands Événements de ce temps*, Paris, 1885.
Révélations de la Providence, Paris, 1885.

DOMENEGHINI F., *Nostradamus, toutes les prévisions jusqu'en 2050*, éd. de Vecchi, Paris, 1998.

DOUSSY Michel, « Nostradamus, 1999, un tournant de l'histoire », in *Constellation*, n° 166, février 1962.

DUFRESNE Michel, *Nostradamus, première centurie*, Les Éditions JCL Inc. Chicoutimi, Québec, Canada, 1989 et Éd. Pygmalion/Gérard Watelet, Paris, 1994.
Suivent : *Deuxième, Troisième et Quatrième* centuries, 1995, 1996, 1997.

DUMÉZIL Georges, ... *Le moyne noir en gris dedans Varennes, sotie nostradamique*, éditions Gallimard, Paris, 1984.

DUPONT-FOURNIEUX Y., *Les Derniers Jours des Derniers Temps* (préface du Docteur de Fontbrune), La Colombe, Paris, 1959.

ÉDOUARD P., *Texte original et complet des Prophéties de Nostradamus*, Les Belles Éditions, Paris, 1939.

ÉDOUARD & MÉZERETTE, *Texte original des Prophéties de Nostradamus de 1600 à 1948 et de 1948 à l'an 2000*, Les Belles Éditions, Paris, 1947.

ERLANGER Philippe, « La Reine du Massacre », in *Historia*, n° 340, mars 1975.

FERVAN Jean, *La Fin des Temps*, éditions La Bourdonnais, Paris, 1937.

FLORIAN, *Nostradamus, prophéties pour demain à l'an 2000, les grands mystères du mage enfin révélés*, coll. de la chance, Paris, 1982.

FONTBRUNE Docteur Max de, *Les Prophéties de Nostradamus dévoilées, Lettre à Henry Second*, Adyar, 1937.
Les Prophéties de Maistre Michel Nostradamus expliquées et commentées, éditions Michelet, Sarlat, 1938, 1939, 1940 (éditions saisies à l'im-

primerie à Cahors et détruites par la police de Vichy, le 13 novembre 1940). Réimpression en 1946, 1958, à compte d'auteur en 1975, Jean-Charles de Fontbrune, Aix-en-Provence.

Ce que Nostradamus a vraiment dit (Préface d'Henry Miller) : réimpression du précédent, Stock, Paris, 1976.

Was Nostradamus wirlich sagte, Molden Verlag, Munich, 1981.

La Prédiction mystérieuse de Prémol, Michelet, Sarlat, 1939.

La Divine Tragédie de Louis XVII, Michelet, Sarlat, 1949.

L'Étrange XXe *siècle vu par Nostradamus*, Michelet, Sarlat, 1950.

« Pourquoi je crois en Nostradamus », in *Ecclesia*, n° 82, 1956.

« Le Docteur Nostradamus vous parle », in *Les Cahiers de Marottes et Violons d'Ingres*, n° 10, Paris, 1953.

FONTBRUNE Jean-Charles de (Fils du Docteur Max de Fontbrune), *Nostradamus Historien et Prophète*, Le Rocher, Monaco, 9 octobre 1980.

Tirage de tête : 200 exemplaires numérotés de 1 à 200, constituant l'édition originale.

Édition Club : France-Loisirs, 1982.

Édition avec couverture en Skivertex noir tirée à 6 000 exemplaires, Le Rocher, 1981.

Coll. « Presses Pocket », n° 2077, Paris, 1982.

Éditions étrangères :

- Canada : Éditions France-Amérique, Montréal, 1981.
- Espagne : Barcanova, Barcelone, 1981. (De 1981 à 1991 : 13 éditions.)
  Édition spéciale : Caja de Ahorros de la Immaculada, Barcanova, 1982.
  Édition Club : Circulo de Lectores, 1982.
- Portugal : Editorial Presença, Lisbonne, 1981.
- Allemagne : Paul Zsolnay Verlag, Vienne et Hambourg, 1981.
  Édition Club, C.A. Koch's Verlag Nachf., Berlin, 1982.
- Grande-Bretagne et pays du Commonwealth : Hutchinson Books, Londres, 1982.
  Format de poche : Pan Books, Londres et Sydney, 1984.
- États-Unis : Holt, Rinehart and Winston, New York, 1983.
- Amérique latine : Editora Nova Fronteira, Rio de Janeiro, 1982.
  Édition Club : Circulo do Livro S.A., Sao Paulo, Brésil, 1984.
- Turquie : Milliyet Yayinlari, Istanbul, 1982.
- Grèce : Plipper Books Ltd, Athènes, 1983.

Nostradamus Historien et Prophète, Lettre à Henry, roy de France second, Nouvelles prophéties, les preuves, tome II, Le Rocher, Monaco, 1982. Tirage de tête de 200 exemplaires numérotés de 1 à 200 constituant l'édition originale

Éditions étrangères :
- Italie : *Nostradamus, nuovi testi, nuove profezie, nuove prove*, Mondadori, Milan, 1983.
- Grande-Bretagne : *Nostradamus 2, into the Twenty-First Century*, Hutchinson, Londres, 1984.
- Espagne : *Nuevas Profecias De Nostradamts, Carta à Enrique, rey des Francia secundo, pruebas des las profecias cumplidas desde octubre de 1980*, Juan Granica, Barcelone, 1983.
- Amérique latine : *Nostradamus Historiador et Profeta,* Vol. II, Nova Fronteira, Rio de Janeiro, 1983.
- États-Unis : *Nostradamus 2 into the Twenty-First Century*, Henry Holt and Company, New York, 1987.

Les Prophéties de Malachie, Histoire et prophétie des papes, Le Rocher, Monaco, 1984. Tirage de tête de 111 exemplaires numérotés de 1 à 111, constituant l'édition originale. Le numéro 110 a été offert au pape Jean-Paul II et le numéro 111 est réservé à son successeur.

Éditions étrangères :
- Canada : Édition Libre Expression, Montréal, 1984.
- Espagne : *La Profecia de los Papas*, Martinez Roca, Barcelone, 1985, édition spéciale réservée aux libraires (50 exemplaires) couverture Skyvertex rouge, Novembre 1985.
- Italie : *Le Profezie dei Papi*, Armenia, Milan, 1986.
- Portugal et Amérique latine : *Historia et Profecia dos Papas*, Publicaçoes Europa-America, Portugal, 1985.

La Comète et les Prophéties, Michel Lafon, Paris, 1986.
- Espagne : *Los Cometas et los profecias*, Martinez Roca, Barcelone, 1986.

« Le Message d'espoir de Nostradamus », in *L'Âge d'Or*, n° 1, éditions Pardes, 61300 L'Aigle, hiver 1983.

« Nostradamus et Salon-de-Provence », in *Agenda du Pays Salonais*, Librairie Le Livre de France, Salon-de-Provence, 1991.

« Nostradamus historien et prophète », in *Agenda du Pays Salonais*, Librairie Le Livre de France, Salon-de-Provence, 1992.

Henry Miller et Nostradamus, entretiens sur la fin d'un monde, Le Rocher, 1994.

Nostradamus, nouvelles prophéties – 1995-2025, éditions Ramsay, 1995. « Succès du livre » 1996.

Éditions étrangères :
- Corée : Inner World publishing, 1996.
- Espagne : Martinez Roca, Barcelone, 1996.
- Portugal : Livros de Vida, 1996.
- Brésil : Nova Era, Rio de Janeiro, 1997.

– Italie : Arnoldo Mondadori, Milan, 1996.
Coll. « Nuevo misteri », 1997.
– Allemagne : VPM Verlagsunion, Rastatt, 1996.
Monsieur de Nostradamus – biographie, éditions Ramsay, Paris, 1997. « Succès du livre » 1997.

FORETICH Rodolphe, *La Prophétie des papes analysée à la lumière des prédictions de Nostradamus*, Salvador, 1961.
La Grande Tourmente d'après les prédictions de Nostradamus et la chronologie prophétique de la Grande Pyramide, Le Caire, 1946.

FORMAN Henry-James, *Les Prophéties à travers les siècles*, Payot, Paris, 1938.

FRANCESCO Antoine de, *Centuries sur l'entité, sur les traces de Nostradamus – philosophie métaphysique*, chez l'auteur à Montrouge.

FRONTENAC Roger, *La Clé secrète de Nostradamus*, Denoël, Paris, 1950.

FULKE, *Contra inutiles Astrologorum praedictiones, Nostradamus*, Cunningham, 1560.

GALLOTI A., *Nostradamus, la profecias del futuro*, Martinez-Roca, Barcelone, 1981.

GARÇON Maurice, « Il y a 450 ans Nostradamus naissait », in *Historia*, n° 85, 1953.

GARENCIÈRES Théophilus, *The True Profecies of Prognostications of Michael Nostradamus*, Londres, 1672.

GAUQUELIN Michel, « Les Astres ont-ils changé le cours de l'histoire ? », in *Historia*, n° 203, 1963.
Nostre-Dame des Étoiles in La Vie d'avance, Tchou-Laffont, 1978.

GAY-ROSSET Claude, « Michel de Nostre-Dame, une rencontre du quatrième type », in *Midi-Mutualité*, n° 12, janvier-février 1979, Marseille.

GIMON Louis, *Chroniques de la ville de Salon depuis son origine jusqu'en 1792 adaptées à l'histoire*, Aix-en-Provence, 1882.

GIORGI Giorgo, *Il prossimo futuro*, Armenia Editore, Milan, 1980.

GIRARD Samuel, *Histoire généalogique de la Maison de Savoie*, 1660.

GRAVELAINE Joëlle de, *Prédiction et prophéties*, Hachette, Paris, 1965.

GUÉRIN Pierre, *Le Véritable Secret de Nostradamus*, Payot, Paris, 1971.

GUICHARDAN S., *La chasse aux prophéties*, Bonne Presse, Limoges, 1941.

GUICHENOU Joseph, *Catalogue de tableaux au musée Calvet*, Avignon, 1909.

GUILHAUME Philippe, *Nostradamus, l'exploitation séculaire d'un fonds de commerce*, R.M.C. Édition, 1987.

GUY Robert, *Nostradamus, prévisions 1984*, n° 11, collection 33, édition Team International, 93100 Montreuil, 1984.

GUYNAUD Balthazard, *Concordance des prophéties depuis Henri II jusqu'à Louis le Grand*, Jacques Morel, Paris, 1693.

HADÈS, *Que sera demain ?*, La Table Ronde, Paris, 1966.
HAITZE Pierre-Joseph, *La Vie de Nostradamus*, David, Aix-en-Provence, 1712 et 1911.
HAROLD R.A., *Les Prophètes et les Prophéties de l'Apocalypse à nos jours*, La Caravelle, Bruxelles et L'Avenir, Paris, 1948.
HEWITT V.J. & PETER Lorie, *Nostradamus, Prédictions pour la fin du millénaire*, éditions Solar, Paris, 1992.
Édition allemande : *Die unglaublichen Weissagungen des Nostradamus zur Jahrtausendwende*, Die Bertelsmann Club Gmb, Gütersloh, 1991.
HILDEBRAND Jakob, *Nostradamus sueddeutsche monatshefte*, 1932.
HOGUE John, *Nostradamus and the Millenium*, Labyrinth Publishing, Suisse, 1987, édition française sous le titre : *Nostradamus, les Révélations*, Arthaud, Paris, 1988.
HOLTZAUER Jean-Louis, « Nostradamus, un praticien sous la Renaissance », in *Revue des laboratoires SOBIO*, Éd. Labo 92, Paris, 1975.
HUNTER Cyril L., *Lux in Tenebris*, Anvers, 1982, manuscrit polycopié, inédit.
HUTIN Serge, *Les Prophéties de Nostradamus avec présages et sixains*, Pierre Belfond, Paris, 1972, 1978, 1981. Poche Club, Paris, 1966, Hachette, Paris, 1975.
Les Prophéties de Nostradamus, Club Géant Historique, Les Éditions de la Renaissance, Paris, 1966.
Format de poche : coll. « J'ai lu », n° A396.
Nostradamus et l'Alchimie, éditions du Rocher, Paris, 1988.
HYMAN, STENFER KROESE & VAN DE ZANDE, *Voorspellingen die uitgekomen zÿn, Michael Nostradamus spreekt in 1558 over het verloop en den uitslag van dezen oorlog*, Arnhem, Hollande, non daté (vers 1940-1945).

IACCHIA U., *La Tunisie vue par Nostradamus*, Imprimerie d'art, Tunis (non daté (vers 1940).
I.A.F., *Le Substrat mathématique de l'Œuvre de Nostradamus*, Psyché, Paris, 1949.
I.M., *Les vrayes centuries de Me Michel Nostradamus expliquées sur les affaires de ce temps*, chez I. Boucher, 1652.
INCONNU (auteur), *La première invective du seigneur Hercules, le François, contre Nostradamus*, Roux, Lyon, 1557.
Huictain contre Nostradamus, Roux, Lyon, 1557.
Déclaration des abus, ignorances, séditions de Michel Nostradamus, Pierre Roux et Jean Tremblay, Avignon, 1558.
IONESCU Vlaicu, *Le Message de Nostradamus sur l'ère prolétaire*, édition à compte d'auteur, diffusée par Dervy Livres, Paris, 1976.

« Nostradamus et la Gnose », in *Atlantis*, n° 301, Vincennes, janvier-février 1979.
Nostradamus. L'Histoire secrète du Monde, éditions du Félin, Paris, 1987.
IONESCU Vlaicu et BROSSES Marie-Thérèse de, *Les Dernières Victoires de Nostradamus*, éditions Filipacchi, Paris, 1993.
IRISCH Joss, *Nostradamus, profecias de ayer, hoy y manana*, Mundo Actual des Ediciones, S.A., Barcelone, 1981.
IVELINE M.U., *Nostradamus*, Editorial Orbe, Santiago du Chili, 1972.

JACQUEMIN Suzanne, *Les Prophéties des Derniers Temps*, La Colombe, Paris, 1958.
JANT Chevalier de, *Prédictions tirées des centuries de Nostradamus qui vraisemblablement peuvent s'appliquer à la guerre entre la France et l'Angleterre contre les Provinces Unies*, 1673.
Prophéties de Nostradamus sur la longueur des jours et la félicité du règne de Louis XIV, 1673.
JAUBERT Étienne, *Éclaircissement des véritables quatrains de Nostradamus et Vie de M. Nostradamus*, Amsterdam, 1656.
JOVIAL Alexis, *Lettre ouverte au roi*, La Pensée Universelle, Paris, 1983.

KERDELAND Jean de, *De Nostradamus à Cagliostro*, éditions Self, Paris, 1945.
KERT Christian, *Nostradamus le mage de Salon*, éditions des Centuries, Salon-de-Provence, 1975.
KLINCKOWSTROEM G.C. von, *Die älsteten Ausgaben des « Prophéties » des Nostradamus*, Berlin, mars 1913.
KNIEPF Albert, *Die Weisagungen des alt Fransösichen Sehers Michel Nostradamus und Weltkrieg*, Hambourg, 1915.
KRAFT Karl E., *Nostradamus precize vütorul Europei*, Bucarest, 1941.
KUBNICK Henri, *La Grande Peur de l'an 2000*, coll. « Les Chemins de l'Impossible », Albin Michel, Paris, 1974.

LABADIE Jean, *Peut-on dire l'avenir ?*, Aubanel, Avignon, 1941.
LAMONT André, *Nostradamus sees all*, Londres, 1942.
LAMOTTE Pierre, *De Gaulle révélé par Nostradamus il y a quatre siècles*, Le Scorpion, Paris, 1961.
LANGNIS Charles, *Les Contradictions de Nostradamus*, Lyon, 1560.
LANTOS Yvan, *Nostradamus, la prima vera biografia dell'uomo che visse il futuro nel suo tempo*, Editoriale Nuova, Rome, 1982.
LAROCHE-VALMONT Jean-Quentin, *Les Prophéties de Nostradamus*, SIPE Paris, 1981. Contrefaçon du livre de Jean-Charles de Fontbrune, saisi par voie de justice.

LAURENT, *Prédictions jusqu'à l'an 2000. Prophéties du Christ, de Nostradamus, de saint Malachie*, à compte d'auteur, Brunoy.

LAVER James, *Nostradamus*, Penguin Books, Londres, 1942.

Nostradamus, the Future Foretold, George Mann, Maidstone, 1973.

LEE MAC CANN, *Nostradamus, the Man who Saw Through Time*, Creative Age Press, Londres, 1941 et Mc Graw-Hill Ryerson Ltd, Toronto, Canada, 1989.

LEGRAND Jean-René, « Pronostics pour l'an 1959 » in *Initiation et Science*, n° XLVII, janvier-mars 1959, Omnium Littéraire, Paris.

LEONI Edgard, *Nostradamus, Life and Literature*, 1961.

Nostradamus and his Prophecies : réédition sous ce titre de l'ouvrage précédent, Bell Publishing Company, New York, 1982.

LE PELLETIER Anatole, *Les Oracles de Nostradamus, astrologue, médecin et conseiller ordinaire des rois, Henry II, François II et Charles IX*, Le Pelletier imprimeur-typographe, 40, rue d'Aboukir, Paris, 1867 (2 vol.). Réédition chez Jean de Bonnot, Paris, 1976 (reliure cuir).

LE ROUX Jean, *La Clé de Nostradamus, Isagoge ou Introduction au véritable sens des Prophéties de ce fameux auteur*, chez Pierre Giffard, rue Saint-Jacques-près-les-Maturins, Paris, 1710.

LEROY Edgard docteur, « Les Origines de Nostradamus », in *Mémoires de l'Institut Historique de Provence*, tome XVIII, Marseille, 1941.

Sur un quatrain de Nostradamus.

« Jaume de Nostredame et la tour de Canillac », in *Mémoires de l'Institut Historique de Provence*, tome XIX, Marseille, 1942.

Pierre de Nostredame de Carpentras, Communication à l'Institut Historique de Provence, 1948.

« Nostradamus et le curé d'Argoeuvres », in *Cahiers de pratique médico-chirurgicale*, n° 5, Avignon, 1939. Saint-Paul-de-Mausole à Saint-Rémy de Provence. Imprimerie Générale du Sud-Ouest, Bergerac, 1948.

Nostradamus, ses origines, sa vie, son œuvre, Imprimerie Trillaud, Bergerac, 1972. Reprint de Jeanne Lafitte, Marseille, 1993.

Romanin, les cours d'amour de Jehan de Nostredame, Avignon, 1933.

Saint-Rémy de Reims, Marseille, 1937.

Nostradamus détective avant la lettre, Avignon, 1949.

Le Latin du tabellion provençal Jehan de Nostredame, notaire à Saint-Rémy-de-Provence dans les actes de 1501 à 1513, Avignon, 1961.

« Saint-Paul-Tricastin et Saint-Paul-de-Mausole, Contribution à l'histoire d'une légende », in *Bulletin Philologique et Historique*, 1959.

LIGEOIX DE LA COMBE, *La Troisième Guerre mondiale d'après les prédictions de Nostradamus*, Bordeaux, 1961.

LOOG C.L., *Die Weisagungen des Nostradamus*, Berlin, 1921.

LORIE Peter, *Nostradamus, the Millenium & Beyond, the Prophecies to 2016*, A Labyrinth Book, 1993.

LORIOT Louis, *Entretiens de Rabelais et de Nostradamus,* Nogent-le-Rotrou, 1960 et Paris 1907, in *Revue des Études rabelaisiennes*, tome V, pages 176 à 184.

MABILLE Pierre, « Nostradamus, ses prophéties, son temps », in *Inconnues*, Lausanne, 1955.

MABY Pascale, *Le Dossier des prophètes, voyants et astrologues*, coll. « Les Chemins de l'impossible », Albin Michel, Paris, 1977.

MADELEINE Georges, *La Prochaine Guerre mondiale vue par Nostradamus*, éditions Proventia, Toulon, 1952.

MAGUELONE Jean, *Les prédictions de Nostradamus, interprétations, actualité, avenir jusqu'en 2025*, éd. de Vecchi, 1996.

MAIDY Léon-Germain de, *Sur une inscription liminaire attribuée à Nostradamus*, Nancy, 1917.

MAN NEICE Louis, *L'Astrologie*, Paris, Tallandier, 1966.

MAREUIL Jean de, *Les Ultimes prophéties de Nostradamus*, éd. Jacques Grancher, Paris, 1994.

MARQUEZ DA CRUZ, *Profecias de Nostradamus*, éditions Cultrix, Sao Paulo.

MARTEAU Pierre, *Entretiens de Rabelais et de Nostradamus*, 1690.

MÉNESTRIER François, *La Philosophie des images énigmatiques*, Lyon, 1694.

MÉRICOURT M.J., *Gesta Dei per Francos*, Paris, 1937.

MEZO Étienne, *Ainsi parlait Nostradamus*, Le Rocher, Monaco, 1995.
Nostradamus géomètre de l'univers, Le Rocher, Monaco, 1996.

MONDOVI Pierre, « Un Provençal hors du commun : Nostradamus », in *Racines*, n° 4, Aix-en-Provence, mai 1979.

MONNIER, *Résurrection merveilleuse en 1877 de Michel de Nostredame*, plusieurs brochures de 1889 à 1896.

MONTEREY Jean, *Nostradamus prophète du XXe siècle*, La Nef, Paris, 1963.

MORIN Michel, *Nostradamus et la fin de notre siècle*, Les éditions Quebecor, Montréal, 1984.
Nostradamus, interprétation des prophéties pour 1993-1999, Les éditions Québécor, Montréal, 1991.

MORIN Paul, *L'Apocalypse d'après l'écriture religieuse de la tradition égypto-judéo-chrétienne, La clef des prophéties de Nostradamus*, polycopié à compte d'auteur, 91800 Boussy-Saint-Antoine, 1984, inédit.

MOTRET, *Essai d'explication de deux quatrains de Nostradamus*, Nevers, 1806.

MOUAN L., *Aperçus littéraires sur César Nostradamus et ses lettres inédites à Peiresc*, in Mémoires de l'Académie, tome X, Aix-en-Provence, 1873.
MOULT Thomas-Joseph, *Prophéties perpétuelles, très anciennes et très certaines*, Almanach du XVIIe siècle. Réédition par Éditions des Cahiers Astrologiques, Nice, 1941.
MOURA Jean et LOUVET Paul, *La Vie de Nostradamus*, Gallimard, Paris, 1930.
MURAISE Éric, *Du roi perdu à Louis XVII*, Julliard, Paris.
Histoire et légende du Grand Monarque, coll. « Les Chemins de l'impossible », Albin Michel, Paris, 1975.
Saint-Rémy-de-Provence et les secrets de Nostradamus, Julliard, Paris, 1969.
Voyance et Prophétisme, Fernand Lanore, Paris, 1980.

NÉCROMAN DON, *Comment lire les prophéties de Nostradamus*, éditions Maurice d'Hartoy, Paris, 1933.
NEYRAL Georges, *La Vraie Vie de Michel de Nostredame*, thèse, Toulouse, 1950.
NICOULLAUD Charles, *Nostradamus, ses prophéties*, Perrin et Cie, Paris, 1914.
NOORBERGEN René, *Nostradamus Predicts the End of the World*, Pinnacle Books, Windsor Publishing Corp., 1990.
NOSTRADAMUS César, *Poésies*, chez Colomiez, Toulouse, 1606-1608.
L'Entrée de la reine Marie de Médicis en sa ville de Salon, Jean Tholosan, Aix-en-Provence, 1602.
Histoire et Chroniques de Provence, Simon Rigaud, Lyon, 1614.
NOSTRADAMUS Michel, *Les Prophéties de M. Michel Nostradamus*, principales éditions :
- Macé Bonhomme, Lyon, 1555. Reprint par Les Amis de Michel Nostradamus, Roanne, 1984.
- Antoine de Rosne, Lyon, 1557, 1558.
- Olivier de Harsy, 1557.
- Barbe-Régnault, Paris, 1560.
- Pierre Rigaud, Lyon, 1566.
- Benoist Rigaud, Lyon, 1568.
- Charles Roger, Paris, 1569.
- Pierre Meunier, Paris, 1589.
- Benoît Rigaud, Lyon, 1594, 1596.
- Jean Poyet, Lyon, 1600.
- Benoist Rigaud, Lyon, 1605.
- Pierre Rigaud, Lyon, 1605, 1610, 1649.
- Claude La Rivière, Lyon, 1611, 1665.

– Vincent Sève, Beaucaire, 1610.
– Pierre Chevillot, Troyes, 1611.
– Simon Rigaud, Lyon, 1644.
– Pierre de Ruau, Troyes, 1649.
– Winckermans, Amsterdam, 1657.
– Jean Balam, Lyon, 1665.
– Jean Ribon, vis-à-vis La Chapelle Saint-Louis, Paris, 1669.
– Jean Huguetan, Lyon, XVIIe siècle.
– Jean Ianson, Amsterdam, 1668.
– Jean Besongne, Rouel, 1681.
– Pierre Abesson et Armand Solane, Bordeaux, 1689.
– Besson, Lyon, 1691.
– Jean Viret, Lyon, 1697.
– Fères Garrigan, Avignon, 1791.
– Peter Van Duren, Anvers, 1792.
– Beauvert et Roussel, Clermont-Ferrand, 1792.
– Frères Bonnei, Avignon, 1794.
– Moreau, Bordeaux, 1796.
– Chez l'imprimeur de Nostradamus, Salon-de-Provence, 1796.
– Paris, 1804.
– J.A. Joly, Avignon, 1825.
– Pierre Chaillot, Avignon, 1839.
– Delarue, Paris, 1852.
– Passard, Paris, 1857.
– Veuve Girard, Angoulême, 1872.
– H. Douchet, Méricourt, 1903.
– Lambert-Gentot : *Nouvelles et Curieuses Prédictions de M. Nostradamus, pour sept ans depuis l'année 1818 jusqu'à l'année 1824*, Lyon, 1818.
– Landriot, Riom (XIXe siècle).
– Fac-similé de l'édition de Chevillot, Delarue, Paris, 1611.
– Fac-similé de l'édition d'Amsterdam de 1668, éditions Adyar, Paris, 1936.

Prognostication nouvelle et prédiction protenteuse pour l'an 1555 composées par M. Nostradamus, Jean Brotot, Lyon (XVIe siècle).

Démonstration d'une comette, Jean Marcorelle, Lyon, 1571.

Prognostication et prédiction des quatre temps pour 1572, Melchior Arnoullet, Lyon, 1572.

Prophéties par l'astrologue du Très-Chrétien roy de France et de Madame la Duchesse de Savoye, F. Arnoullet, Lyon, 1572.

Lettres de Maistre Michel Nostradamus de Salon-de-Crau-en-Provence à la Royne, mère du Roy, Benoist Rigaud, Lyon, 1566.

Almanach pour l'an 1573, avec les présages, Pierre, Roux, Avignon, 1562.
Almanach pour l'an 1567, Benoist Odo, Lyon.
La Grant Prognostication nouvelle avec la déclaration ample de 1559, Jean Brotot, Lyon, 1558.
Almanachs des Prophéties, P.N. Jausserand, Lyon, 1871-1872.
Prophétie ou Révolution merveilleuse des quatre saisons de l'an, Michel Jove, Lyon, 1567.
Traité des fardements et confitures, Antoine Volant, Lyon, 1555.
Paraphrase de C. Gallien, traduite par Nostradamus, Antoine du Rosne, Lyon, 1557.
Excellent et très utile opuscule de plusieurs exquises receptes, Benoist Rigaud, Lyon, 1572.
Prophéties sur Lyon, La France et le monde entier dans les premières années du XXe siècle (5 fascicules), P. Bousset et M. Paquet, Lyon, 1907-1909.
Les Merveilleuses Centuries et Prophéties de Nostradamus (Illustration en couleur de Jean Gradassi) (880 exemplaires numérotés), éditions André Virel et Éditions Artisanales SEFER, Nice, 1961.
Les Prophéties de Nostradamus, Texte complet, livre Club des Champs-Élysées, Éditions Baudelaire, Paris, 1967.
Prophéties nouvelles de Michel Nostradamus trouvées dans sa tombe au moment de l'ouverture dans l'Église des Cordeliers de Salon pour 1820, 1821, 1822, 1823, 1824, 1825 et 1826, Imprimerie de Calmen, imprimeur du Roi, 11, rue d'Angoulême, Toulon.
Les Prophéties de Nostradamus, Texte complet, Les Cent un chefs-d'œuvres du génie humain, Prodifu, 5, rue Coq-Héron, Paris (non daté – vers 1982).
Les Prophéties de Nostradamus, à compte d'auteur par Marc Billerey, Malfougasse (Alpes-de-Haute-Provence), 1973.
Les Prophéties de Nostradamus, éditions non datées : Antoine Baudrand et Pierre André, Lyon, XVIe et XVIIe siècles.
Réimpression de l'édition de Pierre Chevillot à Troyes en 1610 sous le titre *Les Vraies Centuries et prophéties*, par Claude Boumendil, imprimeur-éditeur à Nice, 1982.
Nostradamus, prophéties, J.C.I. inc., Montréal (Québec), 1994.
Traité des confitures, Christophe Plantin, Anvers, 1557. Reprint par Jean-Claude Bailly, Gutenberg Reprints, Paris, 1979.
Des Confitures, présentation et adaptation de Fabrice Guérin, Olivier Orban, Paris, 1981, édité en Espagne, Barcanova, Barcelone, 1982.
Guide des recettes magiques de Nostradamus et autres sages contemporains, M.E.B., Milan, 1980 et Teorema, Barcelone, 1982.
Traité des confitures, la façon et manière de faire toutes confitures

liquides, tant en sucre, miel, qu'en vin cuit, Reprint de l'édition de Christophe Plantin à Anvers en 1557, Le Livre de France, Salon-de-Provence, 1990 (50 exemplaires numérotés).

NOSTREDAME Jean de, *Les Vies des plus anciens et célèbres poètes provençaux qui ont fleuri du temps des comtes de Provence*, Basile Bouquet, Lyon, 1575.

NOVAYE baron de, *Aujourd'hui et demain*, Paris, 1905.

OPUSCULES comportant quelques quatrains et la *Lettre à Henry, roy de France second*, sous le titre *The Prophecies of Nostradamus*, Avenel Books, Crown Publishers, Inc., New York, plusieurs éditions à partir de 1980 : même texte, mêmes illustrations, mais couvertures différentes.
Nostradamus, his Prophecies for the Future, The Peter Pauper Press, éditions Frank J. MacHovec, New York, 1982.

PAGLIANI Coraddo, *Di Nostradamus e idi sue una poco nota iscrizione liminare torinen* in Della Rassegna Mensile n° 1, Turin, 1934.

PARISOT F., *Le Grand Avènement précédé d'un grand prodige*, Typographie des Célestins, Bar-le-Duc, 1873.

PARKER Eugène, *La Légende de Nostradamus et sa vie réelle*, Paris, 1923.

PASTEUR Jean-François, *Hoe zal deze oorlog eindigen ? Een belangwekkende ven actueele beschouwing op grond der Voorspellingen van Michel Nostradamus, gegeven* in « Les vrayes Centuries et Propheties », W.J. Ort – Drukker & Uitgever, Te's-Gravenhage, Hollande, 1940.

PATRIAN Carlo, *Nostradamus le profezie,* Edizioni Méditerranée, Via Flaminia, 158, Rome, 1978.

PAYOTTE François, *Messagers du futur et prophéties de Nostradamus*, éditions Norlaris, Montréal, 1993.

PELAPRAT Jean-Marie, « Varennes et 1792 sauvent Nostradamus », in *Historia*, n° 397 bis : Voyance et prophéties, éditions Tallandier, Paris.

PICHON Jean-Charles, *Le Royaume et les prophètes*, Robert Laffont, Paris, 1960.
Nostradamus et le secret des temps, Les productions de Paris, 1970.
Nostradamus en clair, Robert Laffont, Paris, 1970.
Nostradamus descifrado, éditions Plaza et Janes, Barcelone, 1975 et 1980.

PIOBB P.V., *Le Secret de Nostradamus*, Adyar, Paris, 1927. Réédition aux éditions Dangles, Paris, 1945.
Préface du fac-similé de l'édition d'Amsterdam de 1668, Adyar, Paris, 1936.
Le sort de l'Europe d'après la célèbre prophétie des papes de saint Malachie, accompagnée de la prophétie d'Orval et des toutes dernières indications de Nostradamus, Dangles, Paris, 1939.

PLATEL D'AMORC Éric, *N.D. Résurgences*, éd. Verso, 23150 Ahun, 1994.
P.L.B. BOLEN, *1981-2000, 20 ans qui transfigurent le monde*, éditions Voir et Découvrir, Bruxelles, 1981.
PONS Richard, *Reconversion d'un bâtiment industriel à Salon-de-Provence : l'usine Vinatié*, Mémoire d'architecture sur un projet de musée Nostradamus, Salon, 1983, inédit.
POULIN Maurice, *Nostradamus enfin décodé ! Le grand monarque messager du Verseau*, éd. Louise Courteau, Montréal, Canada, 1985, coll. « Les Carrefours de l'étrange ».
PRIVAT Maurice, *Le Grand Nostradamus*, Revue mensuelle, rue du Faubourg-Saint-Honoré, Paris, publication de mai 1934 à février 1939.
1937 année de relèvement, Médicis, Paris, 1936.
1938 année d'échéance, Médicis, Paris, 1937.
1939 année de reprise, Médicis, Paris, 1938.
1940 prédictions mondiales, année de grandeur française, Médicis, Paris, 1939.
La Fin de notre siècle et la vie du futur grand monarque d'après Nostradamus, Floury, Paris, 1939.
PUTZIEN Rudolf, *Fried unter volkern ? Die Weisagungen des M. Nostradamus und ihre Bedeutung fur Atomzeitalter*, Drei Eichen Verlag, H. Jissener. Munich, 1958, 1968 et 1981.

RANDI James, *Le Vrai Visage de Nostradamus, les prophéties du mage le plus célèbre du monde*, James Randi 1990 et 1993 et *The Mask of Nostradamus. The Prophecies of the World's Most Famous Seer*, Prometheus Books, Buffalo, New York, 1993 et éditions du Griot, Paris, 1993.
REED Clarence, *Great Prophecies about the War*, Faber and Faber, 24, Russel Square, Londres, 1941.
REVUES, *Nostradamus, revue de science conjecturale ; L'Avenir international, politique, social, financier*, Revue hebdomadaire, 5 rue, Bergère, Paris, 1933.
REYNAUD Jean-Lucien, *Nostradamus n'a pas menti*, conférence, Ville-d'Avray, 1948.
REYNAUD-PLENSE, *Les Vraies Centuries et prophéties de Nostradamus*, à compte d'auteur, Salon-de-Provence, 1939 et 1940.
RIGAUX Abbé, curé d'Argœuvres, *Notes sur la vie de Michel Nostradamus recueillies par le R.P. Jean de Saint-Étienne*, Imprimerie Henri Douchet, Méricourt, 1906.
L'Abbé Rigaux interprète de Nostradamus, Imprimerie Yvert, Amiens, 1936.
ROBB Steward, *Nostradamus on Napoleon, Hitler and the Present Crisis*, Ch. Scribner Sons, New York, 1941.

Nostradamus on Napoleon, The Oracle Press, New York, 1961.
Prophecies on World Events by Nostradamus, Liveright Publishing Corporation, New York, 1961.
Nostradamus and the End of Evils Begun, Longmeadow Press, New York, 1984 et 1991. Même ouvrage que le précédent. Seul le titre a changé !

ROBERTS Henry, *The Complete Prophecies of Nostradamus*, éditions Henry Robert Great Neck, New York, 1971. Édition japonaise chez Kasuko Daijyo, sous la direction d'Hideo Huchida, éditions Tama, Tokyo, 1975.
Réédition : Nostradamus Co., Oyster Bay, New York, 1981 et Panther Books, 1985.

ROBIN Jea, *Réponse de Nostradamus à Monsieur de Fontbrune*, éditions de la Maisnie, Paris, 1981.

ROCHETAILLÉ P., *Prophéties de Nostradamus. La clef des centuries, son application à l'histoire de la IIIe République*, Adyar, 1939.

ROISON Michel de, « Ulrich de Mayence, maître de Nostradamus », in *Aesculape*, n° 4, 52e année, 1969.
« Plus fort que Nostradamus : Ulrich de Mayence », in *Constellation*, n° 199, novembre 1964.

ROLLET Pierre, *Interprétation des hyéroglyphes de Horapollo*, éditions Ramoun Bérenguié, Aix-en-Provence, 1968.

ROMI, « Ils trahissent tous Nostradamus », in *Historia*, n° 420, novembre 1981.

ROUDÈNE Alex, *Les Prophéties, vérité ou mensonges ?*, coll. « Mondes magiques », éditions de l'Athanor, Paris, 1976.

ROUELLOND DE ROUELLONDIÈRE DE CHOLLET, *La Prophétie de Rouellond, manuscrit du XVIe siècle*, Victor Pipeau, Beauvais, 1861.

ROUVIER Camille, *Nostradamus*, La Savoisienne, Marseille, 1964.

RUIR Émile, *Le Grand Carnage d'après les prophéties de Nostradamus de 1938 à 1947*, Médicis, Paris, 1938.
L'Écroulement de l'Europe d'après les prophéties de Nostradamus, Médicis, Paris, 1939.
Nostradamus, ses prophéties, 1948-2023, Médicis, Paris, 1947 et 1948.
Nostradamus, les proches et derniers événements, Médicis, Paris, 1953.

RUZO Daniel, *Les Derniers Jours de l'Apocalypse*, Payot, 1973.
Los ultimas dias del Apocalipsis, Michel Schultz, n° 21. Mexico.
Le Testament de Nostradamus, Le Rocher, Paris, 1975 et 1982.

SABY Édouard, *Le Destin du monde selon les prophètes*, Baneton-Thiolier, Paris, 1945.

SAINT-HILAIRE, *Ainsi parla Nostradamus*, Rossel éditions, Bruxelles, 1982.

SAN ANTONIO, *Les Prédictions de Nostraberus*, Fleuve Noir, Paris, 1974.

SCHAEDEL J., *L'Oriflamme*, périodique du Cercle Philosophique Jovialiste, Bruxelles, 1987. Manuscrit photocopié. Plusieurs numéros.

SÈDE Gérard de, *Les Secrets de Nostradamus*, Julliard, Paris, 1969.

SIRIS Odette, *Les Prophéties*, éditions de Vecchi, Paris, 1992.

SPICA-CAPELLA, *La Clef des prédictions nostradamiques,* édition des Soirées Astrologiques, 1841.

TAMIZEY DE LARROQUE, *Les correspondants de Peiresc : César Nostradamus. Lettre inédites de Salon à Peiresc en 1628-1629*, Typographie Marius Olive, Marseille, 1880.

TARADE Guy, « La Clef des centuries de Nostradamus », in *Pégase*, n° 3, 1974.

Les Dernières Prophéties pour l'Occident, coll. « Les Énigmes de l'Univers », Robert Laffont, Paris, 1979.

Nostradamus, la prophétie du grand monarque, éd. Claire Vigne, 1995.

TARADE Guy & SCHREYER Alexandra, *Le Dernier Secret de Nostradamus*, Les Presses de la Cité, Paris, 1993.

TORNÉ-CHAVIGNY H., *réédition des prophéties de Nostradamus en 1862 et augmentée en 1872.*

Interprétation de 30 quatrains, Prospectus, 1860.

L'histoire prédite et jugée par Nostradamus, 3 volumes, Bordeaux, 1860.

Tableau de l'histoire prédite et jugée, Affiche, 1862.

Différents opuscules

Les lettres du grand prophète.

Henri V à Anvers.

Nostradamus et l'astrologie.

Les Blancs et les Rouges.

La Salette et Lourdes.

La mort de Napoléon III.

Mac-Mahon et Napoléon IV.

Le roy blanc et la fusion.

Prophéties dites d'Olivarius et d'Orval.

Portraits prophétiques d'après Nostradamus, Poitiers, 1871.

L'Apocalypse interprétée par Nostradamus, 1872.

Almanach du grand prophète Nostradamus pour 1873.

Nostradamus éclairci ou Nostradamus devant Monseigneur Dupanloup, Saint-Denis-du-Pin, 1874.

Ce qui sera d'après le grand prophète Nostradamus, suivi de l'Almanach pour 1878.

Influence de Nostradamus dans le gouvernement de la France, 1878.
Concordance de Nostradamus avec l'Apocalypse, Veuve Dupuy, Bordeaux, 1861.
TOUCHARD Michel, *Nostradamus*, Grasset, Paris, 1972 et éditions Celt, coll. « Histoire des personnages mystérieux et des sociétés secrètes », Paris, 1972.
« Les Prophéties de M. Nostradamus », in *Historia*, hors série, n° 44, 1974.
TRONC DE COUDOULET, *Abrégé de la vie de Nostradamus suivi d'une nouvelle découverte de ses quatrains*, J. Audibert, Aix-en-Provence.

VAN GERDINGE, « Le Nez de Cléopâtre », in *Messidor* (revue du « christ » de Montfavet-Vaucluse), n° 29, Montfavet, 1951.
VERDIER DU, *Les Vertus de notre Maistre Nostradamus*, Genève, 1562.
VIAUD Jean, « 1999, Un tournant dans l'histoire des hommes », in *Constellation*, n° 166, février 1962.
VIDEL Laurent, *Déclaration des abus, ignorances et séditions de Michel Nostradamus*, Avignon, 1558.
VIGNOIS Élisée du, *Notre Histoire racontée à l'avance par Nostradamus*, Paris, 1910.
L'Apocalypse, interprète de la Révolution, d'après Nostradamus, Noyon, 1911.
VOGEL Cyrille, *Saint Césaire d'Arles*, 1937.
VOLDBEN A., *After Nostradamus*, Neville Spearman, Londres, 1973, 1975, 1977, 1980, 1981.
Nostradamus und die grossen Weissagungen, Längen-Muller Verlag, Munich et Vienne, 1975, 1977, 1982.
Die grossen Weissagungen über die Zukfunt der Menscheit, Nostradamus aktuell, Bastei-Lübbe, Sachbuch, 1982.
Dopo Nostradamus, le grandi profezie sul futuro dell'umanita, Edizioni Mediterranee, Rome, 1982.
VREEDE Mr. Dr. W.L., *De Profetieën van Nostradamus*, N.V. Servire – Den Haag, Hollande, 1941.

WARD Charles A., *Oracles of Nostradamus*, Londres, 1891.
WILLOQUET Gaston, *La Vérité sur Nostradamus*, éditions Traditionnelles, Paris, 1967.
WOLLHERR Andrée, *Nostradamus, Profezeiungen bis zum Jahr 2000, vom Computer entschlüsselt*, Sachbuch Aktuell, Freudenstadt, 1981.
WINKLER B., *Nostradamus und sei Profezeiungen für das zwanzigste Jahrundert*, Gorlitz, 1939.
WOLLNER Christian, *Das Mysterium des Nostradamus*.

WOOLF H.I., *Nostradamus*, Londres, 1944.
WULLGARDNER Werner, *Nostradamus Prophecies*, Felmar, Madrid, 1981.

YRAM, *Prophéties connues et prédictions inédites*, préface de Papus, L'Édition d'Art, Paris.

ZÉVACO Michel, *Nostradamus* (roman), Fayard, Paris, 1909 et Livre de Poche, n° 3306.
ZOLAR, *Les Mystères de la nature, les prophètes Nostradamus, la lecture dans les feuilles de thé, les plantes, les chandelles*, Poche Select, Presse Select ltée, Montréal, 1975.

DOCUMENTS RADIOPHONIQUES, TÉLÉVISUELS ET CINÉMATOGRAPHIQUES

SCRIPT DE LA METRO-GOLDWYN-MAYER Inc. : *What do you think ?* (Nostradamus). A Carey Wilson short de Carl Dudley, 7.7.1938.

SCRIPT DE LA LOEW'S Inc. : *Nostradamus IV : Save film ! Help win the war !* De Richard Landau, Culver City (Californie), 11.11.1942. Série télévisée dans laquelle Nostradamus est utilisé pour remonter le moral des forces armées américaines.

SCRIPT DE LA METRO-GOLDWYN-MAYER Inc. : *Predictions of Nostradamus, world astrologer of the early period, which have been applied to modern day events.* De de Vallon Scott, avril 1944.

SCRIPT DE LA METRO-GOLDWYN-MAYER Inc. : *Let's ask Nostradamus – the prophecies of Nostradamus regarding the French Revolution.* 16.1.1953.

SCRIPT DE LA METRO-GOLDWYN-MAYER Inc. : *Nostradamus and the queen* (Catherine de Médicis). 13.10.1953.

SCÉNARIO DE FILM : *Nostradamus APOCALYPSE 1999.* Sur une idée de Edgar Oppenheimer et Christian Ardan. Scénario original, adaptation et dialogues de Michel Lebrun et Rinaldo Bassi, 1981. Projet abandonné.

ÉMISSION DE RADIO « TRIBUNE DE L'HISTOIRE » : *Nostradamus : la vérité.* Une évocation d'Alain Decaux, avec André Castelot et Jean-François Chiappe, avec la participation de Jean-Charles de Fontbrune réalisée par Georges Gravier, diffusée sur France Inter le 3 octobre 1981.

FILM : *Nostradamus 1999.* Produit par David L. Wolper, un film de Robert Guenette, avec Orson Welles et Richard Butler dans le rôle de Nostradamus. Warner Bros., 1981. Adapté par Jean-Charles de Fontbrune. Diffusé en France en cassette vidéo par Warner Home Vidéo en 1982.

ÉMISSION DE TÉLÉVISION « LES DOSSIERS DE L'ÉCRAN » : *Catherine de Médicis.* D'après l'œuvre de Jean Orieux. Première partie diffusée le

18 avril 1989 et la deuxième partie le 19 avril 1989. Antenne 2. Avec la participation de Jean-Charles de Fontbrune.

CASSETTES VIDÉO :

Nostradamus l'avait prédit. Les dossiers de Jean-Paul Rouland, A.C. Production, 1991.

Nostradamus, cinq siècles de prédictions terrifiantes. Et ce n'est pas fini. Film réalisé par Roger Christian, scénario de Knut Boeser, avec Tcheky Karyo, Amanda Plummer, Rutger Hauer, F. Murray Abraham et Julia Ormond. Metropolitan Film & Video.

TABLE

Cet ouvrage a été imprimé par la
SOCIÉTÉ NOUVELLE FIRMIN-DIDOT
Mesnil-sur-l'Estrée
pour le compte des Éditions du Rocher
en septembre 2001

Imprimé en France
Dépôt légal : septembre 2001
CNE section commerce et industrie Monaco : 19023
N° d'impression : 99057